U0067102

社會人類學

An Introduction to Social Anthropology

Joy Hendry 著

戴靖惠、張日輝 譯

Joy Hendry

An Introduction to Social Anthropology
Other People's Worlds

ISBN 957-0453-95-8

Printed in Taiwan, Republic of China

譯序

我們常常說「要從別人的觀點來看事情」，這本書說的就是這麼一回事。生活中常常會有許多衝突，原因不外乎每個人都認為自己是對的，而別人是錯的。站在自己的立場來看，某些合情合理的事情，只要換個角度來看待，可能就會不再那麼理所當然，這是令人感到有趣而弔詭的現象。學習社會人類學，可以讓我們理解和包容其他人的不同觀點，同時明白自己的觀點或思考方式，只不過是世界上形形色色的觀點之一而已。

在翻譯本書的過程中，帶給我最大的收穫就是有關「觀點」的議題。我們對於某件事情的看法，有必要先了解這是誰的觀點，以及為什麼有這樣的看法等等。此外，在瞭解其他人的觀點之前，也必須先把自己的觀點放下，以客觀中立的角度來探討，以避免我們自以為是或先入為主的偏見，影響左右了詮釋的結果。許多時候，我們實在不得不對自己的看法，抱持一點懷疑的態度，而事實上，只要我們開始有一絲絲的懷疑，原本根深蒂固的想法或許就會開始動搖。

本書的作者曾經到日本從事田野調查的工作，因此書中常常列舉遠東地區的研究實例，經常讓我感到相當大的驚奇。原來許多我們平常視為耳熟能詳的人事物，在外國人的眼中看來，卻具有不同的意義。舉例來說：作者在簡介分類系統的概念時，曾提及日本、香港以及中國等地有關道家思想、十二生肖、算命與陰陽五行等觀念，其中在說明空間的分類時，遠東地區關於方位的「左青龍，右白虎，前朱雀，後玄武」概念，其實是將方位結合顏色與動物的分類系統（詳見第一章）。此外，有關婦人坐月子的習俗，原來也是一種儀式化的產物（詳見第四章儀式的巡禮）。諸如此類有關遠東地區的許多實例，相信讀者在閱讀的過程中，必定會覺得相當有趣。

作者從各種不同的面向來探討社會人類學的許多議題，而且簡介某些具有重要影響力的人類學家所從事的研究方法，並說明社會人類學對於當代世界的作用與貢獻。除此之外，本書有許多精采的實例，不僅可以讓讀者耳目一新與擴展視野，而且也使得讀者有機會藉由社會人類學的研究態度與方法，來檢視自己所抱持的觀點或信念。「放眼世界，立足台灣」，或許我們可以藉由社會人類學的知識，從我們所處的台灣社會開始，認識不同地方包羅萬象的習俗或觀點，以增進不同族群之間的瞭解。

譯文如有未盡完善或疏誤之處，敬請不吝指正，謝謝。

目　錄

前言

初次邂逅

許多人聽說過社會人類學，但卻都只有模糊的概念，至於知道如何定義的人則是寥寥無幾。即使是社會人類學系的學生，遇到「你在大學時學些什麼呢？」這個問題時，也會感到很頭痛，因此他們通常都會預先擬定制式答案，以打發別人的疑慮。由於社會人類學在許多方面都以直接而又深遠的方式，改變了學生的生命，所以熱衷的學生一旦開始解釋，就會顯得欲罷不能。雖然他們面對有興趣認識這領域的人時，很難表達清楚爲什麼，但他們還是會樂於分享自己對生命的體悟，包括人類學如何讓他們站在最好的立足點，以因應未來的挑戰。雖然提出問題的人，只不過想知道社會人類學是什麼，但聽了回答之後，卻還是一頭霧水。

其實，社會人類學並不是一門深奧難懂的學科。因爲從世俗的層面來說，社會人類學與我們的日常生活息息相關。而且相對於其他學科，社會人類學顯得比較平實容易。社會人類學中恐怕有一兩個研究方法令人難以理解，這是因爲我們必須克服先入爲主的既有成見，才能跨越這道門檻。然而有些人難以放棄根深蒂固的想法及價值觀，因此很可能在這個環節陷入困境。就此而言，在雙語（bilingual）、雙文化（bicultural）社會中長大、或是成長環境與父母截然不同的人，可能具有較大的優勢。除此之外，社會人類學還能夠協助他們在世界上，找到自己的適當定位。至於其他的人，可能就得需要較多的時間。

寫作這本書的目的，是爲了幫助人們捨棄原有的主觀意見。由於本書無意將社會人類學的所有議題一網打盡，也不是要總結在這領域內的所有研究，因此想要進一步深入研究的人，可以參考每一章末所附錄的相關文獻和延伸閱讀等資料。換句話說，本書的主要目標，乃是幫助初學者克服可能的阻礙，並且讓學習過程變得樂趣十足。我的第一個指導教授就曾經警告過我，研讀社會人類學要有困惑的心理準備，因爲學習過程中會遭遇到一些無法避免的難題，即使以最佳狀況來說，這種情形也可能會持續一年之久，這是學習社會人類學時很自然的現象。這本書就是希望能夠幫助讀者，在漫長的摸索中少走些彎路。

本書主要是針對社會人類學的學生、或是有意進入此領域的人而寫。此外，也是要寫給這些人的母親、兄弟、朋友、未來的雇主，或是任何對社會人類學感到困惑的人。我希望本書的文體易於閱讀，使不具相關知識背景的讀者都能夠輕鬆進入狀況。總而言之，寫這本書的時候，我試著盡量讓這趟旅程變得有趣。在我年輕的時候，意外地接觸到社會人類學，從此我就樂在其中。如果我的餘生能夠把社會人類學作爲終身志業，真難以想像我會有多快樂。

這本書集結了每年我在牛津布魯克斯大學，對大一新生的授課內容。這些課程只不過是我加諸於學生身上的部分磨難而已，因為除此之外，他們還得玩遊戲、看電影、閱讀其他書籍和文章，並且將學習心得寫成報告，也就是所謂枯燥乏味的論文。而且在他們即將畢業之前，我們還會派遣一些學生到牛津市（或更遠的地方），分別進行研究調查報告。在國際化的社會裡有著各式各樣的人，他們的世界都很值得研究。經過這麼多年，學生們的研究主題，從賽犬、酒館、教堂、女巫聚會到學院晚宴（college dinner）等皆有，可謂形形色色而包羅萬象。

人類學家做些什麼

想要三言兩語說明社會人類學是什麼，不是一件容易的事。而這整本書就是為了解答這個問題。我們就從這裡開始，看看那些自稱為社會人類學家的人都在做些什麼，或是已經做了些什麼。我本身就是個社會人類學家，每當我向人提及這件事時，大多數人的反應都像是陷在一團迷霧中，難以理解我所說的話。即使是學識淵博、見多識廣的人，也有可能完全誤解了社會人類學。舉例來說：雖然「社會人類學」這幾個字眾所周知，但是墨西哥人眼中的社會人類學卻是考古學的工作內容，而非我們英國人所謂的社會人類學。

所有的社會人類學家都認為：人們以不同的方式來看

待世界，是個有趣而值得研究的主題。這裡說的不同方式，並非指個人的獨特性，而是人們在不同的社會中成長，或是和不同族群的人在一起相處時，自然而然所學習到的其他不同觀點。住在伯明罕的人和格拉斯哥的人之間，或是住在巴黎的人和曼谷的人之間，甚至於也可以說在同一個地區不同族群的人之間，他們彼此的觀點之間可能都會有所不同。世界上各式各樣的觀點，在人類學家的眼中看來，幾乎是包羅萬象而應有盡有。每個社會人類學家，至少在某段時期，都只會針對其中的某個觀點，進行專門而深入的研究。

大部分的社會人類學家到研究對象的社會中生活，以取得相關資訊和專業知識。他們在那些地方，並非僅停留一、兩個星期的時間，也不是只要帶著口譯員和一疊問卷調查表即可。人類學家通常會停留一年或甚至更久的時間，並且會和研究對象住在一起生活，而且無論在任何方面，他們都會盡可能做到和研究對象有相同的生活方式。人類學家爲了要知道研究對象如何生活，認爲最好的辦法就是和他們一起生活，融入他們的生活之中，並且成爲他們社會中的一份子。觀察者他或她藉由參與被觀察者的生活，來發現和蒐集相關資訊，這種形式的調查研究工作就稱爲**參與觀察法**（**participant observation**）。

觀察者他或她會投入被觀察者的日常生活中，因此人類學家在研究對象的社會中，可能會親自參與不同的人所舉辦的活動，並遵循他們的風俗習慣，或是參加一些宗教儀式，亦即對於和研究對象最有切身關係的儀式或禮節，都會盡可能地詳細觀察，以獲得最寶貴的實際經驗。如果研究對象有早起的習慣，那麼人類學家也會跟著早起；要是他們徹夜不眠，人類學家也會這麼做。假若他們吸食迷幻藥，人類學家可能也會如此；如果他們在夜裡長時間站立在結冰的河流中，人類學家也會跟著這麼做〔這個實例可能令人感到不可思議，然而這卻是在安地斯山地區（Andes）實際發生的事，請參閱“The Coming of Sun”（Tayler, 1997）這本書〕。人類學家希望進入研究對象的世界中，了解他們行為背後的動機和實際經驗的感覺，所以才會試著和他們有相同的行為。

參與觀察法或**田野工作**（fieldwork）的一個重要部分，就是學習研究對象所使用的語言。對於在偏遠地區的種族部落來說，他們幾乎很少和外面的世界有所接觸，因此我們有必要學習他們的語言，否則根本就無法溝通。其實無論是在哪裡，想要了解研究對象眼中所見的世界，或明白他們所描述的世界，我們可能都需要學習他們的語言。人類學家發現到倘若只是透過口譯者的翻譯，有時可能會完全誤解研究對象的觀點。所以為了理解研究對象的語言、語言背後的意義和隱喻，以及掌握最直接的第一手相關資訊，人類學家認為最好的辦法就是自己學會這種語言，畢竟這和字典上的解釋或翻譯截然不同。

在研究對象的社會中，雖然他們慣用的語言就是當地的母語，但即使是相同的語言，也會有許多不同的版本，因此人類學家要非常注意語言的選擇和運用。舉例來說：十幾歲的青少年，宣稱父母都不了解他們，原因不只是因爲他們進入青春期和叛逆的緣故。事實上，他們的問題涉及語言（和價值觀），以致於孩子和父母在認知上會有相當大的落差，亦即在上下兩個世代之間有些差異。有關英文這個語言，在宗教上也有很明顯的認知差異。另外在傳統規範上，例如階級類別和職業等的認知也會有所不同。語言的差異有時十分細微和不易察覺，因此如果人類學家以自己本身的語言從事研究工作，就必須要特別小心留意。

人類學家的目的，雖然只是研究人們的生活，但人們對於陌生人不免都會感到猜疑，更何況人類學家似乎已經干擾到他們的生活。因此在融入研究對象生活的過程中，人類學家經常會遭遇到許多的難題。有鑑於此，爲了讓研究對象不會有所顧忌而保留，人類學家可能就得想方設法和隨機應變。在人跡罕至的偏遠地方，人類學家甚至可能會有生命危險。我認識一個到南美洲熱帶雨林作研究的人，他宣稱自己曾經有好幾個星期的時間，只靠著吃某些食物來維生，而這些食物是連狗都不屑一顧的。爲了讓人們接納，人類學家在第一次見面拜訪時，可能需要攜帶大量的禮物或藥品，有時甚至得僞裝成某人的親戚或朋友，以便和其他人建立更深入的關係。

許多人類學家發現帶著家人一起到研究對象的社會中，是非常有用的方法。因爲這會有助於克服許多的難題，特別是當地對於年齡和性別的限制所造成的某些問題。由於世界上有某些地方的男人和女人必須完全分開生活，所以男人類學家幾乎不可能去調查研究有關女人的生活細節，反之亦然。在墨西哥有一位女人類學家，認為採取「異常無性別之分的」（anomalous sexless）角色是個不錯的方法，因為如此一來，她就不會由於和男人說話而受人注意或猜忌，也不會讓男人因此誤解了她的意圖。在日本的鄉下地方聚會時，男人和女人得分開就坐，而我經常被安排坐在最年輕的男人和最年老的女人之間，由此可知，我所扮演的社會角色一定讓人感到相當曖昧。我和孩子在日本工作的經驗，為我開啓了新視野，可說是出乎我意料之外。

我個人的工作經歷，相對而言非常的平易。首先，我是在墨西哥從事研究工作，那裡的人類學家數量很多，儘管如此，當地人還是搞不清楚人類學家都在做些什麼。接著我來到日本，學術上任何類別的調查研究，在那裡都獲得高度的尊重。我在這兩個地方從事研究工作時，起初都得到相當程度的合作，但後來也各自遭遇到若干難題。在墨西哥時，人們對於不斷質問的外來者顯得很猜疑，常會虛構一些很容易拆穿的謊言，即使是有幾個小孩這種基本的問題，也不肯實話實說。在日本時，人們則相當機靈取巧，會為了迎合我而刻意說些中聽的話。

除了前述這兩個難題，事實上，人類學家還會遭遇到許多其他的問題，而為了有效完成研究，最好的辦法可能就是得花費較長的時間來完成研究工作。某些事件一年只發生一次，例如季節的變化等，為了觀察這些事件完整的週期始末，最低限度可能需要一年的時間。但許多人會花比一年還長的時間來進行研究，特別是從頭開始學習一種新語言的時候。在長期的調查研究中，剛開始時資訊提供者（informants 這是人類學家對研究對象的稱呼）對於人類學家可能會有所顧忌和保留，但經過長時間的相處，最後都會消除疑慮而放下戒心。而且當他們鬆懈下來照常過著一般的生活作息時，人類學家會比較輕而易舉地發現他們的觀點。長期的研究調查工作，另一個特點就是人類學家在經過多年以後重返當初調查的地區，可以把最新的發現在長期的前後關係中重新定位，使得研究的結果更加完備而詳實。

長期的調查研究，在其他方面來說也會有所助益。由於研究對象通常是相對而言較小的族群，所以長時間的相處，人類學家就可以對族群中的每個人都有較爲深入的認識，而且能夠直接觀察他們之間的互動關係，以取得第一手的資料。此外，人類學家還可以親自聽到那些人的談論內容。這些族群可能是一個小村落、一所學校，或是一個工作單位，例如工廠、銀行或廣告代理商，或者是一個大家庭等。我在牛津的一位熟識朋友，對於罪犯的族群感到興趣，起初他在酒吧和罪犯見面，但到了後來，他不得不花許多時間待在監獄裡和罪犯碰面，以便繼續完成研究。另一個我熟識的朋友，則決定去觀察一個與世隔絕的修女教團。而最近我才剛審查通過的兩篇博士論文，兩位作者則分別研究日本的新娘休息室（bridal parlour 請參閱本書

第十二章最後的延伸閱讀 Goldstein-Gidoni）和博物館。

人類學家在如前所述的這些實例中觀察人們時所使用的方法，就是我們所謂的**面對面關係法**（face-to-face relations）。這方法有許多的好處，尤其是在資訊的取得這方面，這是因爲族群中的人們會互相談論彼此和自己，所以這些談話內容不僅可以互相強化，而且更爲深入。更爲重要的是他們對於若干議題，儘管有時會有不一致的意見，但由於他們在互相溝通時，都會共用某些預設的立場，所以在談論的過程中可能就會透露出他們共有的價值系統。這些預設的立場，以較爲寬廣的層面來說，可以定義爲他們所使用的語言，以及他們看待這世界的方式。

人類學家和研究對象一起生活，以學習他們的語言和看待世界的觀點，並且可能會以詢問的方式，來蒐集實際狀況的詳細資料。大多數人類學家的調查工作，都是從提出問題開始著手，然而到了最後，他們可能會發現安靜地坐著聆聽、觀察或參與日常生活的例行工作，反而可以讓他們知道得更多。在日本，就像在其他地方一樣，大多數溝通的進行都是非口語的方式，也許是保持沉默、輕微地移動身體、或是彼此交換禮物或其他東西等，例如：用盤子盛放食物的動作。當人們以非口語的方式溝通時，如果調查研究者只忙著聽取冗長的贅詞，那麼可能就會當面錯過而毫無所見。

聆聽的好處，是可以確認人們對於答案的陳述是否確實。舉例來說：日本人對於「自由戀愛的婚姻，是否比長輩的安排來得好」這個問題始終有很大的爭議。一個年長的日本男人告訴我，他非常贊成以自由戀愛的方式結婚，並且向我使眼色暗示他自己以前年輕的時候亦是如此。但是後來他自己的女兒想要以自由戀愛的方式結婚時，他卻斷然拒絕。此外，我還聽見他告訴朋友說，讓年輕人自己決定結婚的對象是一件非常危險的事。由此可知，這個日本男人可能是個雙面人，擅於交際和迎合他人，因此當我詢問他有關婚姻的問題時，才會有上述的情形發生，因爲他認爲在我出身的英國那裡，自由戀愛的婚姻才算是標準答案。

社會人類學家在蒐集如前所述有關婚姻態度的資訊時，長期的參與觀察法可以讓他們的發現增加許多額外的新面向。社會人類學家透過長期研究所獲得的資料，可能在社會學家或經濟學家之上。因爲社會學家或經濟學家的田野工作或統計調查，沒有社會人類學家的資料來得廣泛而深入。不過，長期的調查研究當然也會有缺點，這是因爲資料的蒐集太過於倚賴調查研究者，以致於調查結果容易受到調查研究者的個人特質、興趣，以及文化背景所影響和左右。儘管如此，社會人類學家敏銳的理解力，通常都擅於穿透別人的冷漠外表，進而深入了解別人的觀點。我們不應該輕忽社會人類學家的這種特點，畢竟我們目前所居住的地方是個多重文化的世界，每個人都需要有理解他人觀點的能力。爲了回應有關個人因素影響或左右研究結果的爭議，如今人類學家在撰寫研究報告時，通常都會提供自己的背景和經歷等相關資料。關於這部分的討論我們將在第一章中詳述。

人類學家學習如何和研究對象一起生活，接著就必須回到自己的文化環境，用自己的語言來說明他們的發現，這個過程稱爲**轉譯**（translation）。轉譯的工作聽起來似乎很簡單，其實不然。由於人類學家的同事或同胞無法理解他們的發現，所以他們必須探索分析的方法，並找出有意義的合理解釋。其他的人類學家倘若也有相似的研究經歷，通常都會深感共鳴和受到激勵，並且會提供自己發現的研究模式（models），給帶回最新研究記錄的田野工作者參考運用。這些基本的記述報告，就是所謂的**民族誌**（ethnography）。按照字面上的意義來看，民族誌似乎和某個「種族的」（ethnic）的族群有關。事實上，民族誌的研究對象，除了可以是某個種族，也可以是具有其他任何特點的族群，就像我們之前所提及的罪犯或修女教團等。值得注意的是種族學（ethnicity）這個字，有人已經以不同的方式來定義（更多細節請參閱延伸閱讀 Banks, 1996）。

人類學家在轉譯自己的發現時，通常會將最新的研究結果，和過去先前的報告記錄相互對照和分析。倘若在其他地方觀察到的現象，和目前的研究有很明顯的相似處，那麼只是評定兩者的相似程度和範圍，可能就得花費許多時間。此外，倘若人類學家的發現似乎爲某個族群所獨有，則此時應該特別注意在其他地方的不同社會中，是否也有類似的現象。因爲人類學家所認爲的新發現，很有可能在不同的社會中受到其他因素的影響，以致於隱晦不顯而未被發現。當田野工作者將研究報告帶回來之後，技術純熟的學者接著就會運用這些資料，針對社會生活和人類行爲，有系統地整理出一般性的理論，這個過程是社會人類學的一個重要目標和工作。

然而我要立刻強調的是，這些解釋社會生活或人類行爲的理論，並非總是互爲基礎而相輔相成。事實上，某些人類學家的出發點，是以提出證據來反駁先前其他人類學家的理論。我們將在本書的後面章節中，討論在人類學領域中大多數人都能夠接受的某些研究方法。此外，書中的某些議題，我們將會同時提出各家各派的不同解釋供讀者參考和比較，不過這些解釋並沒有孰優孰劣的差別。由於我在牛津大學接受有關人類學的教育與訓練，所以這本書無可避免會受到英國人類學的傳統所影響。我之所以撰寫這本書，是因爲希望讀者可以把本書視爲一本入門書，而且無論讀者的背景爲何，皆能輕鬆閱讀和理解書中的內容。然而讀者要謹記在心的是，有關社會人類學的學習並非只是累積大量的知識而已。當我們在觀察自己和認識自己所處的世界時，應該賦予社會人類學這個領域更大的詮釋空間，以包容世界上各式各樣的不同觀點。

過去的社會人類學家，幾乎很少撰寫適合一般大衆閱讀的相關書籍，這是因爲他們通常只跟背景和經歷相似的同事在一起。如今，我希望這本書的出版，能夠縮短人類學家和一般大衆之間的距離。除此之外，目前也有愈來愈多的人類學家把他們從事研究工作上的新發現應用在實際生活中，亦即所謂的**應用人類學**。我們將在後面的章節中詳述有關這方面的議題。有些人類學家將他們的工作情形拍成記錄片，在他們鍥而不捨的努力下，如今世界各地的民族誌研究在影像的呈現上，已經獲致相當豐碩的成果。我們將在每一章末附錄一些經典的記錄片，並在書末列出詳細的影片索引資料，以供讀者參考。

雖然某些人類學系的學生在離開校園出社會後，所從事的工作似乎和人類學毫無關係，不過事實上他們仍然深受人類學的影響，清楚地知道自己的觀點或思考方式只不過是世界上形形色色的觀點之一。受過社會人類學教育和訓練的學生，無論他們遇見的是中國人、捷克人、或是來自英國國教的信徒，都能夠理解和包容其他人的不同觀點。儘管這些學生最後並沒有成爲專業的人類學家，但是他們在學習和研究其他不同文化的過程中，還是獲得許多寶貴的經驗。對許多人來說，這些寶貴的經驗是全然陌生的，而本書將提供一把鑰匙，讓不得其門而入的人得以登堂入室。

社會人類學的歷史

自二十世紀開始，社會人類學逐漸發展成現今的面貌，然而事實上社會人類學的知識基礎，卻可以回溯到更早的時期。瞭解社會人類學的背景，將有助於我們的學習，因此我們將在後續的章節中，提及某些社會人類學的發展歷程。由於研究社會人類學完整的發展歷程，足以著書立論而專門探討（相關書籍請參閱延伸閱讀 Kuper, 1983），所以我們在本章節中只摘要和探討某些重要的歷史議題，以幫助有興趣的初學者能夠很快地進入狀況，避免陷入瞎子摸象和事倍功半的困境。

自古以來，人們對於陌生的鄰居，或多或少都會妄加臆測和胡亂猜想。歐洲人自從到其他的地方遊歷旅行，並在不同的社會之間發現有許多驚人的相似處之後，他們對於社會生活的興趣，就變得更加關注而熱衷。歐洲人認為某些社會仍然處於技術發展的初期階段，因此把這些社會描述為「原始的」（primitive）。有些人認為這些「原始的」社會，有助於瞭解「文明化」社會的史前面貌為何。除此之外，十八世紀時由於自然科學的興起，以致於在英法兩國發展出許多的相關理論。這些理論認為社會的運作，受到某些法則的支配，因此我們應該把社會視為一個自然系統，並且以科學的方法來研究社會。

舉例來說：為了發現支配社會生活的法則，法國人孟德斯鳩（Montesquieu）分析和比較各種類型的政治制度，並且審視宗教信仰等相關社會現象。他發現在某些社會中找到的支配法則，通常只存在於這些社會中，而其他地方的不同社會中卻沒有相同的法則存在。除此之外，在同一時間休謨（David Hume）則在蘇格蘭研究有關人類本性和宗教的關係等議題。他認為宗教從多神信仰發展到一神論，目前已經無可避免地進入衰退的階段。休謨和亞當·史密斯（Adam Smith）、弗格森（Adam Ferguson）等的思想屬於道德哲學派，因此作爲早期思想家的休謨，認爲當代所謂的「原始」社會，能夠幫助我們瞭解「更高等」社會的過去歷史。

法國的聖西門（Saint-Simon）依循孔多塞（Condorcet）的主張，認爲社會現象就和科學一樣，具有無機或有機的特性，而研究社會的方法應該和研究科學的方法相同，因此聖西門首先提出社會科學的概念。孔德（Comte）把社會科學正式定名爲社會學（sociology），並且將科學的各門學科分類成不同的等級，其涵蓋範圍從最普遍的數學和天文學，到最複雜的心理學和社會學。孔德認爲社會生活的法則之所以存在，就是因爲所有的社會都會歷經相同的演化過程，而且人類與生俱來就具有自我改善和成長的能力。

社會制度的發展，歷經許多不同的階段。雖然在十九世紀時許多人提出不同的理論，試圖追溯社會制度的發展過程，不過當時的思想主流卻是有關進化論的研究途徑（evolutionary approach）。例如：麥克倫南（J. F. McLennan）有關婚姻的研究，或是亨利·梅因（Henry Maine）關於法律的探討。赫伯特·史賓塞（Herbert Spencer）可能是當時英國最有影響力的理論學家，因爲他提出了「適者生存」（survival of the fittest）的概念。後來十九世紀時另一個重要的進化論者達爾文（Charles Darwin）也受到「適者生存」

這個觀念的影響。史賓塞採用許多生物學上的類比法將社會視為「超有機體」（superorganic）。除此之外，史賓塞認為社會由各個部分所組成，而社會學的研究應該考慮各部分相互之間的關係，不能只單獨研究某個部分。

馬林諾夫斯基（Malinowski）和芮克里夫・布朗（Radcliffe-Brown）是二十世紀時的學者，他們分別提出著名的**功能論**（functionalism）和**結構功能論**（structural functionalism）。功能論和結構功能論兩個學派，後來成為人類學的基礎。馬林諾夫斯基和芮克里夫・布朗的研究途徑，呼應前述的進化論方法，但只特別針對某段時期中的社會行為加以解釋。由於他們沒有把社會的演化歷程列入考慮，所以在日後引起若干爭議。功能論和結構功能論這兩個學派的研究方法，都需要花費較長的時間和研究對象一起生活，並且學習研究對象的當地語言，而這也正是社會人類學和社會學的差別所在。

人類學家馬林諾夫斯基（Bronislaw Malinowski）認為田野工作有必要進行長期的研究調查，他是第一個在英國提倡長期研究具有許多價值的人。馬林諾夫斯基在波蘭出生，第一次世界大戰爆發時正在澳洲，於是他花了數年的時間待在特洛布里安群島上和當地人一起相處，因而對於當地人的思考方式非常瞭解。馬林諾夫斯基認為所有的社會和文化行為之所以發生，就是為了回應人類的各種需要，因此他以這個觀念為基礎而提倡**功能論**的研究途徑。馬林諾夫斯基回到歐洲之後，就在倫敦的經濟學院教授社會人類學，作育英才培養了許多優秀的學生。後來這些學生對於民族誌的研究，都有非常豐碩的成果和貢獻。我們將在第三章和第七章中詳述馬林諾夫斯基的某些研究工作。

1906 到 1908 年，芮克里夫・布朗（Radcliffe-Brown）在安達曼群島（孟加拉海灣）進行長期的田野調查工作，不過他的研究在深度上並沒有馬林諾夫斯基來得詳細精深。這是因爲他的興趣在於維持某些社會行爲的價值何在，以及社會中錯綜複雜的關係網〔亦即他所謂的**社會結構**（social structure）〕存在的功用爲何，因此芮克里夫・布朗的理論稱爲**結構功能論**（structural functionalism）。雖然芮克里夫・布朗的研究工作以英國式的社會人類學而爲人所知，但由於他曾經在澳洲悉尼市、南非開普敦和芝加哥等地任教，所以他的影響力可說是遍及全世界。我們將在第九章中討論芮克里夫・布朗所從事的研究工作。

德國猶太裔的移民博厄斯（Franz Boas）從早期在美國的研究開始，就特別注重詳盡而深入的田野工作。博厄斯在 1896 年時主張所有的文化都具有平等的地位，不過彼此之間仍然有差異的存在，而研究者在從事各種文化的研究時，都應該使用和找到適合此文化的研究方法。博厄斯花了很長的時間來研究美國的原住民族群，並且訓練他的助手蒐集許多原住民文化的詳細資料，包括語言和社會行爲等實際經驗。博厄斯的研究工作以文化人類學而爲人所知，並且提出**文化相對論**（cultural relativism）的概念。博厄斯認為文化是由世界上不同的觀念所形成，而倘若我們想要深入了解某個文化，就必須結合這個文化的標準和價值觀。

歐洲的法國人類學家涂爾幹（Emile Durkheim）對社會人類學的發展有很深遠的影響。當時，雖然芮克里夫·布朗（Radcliffe-Brown）已經回到歐洲，並在牛津擔任教職和成為人類學協會的會長，不過涂爾幹卻仍然醉心於進化論的觀念。他認為社會雖然是由個體所構成，不過我們不應該把社會僅視為個體的總和而已。除此之外，涂爾幹堅決主張我們要確認所謂的**社會事實**（social facts），因為這些社會事實存在於個體之外，而且強加限制和形塑個體的行為。社會事實就像是模型（moulds）一樣，例如：法律、道德規範、宗教信仰、金融體系以及藝術的品味等，都會形成我們教育體制和社會化過程的一部分。涂爾幹曾經領導過一群學者從事研究工作，但由於這些人大多數在第一次世界大戰時不幸罹難，所以我們在第一章中只討論涂爾幹和另一個成員牟斯（Marcel Mauss）的若干研究。此外，我們也將在第三章中再次提及牟斯所從事的研究工作。

泰勒（Edward Tylor）是十九世紀末二十世紀初時第一個在牛津大學擔任人類學教職的人。他在年輕時曾到墨西哥旅行，因此主張人類的天性無論是在哪裡都很相似。雖然愛德華·泰勒認為「野蠻人」（savages）和「文明人」在某些程度上可能有所不同，並且對於「原始」和「文明」

習俗之間的研究與比較表示支持的意見，不過他始終是個進化論者。有一個思想學派認爲習俗是從文明的發源地發展出來的，由於人們會互相模仿和影響，因此這些習俗後來都進而擴散和遍佈全世界。後來另一個有影響力的牛津大學人類學教授伊凡普里查（Edward Evans-Pritchard）對此特別指出，妄加臆測社會是如何發展或進化將會是一件徒勞無益的事，他甚至於拒絕接受有關社會的支配法則等概念。

伊凡普里查（Edward Evans-Pritchard）認爲社會之所以被視爲系統，只是因爲人類爲了讓世界變得井然有序和條理分明，而人類學家應該研究社會的**結構化秩序**（structural order），並且在社會中尋求時代或歷史背景的意義。伊凡普里查主張我們應該建立相對的抽象概念來呈現特定社會的情況，並和其他的社會作比較。此外，這些結構化秩序也會歷經轉換的過程，以表現出社會的改變歷程。由於早期結構功能論的解釋，沒有將社會的演化歷程列入考慮，因此伊凡普里查所提出的理論，使得結構功能論的解釋更加完備。伊凡普里查就像同時代的許多英國人類學家一樣，在英國的殖民地從事研究工作，並以殖民地的居民爲研究對象。伊凡普里查發現殖民統治的政策，已經迫使當地人發生許多的改變，這是無法避免的結果。我們將在第七章和第十章中，詳述伊凡普里查的某些研究實例。

法國的李維史陀（Claude Levi-Strauss）也許是二十世

紀對英國人類學界造成深遠影響的人。他所主張的**結構論**（structuralism）和伊凡普里查（Evans-Pritchard）、芮克里夫・布朗（Radcliffe-Brown）兩人的理論有稍許不同。我們將在第七章中詳述李維史陀所從事的研究工作。我們在本書的每一章中都會探討到許多的人類學家，以及在社會人類學的歷史上有重大影響的學者。在本書即將出版之際，國際聯合人類學暨民族誌科學協會（International Union of Anthropological and Ethnological Sciences）正在準備召開研討會，討論的主題為「二十一世紀：人類學的世紀」，他們顯然認為人類學的歷史到目前為止還是太短了。

當代社會人類學的重要性

倘若現在有人仍然使用「野蠻人」或「原始人」等字眼，那是相當令人無法接受的事。因為不管人類的技術發展到什麼階段或程度，所有的人都具有理性而複雜的思維系統，而且都可以對世界上的知識發展和智慧累積，提供有價值的貢獻。

人類學家所從事的的研究工作，有助於我們對於這些事情有更深入的瞭解。當跨國企業對外拓展業務時，由於公司代表和當地人的世界觀截然不同，所以此時人類學家就扮演一個重要的角色，可以協助雙方建立良好的溝通管道。由此可知，人類學家的當代角色，絕非只侷限在研究偏遠地區的部落而已。

在 1993 年時，社會人類學家協會（Association of Social Anthropologists）在牛津舉辦一個大型的研討會，討論的主題爲「全球化和在地化」（Globalization and Localization）。這次會議很簡要地總結人類學家在當代所具有的潛在能力，以及人類學家如何協助人們對於所謂的「地球村」有更深入的認識和瞭解。隨著通訊技術的蓬勃發展、跨國企業的產品銷售以及電視廣告的強力宣傳，可口可樂、日本壽司和一些品牌的標誌等，已經滲透和遍及世界的各個角落。雖然從表面上看來，這種全球化的現象所造成的一致性，似乎打破了當地文化差異的藩籬，然而事實上，全球化的過程在當地的環境中爲了入境隨俗，有必要以相當不同的方式來詮釋和運用。

人類學家在跨國商業的舞台上，終於能發揮一些影響力了，這是因爲直到最近之前，商業人士仍會抗拒人類學家所堅決主張的**文化相對論**（cultural relativism）。此外，跨國企業認爲世界會趨向全球化的同質性，事實上是個錯誤的信念。所謂的「老虎經濟」（tiger economics）可以提供強而有力的說明，商業人士在拓展國際市場時，雖然和當地的文化之間有許多的差異，但是或多或少仍有可能順利地打入世界市場。舉例來說：中東地區的石油大王，就仍然保留他們自己獨特的世界觀。現在，人類學家不僅可以協助企業在國外擴展市場，而且能夠從社會的觀點和角度，來幫助企業瞭解他們自己的公司文化。

無論是經商還是旅遊，**全球化**現象的其他特徵就是，離鄉背井在外地生活的人愈來愈多。有些人雖然在某地成長，但是卻在異地定居，這種趨勢也會日漸增加。另外，孩子的出生或成長環境，將是一些融合不同文化的地區。在學校的班級中學生可能來自不同的文化和背景，而人類學的知識和訓練，將有助於老師對於每個學生都有更深入的瞭解。因此現在世界各地的學校將會發現了人類學的好處，並且開始僱用曾受過這方面訓練的老師。從當地的層面來說，有些孩子隸屬於流動性高，或是被孤立隔離的族群，人類學家可以協助學校和這些學生建立良好的溝通管道。即使是在牛津地區也會有這種情形發生，所以我以前的某些學生就扮演促進溝通的角色，例如：他們會試著和浪跡天涯的吉卜賽人，建立良好的關係。

醫療工作者、看護和諮商師等對病人治療和提供建議時，都會把病人形形色色的信念和態度列入考慮。而為了發現病人的信念和態度，他們常常得耗費相當長的時間。醫學人類學（medical anthropology）是人類學中蓬勃發展的分支。目前有許多的大學開設為期一年的課程，以訓練醫療專業人員將人類學的知識運用在工作上。此外，這些訓練課程亦幫助學生打開新的視野，認識某些地區的當地傳統療法，以及了解那些傳統療法的存在價值。人類學家還有個重要的貢獻，可以協助推廣增進世人更健康的計劃案，例如：有些地方在推行接種疫苗的政策時，疫苗接踵的方式可能會與當地的文化價值有所衝突，此時人類學家也可以對此提供若干的建議或意見。

以往，推動耗資龐大的開發計劃時，由於被援助的人常常會不領情，以致於計劃案的推動者認為開發計劃虛耗浪費和徒勞無益。計劃的推動者體認到，倘若他們能事先把受援者的觀點納入考量，勢必會有事半功倍的結果。因此他們現在也開始倚賴人類學家在這方面的相關建議。只要談及未開發的「第三」世界時，許多人都會聯想到毀壞傾頹的建設、鐵銹斑斑的機械、或是當地居民會聯合抵制更良善的醫療措施等，這些經常發生的誤解，都只是因為計劃的推動者事先未曾和當地居民商量，或是把他們的觀點列入考慮的緣故。

人類學的實際應用，並非始於今日。早期有人以為人類學家的工作，就是協助殖民地的統治者控制人民，而人類學家之所以會試著瞭解原住民或部落的風俗習慣、語言和政治制度，就是為了協助自己的同胞征服壓迫殖民地的居民。因此某些地方的人，將人類學和別有居心的企圖聯想在一起，在政治上極力反對社會人類學這門學科。除此之外，儘管人類學家也扮演支持者的角色，協助當地人向外界說明他們真正的需求，但是當地的居民對於這樣的幫助卻頗有怨言，因為他們認為自己受人恩惠而被看輕貶低。由此可知，人類學家所扮演的協助者角色，無庸置疑是非常為難和尷尬的。

在研究日本的書籍報告中，最著名的就是美國的人類學家潘乃德（Ruth Benedict）所著作的《菊花與劍》（"chrysanthemum and the sword"）（1954）這本書。第二次世界大戰期間，美國戰情指揮中心爲了協助聯軍瞭解他們最可怕的敵人日本，於是委託潘乃德從事有關日本的研究工作，並完成《菊花與劍》這本書。由於潘乃德對於日本的研究和觀察十分詳盡，所以戰爭結束之後，《菊花與劍》一被翻譯成日文就在日本大受歡迎，讓許多日本人民印象深刻。不過某些日本人則認爲潘乃德在比較美日兩地的文化時，美國文化在所列舉的實例中似乎顯得較爲優越，因此對此書強烈抗議而反對閱讀。過了大約五十年後，這本書仍然廣受讀者的歡迎，但是也始終引起不少的爭議（見 Hendry, 1996）。

在潘乃德（Ruth Benedict）著述《菊花與劍》的那段時期，人類學家之所以對某些人感到興趣並進而從事研究，只是因爲這些人被稱作「原始」（primitive）和未開發的緣故。例如：潘乃德的《菊花與劍》這本書是以美國作爲比較的基礎，有些日本讀者由於受到此書的暗示和影響，因而認爲日本人被歸類爲原始人。這是當時人類學界必須突破的一個瓶頸。在那段時期之後，人類學領域在社會和文化上開始有重大的改變，已經不再只侷限於偏遠地區的部落民族。目前社會人類學的實際運用已經遍及世界各地，研究的對象甚至包括一些已經有高度工業化的國家等。舉例來說：安東尼・柯恩（Anthony Cohen）在 1982 年將一些人類學家的論文集結出版，這些論文都是人類學家依照地理位置的劃分，研究英國某些社群的研究報告，以及許多有關北美洲文化的調查研究。

從我自己身爲英國人的角度來看，過去時期英國人的殖民史所衍生的偏見和傲慢等後遺症，是人類學界必須突破的另一個瓶頸。某些來自以前殖民地的人類學家，都會熱衷於向世人說明和控訴，他們的同胞在成爲外界的研究對象時心中的感受爲何。雖然如此，我們過去殖民地的居民，現在也已經有人在英國定居並和我們生活在一起了。人們對於自己在社會和文化上的身分認同，儘管起初有互相競爭的天性，但最後都會趨向於一致性。對人類學的學生來說，目前某些有趣而新穎的研究都和這方面的議題有關。喬德・鮑曼（Gerd Baumann）（1996）在西倫敦的某個多民族地區從事研究工作，並且深入年輕人的生活中。喬德・鮑曼發現這些年輕人的出身背景是錫克教徒、回教徒、加勒比黑人（Afro-Caribbean）和愛爾蘭等，但是他們身上的文化特徵卻是很難加以區別，看起來就像英國一般常見的未成年白種人。

如今多元文化的現象，顯然在世界各地都可見到。此外，人類學家對於目前發生戰爭和衝突的地區，也可以在不同的民族之間扮演重要的角色。例如：塞爾維亞和莫三比克這些發生戰爭的地區。雖然如此，人類學家也並非總是處於揮動神奇權杖的位置，而在促進相互瞭解以平息爭端的重要性上，當然也有個限度。在中東地區或愛爾蘭持續擴張的衝突，不斷沉痛地提醒我們：政治人物在民族和宗教上所引用的論點，都只會造成更嚴重的後果。某些地區由於受到各種文化衝擊的影響，因而爆發衝突事件，我們將在第九章中詳述人類學家對此議題的研究工作。

建立歐洲共同市場的構想，是爲了消弭可怕的戰爭，以建立長治久安的局面。政治人物在共同市場內不同的文化之間，發現自己經常遭遇難以處理的困境。而解決這些困境的因應之道，最近已經成爲人類學家研究的熱門主題。人類學家認爲人類學的知識和訓練，將有助於溝通和協調。對於歐洲的領導階層來說，人類學家的意見顯然和他們不謀而合。某些田野工作者提供建議給政治人物，而政治人物則提供資金幫助田野工作在布魯塞爾和史特拉斯堡等都市研究調查時，能夠負擔物價高昂的生活支出。研究在不同的文化之間如何協調溝通，對於外交家、國際商業人士和許多其他的世界公民等來說，也會很有助益。

電子通訊技術的應用，使得人與人之間的溝通聯繫迅速而有效率。人類學家也開始運用嶄新的電子通訊設備，專門研究在宗教或文化上散居世界各地的**離散族群**（diasporas）。目前人類學家已經能夠輕而易舉和散居世界各地的人取得聯繫。我的一位同事起初親自到非洲從事田野調查的工作，後來他就使用電腦來進行第二階段的後續研究，以便繼續和住在世界彼端的喀麥隆人保持聯繫。其他有關「離散族群」的調查研究，還包括某些文化難民（cultural refugees）所面臨的困境等議題。這類有關離散族群的調查工作，一開始的研究對象是居住在國外的希臘人，其他的研究對象還包括有居住在國外的中國人和猶太人等社群。這些人面對外在世界的侵略和佔據時，一方面他們會以整合等方式來因應，另一方面他們則會持續強化內部的聯合團結。

我自己的成長背景是在蘇格蘭（Scottish）的社群中被養育長大，故鄉則遠在英格蘭（English）的中部地區。雖然蘇格蘭（Scoland）的實際人口少於六百萬人，但據說全世界有兩千萬人自稱爲蘇格蘭人（Scots）。我們將在第四章中探討蘇格蘭人在國外舉行慶典的情形，不過我們在這裡將先討論人類學上一個有趣的議題。雖然近來有許多的人在伯恩斯之夜（Burns Night）時，都會樂於享受（或是試著享受）食用肉餡羊肚（haggis）的樂趣，但事實上這些人並非全都是蘇格蘭人（見相片 0.1）。這種情形似乎有愈來愈普遍的現象。中國人在農曆過年時都會在除夕夜圍爐，前一陣子我受邀參加圍爐，發現有許多參加的人根本就不是中國人。換句話說，「文化」現在已經成爲人們在進行閒暇活動時巧立名目的主題。人們會配合各種文化的節日到外面的餐廳用餐，並且選擇應景的食物來吃。不僅如此，他們還會針對不同文化的節日主題，來安排一整年的活動計劃。

相片 0.1 ▶▶ 在英格蘭地區，伯恩斯之夜時的肉餡羊肚和風笛演奏。相片中的廚師是英格蘭人，手裡端著肉餡羊肚。風笛手也是個英格蘭人，名字叫作莎士比亞（Shakespeare）。（相片提供者：Joy Hendry）

這種現象的發生可能跟最近的流行趨勢有關。也就是說，現在許多人在假日時都會想要放鬆自己，或是暫時擺脫習以爲常的生活。而文化或環境截然不同的國外，就成了他們渡假旅行的最佳選擇。觀光人類學（anthropology of tourism）是目前人類學領域中，另一個蓬勃發展而令人興致盎然的分支。觀光人類學的研究，包括觀光客到國外旅行時，對當地人的影響等諸多問題，以及特殊的表演活動要如何「呈現」地方文化特色等議題。某些年輕的旅行者（也就是所謂的「徒步旅行者」）會徒步走過田野和村落，並和同伴彼此競爭比賽。表面上看來，他們徒步旅行是爲了體驗生活的現實，以及洞悉人生的真相等。然而事實上由於他們的資源和財力十分充裕，所以在他們住的昂貴旅館裡，當地人往往就會準備一些具有地方文化特色的歌舞表演，讓他們足不出戶也可以好好觀賞。

世界各地的遊樂園，都會以虛擬影像或實況模擬的呈現方式，讓遊客身歷其境和樂在其中，而且遊樂園還會選擇以某種文化來作爲主題，有時可能是當地的文化特色，有時則是異國的特殊風情。舉例來說：在美國佛羅里達州的迪士尼夢幻樂園，遊客可以在園內的艾波卡特中心觀看和欣賞到許多國家的風貌，並且品嚐各國的食物名產。另外，在日本的迪士尼樂園，遊客也只需要花將近一整天的時間，就可以遊遍加拿大、西班牙和德國等國家，然而實際上卻一步也未曾離開過日本。這些遊樂園都會具有某些國家代表性的重要建築、街道和博物館等。除此之外，遊樂園還會邀請藝術家，當場示範操作某些國家的專門技藝，並且聘請表演者演出具有各國當地特色的節目，以及販售許多的相關商品等。

目前文化差異所衍生的這波觀光熱潮，顯然已經超過人類學知識的範疇。雖然文化差異偶爾也會造成衝突或戰爭，但我們對於文化差異所造成的觀光熱潮，還是抱持建設性的態度和樂觀其成。不過值得注意的是，倘若文化的多樣化呈現，太過於膚淺而平庸，如此也會有一定程度的負面影響和傷害。人們不管居住在何處，都很有可能出乎意料之外，遇見背景和自己迴然不同的人，今後這種情形將會有日益增加的趨勢。由於不管我們是在家鄉還是在國外，對於陌生人可能都會有偏見和誤解，所以社會人類學的學習和訓練是很重要的第一步，有助於我們捨棄偏見而澄清誤會，並且對於其他人和他們的世界有更深入的瞭解。這份嶄新的體悟雖然讓我們感到欣喜，但我們也應該時時謹記在心，以免稍一疏忽就又故態復萌。

References

Baumann, Gerd (1996) *Contesting Culture: Discourses of Identity in multi-ethnic London* (Cambridge University Press).

Benedict, Ruth (1954) *The Chrysanthemum and the Sword* (Tokyo: Tuttle).

Hendry, Joy (1996) 'The chrysanthemum continues to flower: Ruth Benedict and some perils of popular anthropology', in Jeremy MacClancy and Chris McDonaugh (eds), *Popularizing Anthropology* (London: Routledge), pp. 106–21.

MacClancy, Jeremy (ed.) (1996) *Sport, Identity and Ethnicity* (Oxford: Berg).

Tayler, Donald (1997) *The Coming of the Sun: A Prologue to Ika Sacred Narrative* (Oxford: Pitt Rivers Museum Monograph Series, no. 7).

Further Reading

Banks, Marcus (ed.) (1996) *Ethnicity: Anthropological Constructions* (London: Routledge).

Cohen, A. (ed.) (1982) *Belonging* (Manchester University Press).

Howes, David (ed.) (1996) *Cross-Cultural Consumption: Global Markets, Local Realities* (London: Routledge).

Kuper, Adam (1983) *Anthropology and Anthropologists: The Modern British School* (London: Routledge & Kegan Paul).

Willigen, John van (1993) *Applied Anthropology: An Introduction* (Westport, Conn. and London: Bergin & Garvey).

Novels

Lodge, David, *Nice Work* (Harmondsworth, Penguin, 1989) is an amusing fictional account of an anthropologist and a business man who trail each other at work.

Tan, Amy, *The Joy Luck Club* (London: Minerva, 1994) is a novel touching on problems of cultural identity in the relationship between Chinese women and their Chinese–American daughters.

第 1 章

觀看世界

紀念品和手帕

觀光客到國外旅遊的時候，經常會帶回一些具有當地特色的東西。我們把這些東西稱爲紀念品（souvenirs）。紀念品的取得，可能是遊客在旅途中收到的禮物，或是在觀光專賣店購買的商品，甚至於只是在沙灘上撿拾到的東西。紀念品通常不會再轉手賣出，因此在經濟上的價值並不是很重要，也沒有到非要不可的地步。紀念品能夠喚起旅行者對於旅途的回憶。除此之外，紀念品的挑選也有可能是基於其他理由，例如：紀念品本身具有令人嘆爲觀止的美感、或是可以拿來跟朋友炫耀、當作送人的禮物等，甚至於有可能只是爲了襯托家裡窗簾的顏色，而把紀念品擺放在窗台上。無論如何，觀光客所選擇的紀念品，在某些程度上，都會非常顯眼而備受矚目，並且具有當地的文化特色或象徵。

雖然當地的居民對於日常生活中的某些物品，早就習以爲常。但相同的東西，在外人的眼中看來，卻有截然不同的意義。觀光地區的商家，爲了使生意興隆和維持生計，都會準備應有盡有的當地商品來迎合觀光客的興趣。基於商業上的考量，商家把當地的商品特別重新包裝和設計。眼光獨到的生意人，認爲地方色彩濃厚的東西是最受觀光客歡迎的商品。當地人視爲司空見慣的物品，其他地方的人卻如獲珍寶。然而相同的東西，外人和當地人卻可能會有迥然不同的運用方式。

舉個簡單的實例：日本的手絹（hankachi），由於非常的輕盈方便，而且相對上物美價廉，所以觀光客常常把手絹當作紀念品。這些手絹以柔軟的布料編織成正方形，並且以玻璃紙包紮裝飾，看起來相當簡潔而清爽。此外，手絹上繪有日本風味旨趣的圖案，例如：浮世繪（ukiyoe）版畫（見相片 1.1）或是當地的風光景致等都是手絹的典型特色。雖然手絹（hankachi）的命名是在「手帕」（handkerchiefs）之後，但由於手絹是如此的柔軟漂亮和精緻典雅，倘若有人以爲手絹也像手帕一樣，可以拿來擦拭鼻涕，那實在是有欠公允的。事實上，日本式的「手帕」只有在夏天非常炎熱時，可以拿來輕輕碰觸擦拭出汗的額頭，而且動作要非常的優雅緩慢，因此並不適合拿來擦拭鼻涕。日本人認爲把鼻涕擤在一小塊布上，然後把鼻涕和布一起放在口袋裡，是相當令人作嘔的事。

相片 1.1▶▶日本的手絹，可以作為禮物或紀念品，但是不能用來擤鼻涕。（相片提供者：Bob Pomfret）

有關手絹的實例說明一個基本的原理：不同的人會以不一樣的方式來看待事物。而從人類學家的角度來說，人們會以不同的方式把事物分類（classify）。分類的概念是整個人類學領域的基礎。外國觀光客來到日本時，會把手絹歸類爲紀念品**類別**（class），至少在一開始的時候是如此。不過手絹也有可能屬於禮物的類別。餽贈手絹的日本人和接受手絹的外國人，至少從表面上看來，雙方都會把手絹視為禮物類別。然而，外國人一旦收下手絹後，就會根據自己國內的觀念，在幾個不同的**範疇**（categories）中把手絹和相似的東西**分類**（classify）在一起。因此某些地方的人，習慣於用手帕擦拭鼻涕，然後放在口袋裡。這樣的舉動，對於日本人來說，很有可能就會引起很強烈的負面反應。

不同的人對於手帕都會有不一樣的使用觀念。有關手帕的文化是個很好的例子，可以繼續說明人類學領域基本的分類概念。舉例來說，老一輩的英國人認為隨身攜帶「一條乾淨的手帕」，是每天服裝儀容中不可或缺的一部分。事實上，如果我們在服裝儀容檢查時沒有帶手帕，很可能會被母親或老師責罰。某些英國社群裡老一輩的人，從小就接受這樣的教育，因此直到現在仍會隨身攜帶手帕。然而，面紙或衛生紙畢竟比較方便，除非環境不許可，否則現在很少有年輕人會帶手帕。

英國人在使用手帕的全盛時期，認為手帕代表許多的特性和意義。以往有些英國男士的團體，對於時髦瀟灑的穿著打扮十分喜愛，經常在胸前口袋繫上一條手帕，並且只微微露出手帕的一部分。也許是因為這個觀念的關係，大家會根據手帕的樣式，來判斷手帕持有人的品味和經濟狀況。因此某些人會攜帶絲綢製品的手帕，也有人特別把自己姓名的開頭字母繡在手帕上，還有人在沙灘上時把手帕打結套在頭上遮陽。至於自認為是「淑女貴婦」（ladies）的女士，則用精緻的蕾絲在手帕上鑲邊。為了要展現手帕的蕾絲花邊，她們會把手帕繫在低胸禮服的開口上，或是在某些重要的關鍵時刻，故意把手帕投擲在地上，好讓經過的男士撿起來。有些人認爲這些風俗習慣裝腔作勢，是粗俗而沒有教養的行爲，因此極力反對。

雖然手帕只是一塊小小的方形布料，但卻可以衍生出各式各樣的觀念。手帕的使用透露出許多的訊息，表明手帕持有人遵循社會規範的程度。我們會以教養、年代和身分地位等不同的方式，將手帕的持有人加以**分類**（classifying）。手帕在英國具有許多不同的用途功能，我們可以用**類別**系統（class system）來分類界定。如今，雖然很少人會使用手帕，但是來自威尼斯或布魯塞爾的手帕，由於具有漂亮的蕾絲花邊，直到如今仍然是很受歡迎的禮品。此外，手帕在北京的機場裡也有不同的使用方式，這是因爲中國禁止在出境時攜帶人民幣，所以在機場找零時可以用手帕來代替零錢。日本的幼稚園已經廢除穿制服的規定，因此有間幼稚園就規定：孩子到幼稚園上學時，必須把手帕別在衣服上，以表明自己屬於哪個班級。

分類的學習

如前所述，人類學的某些概念認爲：人們會將世界上的物品和人，分別歸類界定爲不同的範疇（categories）。**分類**（classification）與人們會以不同的方式來看待世界有關。有時爲了能夠簡單扼要地說明，分類的方法可能會從時間和地點等層面來劃分。分類系統（system of classification）是社會中的每個成員所共有，也是社會中十分重要的特色。每個孩子在成爲社會一份子的成長過程中，都會學習有關分類系統的知識。事實上，分類系統是孩子**社會化**的基礎。也就是說，分類系統讓孩子從一個有生命的個體，轉變成社會的一份子，並且和圍繞在他身邊的人，能夠用相同的方式來互相溝通聯繫。

當嬰兒在學習說話的時候，一方面練習某些字詞如何清晰正確地發音，另一方面則學習這些字詞所代表的意義。他們學會把每個字詞都貼上「標籤」（label），以辨識這些字詞在不同的範疇中，具有什麼特殊的意義。任何人只要花時間和嬰兒相處過，就會知道嬰兒有時所使用的字詞，在某些範疇中的意義都會和週遭的大人稍許不同。因此母親通常都需要重新「翻譯」（translate）嬰兒的話語，其他的大人才能明白理解嬰兒在說什麼。舉一個經常發生的例子：有些嬰兒學會了「爹地」（Daddy）這個字詞後，就會不加選擇對遇見的任何男人都叫爹地，這種情形經常會令人感到非常尷尬。這是因爲嬰兒認爲「爹地」就是代表某個他們所認識的男人。雖然嬰兒已經學會「爹地」這個標籤，但是對於這個字詞更深一層的意義，卻仍然搞不清楚。他們把「爹地」這個標籤和世界上的某些意義連結在一起，認爲「爹地」和「男人」這個範疇很接近，或是大概和「金髮的年輕男人」有關。隨著他們將「爹地」這個標籤和愈來愈多的意義結合在一起，最後他們就會明白只有特定的一個男人才是「爹地」。不過這個過程並非一蹴可幾，可能需要一段時間之後才會有這種結果。

社會中的某些標籤或字詞，實際上也可能會有和「爹地」類似的情形發生，稍後我們將會討論更多有關這方面的細節。嬰兒對於某些人，最終都會獲悉這些人是誰，並且學會如何區分這些人和其他人之間的不同。嬰兒在這兩種狀況中，都正在學習如何把人分類（classify）。此外，他們也會得知許多其他的專有名詞，並且一併認識這些名詞的定義和特性。使用相同語言的人會有共用的分類系統，因此嬰兒在學習語言的時候，同時也在學習有關分類系統的知識。在不同的社會中，語言和分類系統都會有許多的差異，例如：許多不同地方的人也使用英語，但是彼此之間仍然會有差異的存在。這些差異可能和「類別的區分」（class distinctions）有關。我們會以類別（class）來區分不同的差異，這種分類方式就和前述的手帕一樣。

我們通常在很小的時候就學會了分類系統，因此分類系統在後來變得根深柢固而難以改變。除非我們開始思索，否則分類系統就像吃飯和睡覺般自然和習以為常。我們會把每個人分類為親戚、朋友或陌生人等，並且分別產生不同的概念。而且我們還會更進一步地再細分每個人形形色色的特點。此外，我們對於被歸類為某些範疇中的人會有預期心態。我們也會將某些場所分類，並且對某些場所有預期的想法。舉例來說，當我們進入教堂的時候，自然而然就會降低音量。而當我們進入電影院時，就會忍不住想買爆米花來吃。也就是說，我們對於某些人事物都會分類成好或壞，乾淨或骯髒，安全或危險等等。

除非我們到其他的社會去看看，否則會一直認爲自己的分類系統可以在世界各地通行無阻。即使後來我們去過了其他社會，我們的許多想法仍不會因此而輕易改變。我們不太願意試著深入了解彼此之間的差異，因此我們對於其他的國家，或甚至於陌生的鄰居，可能仍然會有一些負面的印象，例如：品味低俗、骯髒下流、或是離奇怪異等。人類學家在從事研究工作時，爲了避免對研究對象有嫌惡或非難的想法，首先必須練習跳脫自己原有的分類系統，並且捨棄自己的偏見或負面想法。人類學家對於研究對象的分類系統必須整個重新學習，就像剛出生的嬰兒在社會中學習如何分類一樣。

羅德尼・尼達姆（Rodney Needham）在他的譯作中撰寫引言，並且針對分類這個主題發表看法。他認爲人類學家對於研究對象，從一無所知到全盤瞭解的過程，可以比喻爲一個天生失明的人，有一天突然恢復視力而重見光明。這個人在恢復視力的瞬間，眼中所見到的影像顯然是：

> 令人難以注視的雜亂形狀和顏色，以及讓人迷惑不解的視覺畫面。在瞭解其他人的過程中，似乎沒有人可以忍受（Durkheim and Mauss, 1966, p. vii）。

恢復視力的盲人需要重新學習如何區分或分類物品。因此「在文化上失明」的人類學家，也必須重新學習和理解不同文化之間的差異，因爲任何事都不是完全如表面上所呈現的樣子（出處同上）。

生、死和活埋

要完全瞭解其他社會的分類範疇（categories）是一件十分艱難的工作。相較於過去，最近的企業界都會投注較多的時間和心力來了解所謂的「原始」（primitive）人。二十世紀初時的法國社會學家列維・布魯（Levy-Bruhl）把原始人的心智稱為「前邏輯的」（pre-logical）。這是因爲當時的人們認爲邏輯學是所有文明化思想的發展基礎。當他們在形容偏遠地區的原始人時，只是根據有限而少量的觀察資料，再加上受到語言隔閡的影響而無法有效溝通，以致於認爲原始人的習俗似乎違反了他們一向堅持的思考邏輯。當時的歐洲人自視甚高，以爲自己站在技術發展的巔峰，因此認爲原始人和自己是截然不同的。

前述的「文明化思想」，實際上指的是西歐的思想。雖然有人認爲原始人和西方人兩者之間的思考邏輯，基本上會有些差異。但是李佛士（W. H. R. Rivers）對於這個觀念卻抱持質疑的態度。他曾撰寫一篇短文，標題爲〈死亡的原始概念〉（‘The Primitive Conception of Death’）（1962）。他在文中建議我們要認清一個事實：不同的人會以不一樣的方式將事物分類。倘若我們把這個事實列入考慮，那麼有關原始人思考邏輯的深入研究，就會讓西方人在心智上比較容易明白理解。他曾在所羅門群島上和美拉尼西亞人（Melanesian）一起生活。他以自己的經驗爲例，說明某些顯而易見的矛盾之所以發生，只是因爲人會以不同的方式將事物分類。例如：當地居民所使用的一個字，*mate*（瀕死），顯然也適用於仍然活著的人身上，但是外人卻將這個字的意思翻譯爲「死亡」（dead）。

生命是活著還是死亡，許多人乍見這個問題時，可能都會認爲兩者之間的差異十分明顯。也就是說，一個人不是還活著，就是已經死去。或者他或她的心臟，不是仍然跳動著，就是已經完全停止。雖然我們把死亡視爲心跳已經停止跳動的狀態，不失爲一個簡單的分類方法。但是自從有些機械裝置的發明讓生命能夠繼續活著之後，這種分類方式就帶來若干問題。心臟藉由機械裝置的協助還能繼續跳動，因此目前一個人是否死亡的判斷標準，是以有無「腦死」（brain-death）的狀態來決定。運用機械裝置來維持生命的可能性，顯示出我們自己對於死亡的定義，在某些程度上是非常含糊不清的。李佛士認爲美拉尼西亞人使用 *mate*（瀕死）這個字的範疇，也包括有「非常虛弱」和「非常年老」等的意思。*mate* 在美拉尼西亞人語言中的相對字是 *toa*。相較於我們對於生和死的分別，美拉尼西亞人對於 *mate* 和 *toa* 這兩個字的區分是截然不同的方式。

我們對於身體的各個組成部分，都有較爲詳細的瞭解。因此我們對於生和死的區分，是從生物學的角度和根據身體狀況的觀察來判斷。另外更爲特別的是我們也可能會從歷史背景或哲學的角度，用精神和靈魂的概念來看待生和死。有些地方對於生和死的區分，是從社會經濟的價值來看待，亦即與資源的不足有關。在日本的民間傳說中有個風俗習慣：老人一旦到達某個歲數，十分虛弱而且無力分擔家計時，後代子孫就會將老人棄置在山上，讓他們在那裡自生自滅。在美拉尼西亞，有些人顯然是遭到「活埋」（buried alive）的命運。而在非洲的某些地方，也有類似的情形發生。

生與死的概念，和對待死後的生命態度有關，也就是人在「死」了之後會變成什麼的觀念。在十六世紀時，歐洲人發現阿茲特克人（Aztecs）以活人作爲祭品的習俗，感到非常地震驚，並且立刻試著阻止。然而阿茲特克人卻認爲：活人祭祀是祭典中很重要的部分，如此才能讓他們的神祇感到滿意。而且他們相信作爲祭品而犧牲生命的人，在來生時會有榮耀而崇高的地位，因此活人獻祭是高尚而尊貴的死法。此外，阿茲特克人也相信如果他們沒有以這種方式來「滿足」他們的神，這個世界將會毀滅。當這種情況發生的時候，就會證明他們說的沒錯。後來西班牙人禁止這項習俗的流傳，結果阿茲特克人的世界也真的因此而毀滅了。

在蘇丹（Sudan）成爲殖民地之前，雖然活人祭祀的習俗受到禁止，但是據說丁卡人（Dinka）還是常常會將他們的祭師活埋。葛佛瑞・連恩哈特（Godfrey Lienhardt）的著述《神性和經驗》（“Divinity and Experience”）是本內容廣泛而有趣易讀的書。雖然他未曾親眼目睹丁卡人活埋的風俗習慣，但是卻對此做過深入的研究。他在書中的調查資料如下：

> 負責刺擲魚叉的領袖，由於生病而愈來愈虛弱時，就會召集全部的人民。領袖會吩咐他的所有擁護著（部落或分支部落）都到他的住處，然後在他還活著的時候將他埋葬。人民會遵從命令而迅速回來，因為倘若他們延誤了時間，以致於領袖在他們抵達之前過世，那麼他們將會感到非常難過和遺憾。
>
> 領袖對於即將面臨的死亡，並不會感到恐懼。而人民會一邊將他埋入土中，一邊唱歌讚頌他。沒有一個人會由於領袖即將逝世而哭泣。他們感到非常喜悅，因為他們認為領袖將會賜予他們新的生活，讓他們今後都不會遭遇到任何的噩運。

在丁卡人的神話傳說和宗教儀式中，領袖所扮演的角色可以體現他們的傳統精神。因此葛佛瑞・連恩哈特把活埋的習俗詮釋爲丁卡人生命共同體的表現。在他的著述中包含有很多這方面的資料（出處同上, p. 301）。

李佛士說明美拉尼西亞人有關生命歷程，以及人在死了之後會發生什麼事情等觀念，並且在不同的背景下把 *mate* 和 *toa* 的觀念加以區分。歐洲的旅行者和傳教士，看到美拉尼西亞人的喪禮和活埋的情景後，感到非常的驚駭。對此，李佛士建議我們對於不同的分類系統，都要有完整清晰的瞭解，如此我們才有可能理解美拉尼西亞人的習俗，不致於造成誤解。

除此之外，李佛士還指出有關親屬的分類方式，美拉尼西亞人和歐洲人之間的差異。根據他的推斷，美拉尼西亞人「父親」(father)稱謂的使用，除了稱呼自己的父親，也用來稱呼父親的所有兄弟（伯父、叔父），以及母親的姊妹的丈夫（姨父）（我們將在第十一章中進一步討論這方面的分類系統）。美拉尼西亞人的分類系統是個涵蓋範圍很廣的系統，在世代之間、以及父方和母方家族的親屬之間，都有很清楚的區分。然而英格蘭人使用的某些親屬稱謂，例如：伯父、叔父、姑丈、姨丈或舅父（uncle）、伯母、嬸母、姑媽、姨媽或舅媽（aunt）和堂（表）兄弟姊妹（cousin）等，這些親屬稱謂的使用，在父方和母方親屬之間顯然沒有很清楚的區分。對此，李佛士有個很有趣的想法，他提出美拉尼西亞人當地的一個觀點：過度發展的物質文明，已經造成思想邏輯的萎縮——或許原始人的心智應該稱爲「後邏輯的」(post-logical)(1926, p. 45)。

文化相對論和人類學家的偏見

李佛士自己透露：過去某段時期有些作家常會使用「原始的」（primitive）或「野蠻的」（savage）等字眼來描述某些地區的人。這些作家的分類系統似乎是當時大家都認同的普遍現象。雖然李佛士對於列維・布魯（Levy-Bruhl）有關「前邏輯心智」（pre-logical mentality）的觀念有不同的看法，但是他仍然傾向於認爲美拉尼西亞人和其他「較低階層」（lower order）的人，都應該被歸類爲相同形式的類別。這種概括性的分類和人的技術發展成就有關。當時人們的觀念認爲：所謂的「原始」（primitive）社會，是較爲「先進」（advanced）社會早期的發展歷程。

以分類爲主題的書中，最有名的是在十九世紀末二十世紀初時由法國人撰寫的一本書。這本書反映出一個概念：我們可以按照文明化的程度，分別將不同的人排列。按照這種方式排列，歐洲的優秀精英份子（特別是法國人）在排列的一端，而所謂的「原始」人則在相反的另一端。涂爾幹（Durkheim）和牟斯（Mauss）在《原始的分類》（“Primitive classification”）這本書中，試著闡明他們的觀點：我們可以在「原始的」社會中，發現心智範疇（mental categories）的起源。雖然人類學家如今已經不再像過去那樣對於起源的問題十分關切，但是他們對於分類的方式仍然必須加以注意。涂爾幹和牟斯在書中舉出許多的實例，以說明世界上包羅萬象的分類方式。

在涂爾幹和牟斯書中的前兩章，特別以實例來說明其他種族的分類方式。他們探討澳洲原住民族群各式各樣的分類系統。這些原住民將自己分類爲不同的婚姻類別，或是以不同動物爲圖騰的氏族（clans）等等。澳洲原住民將整個社會都區分成兩個主要的類別，人類學家把這種分類法稱爲「二分法」（moieties）。這種分類系統，對於原住民來說，在許多方面都會有影響。其中最主要的影響就是：他們將所有的人都劃分爲可以作爲結婚對象、和不可以作爲結婚對象兩種類別。而在可以作爲結婚對象的類別中，他們還會把某些人歸類爲較適合結婚的對象。也就是說，他們的分類系統，對於哪一類人可以結爲姻親，都可以繼續再細分爲兩種類別。

在西方社會中，我們要和誰結婚的決定，只要追溯雙方的族譜，確認彼此之間是否有血源關係後，就不太可能會受到其他因素的影響。而且我們對於婚姻所牽涉的親屬關係，男女雙方在認知上的差異也很小。雖然我們也會禁止和自己家族的人結婚，但是相較於澳洲原住民的婚姻分類系統，其實仍然有相當大的差異。換句話說，他們在整個婚姻系統中，不僅將每個人分類，而且讓所有的人在系統中都有適當的定位。

除此之外，澳洲原住民的氏族（clans）會以動物作爲圖騰。每個人不僅必須屬於某種動物的氏族，而且對於自己所隸屬的動物是否可以食用，都會區分兩種類別。舉例來說：和蛇有特別關係的蛇族（snake clan），將族人分類爲禁止吃蛇、可以吃蛇兩種類別。以負子鼠（opossum）爲圖騰的氏族也有相同的情形。此外，澳洲原住民也以「二分法」（moieties）把天地萬物作適當地分類。例如：風和雨等天氣現象，或是太陽和星辰等遙遠的星體。除此以外，涂爾幹和牟斯還在書中討論一個錯綜複雜的分類系統：有關「空間分類」（classification of space）的排列方式。他們以在北美洲普艾布羅（Pueblo）印地安族群的蘇尼人（Zuni）的分類系統爲例說明。書中引述民族誌學者

Cushing 的觀察資料如下：

> 我們發現蘇尼人對於天地萬物，都有名副其實的安排。他們的分類方式以「相似的程度」來區分，而且分類系統中的每個部分都是協調一致而相互隸屬。因此蘇尼人把所有自然界的生物和事件，例如：「太陽，月亮，星辰，天空，大地和海洋等一切自然現象，無生命的物體，植物，動物和人類等」，在一個獨特而整合的系統中加以分類和貼上標籤，並且分別歸類為適當的定位。
>
> 蘇尼人分類系統的原理是將空間劃分為：東，西，南，北，上，下和中心等七個區域。他們把天地萬物分別歸類在這七個區域之中。在此，我們以季節春夏秋冬和自然現象地水火風為例來說明；風和冬季屬於北方，包括微風及空氣等；水和春季屬於西方，包括濕氣很重的風等；火和夏季屬於南方；地和秋季屬於東方，包括種子和促使種子成長的冰霜。另外，以事物來說，鵜鶘、鶴、松雞、鼠尾草和常綠橡樹等都是北方的事物；熊、土狼和春草則歸類為西方；鹿、羚羊和火雞等則分類為東方。除了事物以外，蘇尼人也以相同的方式把某些社會現象分類。例如：力量和毀滅歸類為北方的區域，包括戰爭和破壞等；和平和狩獵則屬於西方；熱量、農業和醫藥歸類為南方；太陽，巫術和宗教則屬於東方的區域。至於上方和下方的世界，則結合各式各樣的其他現象（Durkheim and Mauss, 1963, pp. 43-4）。

蘇尼人也將天地萬物分類爲七個和顏色有關的類別。

舉例來說：紅色屬於南方，是夏季和火的區域。黃色屬於北方，而白色則歸類爲東方。這種範圍廣泛的分類系統，由於蘇尼人從小就學會而習以爲常，所以人類學家在從事研究工作時，可能會無法理解或用分析的方式來解讀。雖然社會中可能都會有許多這方面的資訊，但是直到民族誌學者拼湊起來之前，這些訊息仍然有可能會在不知不覺中遺漏掉。舉例來說：當蘇尼人使用「黃色的」（yellow）這個字時，由於黃色和北方有關，因此可能會有許多的言外之意。也就是說，如果蘇尼人以「黃色的」來形容某人，可能認爲某人有好鬥而破壞的意思。然而以英文來說，黃色卻是膽小怯懦的意思。

實際上，顏色在不同的社會中有不同的分類方式。甚至於在相同的社會中，可能也會因族群的不同而有所差異。科學家牛頓以科學上的測量方法，證實光譜上的色帶可以分類爲彩虹的七個顏色。雖然目前有許多的人都接受牛頓的分類方式，但是在日常對話中，不同地方的人對於顏色的分類系統仍然有不同的看法。舉例來說：日語 aoi 這個字具有「綠色」（green）的意思（松樹的顏色，或是形容一個人覺得不舒服，臉色發青），或是「灰白色」（pale）的意思（也是形容一個人覺得不舒服，但不會很嚴重，只有面色蒼白）。日文 aoi 這個字可以等同於英語「藍色」（blue）（較淺的藍色）的意思。不過即使是在英文中，藍色也會有許多不同的意思，特別是對專業的藝術家或設計師來說，藍色會有更精細的分類。

根據愛德溫・亞登那（Edwin Ardener）（1971）的研究，威爾斯人（Welsh）只需使用兩個有關顏色的字，就可以等同於英文的灰色(gray)、褐色(brown)和黑色(black)。其中一個字 *du*，顏色介於英文的黑色和褐色之間。另一個字 *llwyd*，顏色則介於褐色和灰色之間。威爾斯人還有一個字 glas，顏色則介於英語的灰色、藍色和綠色之間。愈來愈多的威爾斯人，已經開始在最新流行的會話用語中，使用「褐色」（brown）這個英文字，而且顏色的色澤範圍非常接近而等同於英文的用法。爲了避免混淆不淸而令人困惑，威爾斯人經常在溝通中同時使用英語和威爾斯語兩種語言（見圖 1.1）。

<table>
<tr><th>ENGLISH</th><th>STANDARD WELSH</th><th>MODERN COLLOQUIAL WELSH</th></tr>
<tr><td rowspan="2">green</td><td>gwyrdd</td><td rowspan="2">gwyrdd</td></tr>
<tr><td rowspan="3">glas</td></tr>
<tr><td>blue</td><td>glas</td></tr>
<tr><td rowspan="2">grey</td><td rowspan="2">llwyd</td></tr>
<tr><td rowspan="2">llwyd</td></tr>
<tr><td rowspan="2">brown</td><td rowspan="2">brown</td></tr>
<tr><td rowspan="2">du</td></tr>
<tr><td>black</td><td>du</td></tr>
</table>

圖 1.1 ▸▸英語和威爾斯語的顏色分類。

涂爾幹和牟斯也在書中談及中國的道家（Taoism）思想：有關「時間的分類」等觀念。中國人認爲時間的分類系統獨立於社會組織之外，但是對於日常生活的許多細節都有很深的影響。道家思想把空間劃分爲前後左右四象，而且各自搭配不同的顏色和動物（譯註：左青龍，右白虎，前朱雀，後玄武）。物質的分類則以金、木、水、火、土五個元素、以及循環不息周而復始的十二生肖（Chinese zodiac）來區分界定。此外，任何的事物都可以用「陰」或「陽」來分類。陰和陽，有時代表女性和男性、負和正、少和老、或是被動和積極等概念。

道家思想也以陰陽的方式將時間分類：以兩小時爲一個時段，將一天分爲十二個時辰。而且無論是年、日或時辰等時間，都會配合陰陽以及十二生肖或地支的順序來運行。自古以來，中國把陰陽五行和時間、空間等觀念融合在一起，發展出博大精深而錯綜複雜的占卜系統，也就是所謂的「風水」（geomancy）。中國人做任何事情的時候，都免不了會考慮到風水的問題，因此風水對於中國人的態度行爲，特別是在宗教習俗方面造成很深遠的影響。風水不僅對遠東地區造成影響，而且即使是在現代，例如：日本或香港等技術發展較爲先進的國家中，無論是選擇地點、開工吉時、安排婚喪喜慶、算命開運等活動，都會預先查詢農民曆或是請教具有這方面知識的專家。

有關十二生肖的實例，是西方社會的人比較能夠接受的觀念。東方人相信人的個性會跟自己出生的年份、時間有關，而且會受到生肖的特質所影響。因此在牛年出生的人，做事就會任勞任怨，說話則會輕聲細語。而生肖屬虎的人，就會敏感易怒和脾氣暴躁。男女雙方的生肖配對是否合適，也會對婚姻造成影響。如果配對不合適，命理師可能會建議兩人改名字，以改變原來的命運。日本人認爲生肖屬馬的女人在五行中屬火，對婚姻會很不利。許多日本人對於這個觀念信以爲真，因此日本國內的出生率，只要一到馬年都會有明顯的下降。

由此可知，時間、空間和社會關係的分類系統，顯然不一定隨著技術的發展而改變。如前所述威爾斯人使用英文字「褐色」的實例，不同的社會之間會互相影響，因此分類系統中的某些元素可能會被其他社會的元素取而代之。但是對於這種取代的現象，有些人可能會堅持下去而不願改變。人類學家在調查研究其他的社會時，爲了避免妄加臆測和猜想，必須試著跳脫自己的思維系統。在這方面來說，涂爾幹和牟斯的研究工作是很優秀的典範。因爲他們不僅自己提供許多的實例，讓我們了解不同社會的分類系統，而且還舉例說明在他們著述的那段時期，其他學者有關分類系統的研究資料。另外，更特別的是他們在著述中列舉的實例，都是未曾和外界接觸過或是受到外界影響的社會。

跳脫自己的思維系統，最近成爲人類學家非常關注的課題。人類學家進行研究工作時，都會預先審視自己是否有先入爲主的偏見。由於人類學家的背景、年紀、性別和使用的理論方法，難免都會影響他或她的研究結果或方向，所以這些年來的民族誌研究，人類學家都會在工作報告中列舉說明自己的個人資料。相同的研究對象，很可能因為人類學家的注意力焦點不同，而有截然不同的民族誌報告和結果。特別是當今世界上的某些地區，由於觀點的不同而造成衝突或戰爭，就經常會有民族誌報告受到人類學家個人影響的情形發生。在墨西哥有一個很典型的實例，雖然羅伯特・雷德森（Robert Redfield）和奧斯卡・路易斯（Oscar Lewis）分別研究相同的村落，但是卻有迥然不同的研究結果。羅伯特・雷德森認為，村民的個性十分積極樂觀，常常互助合作。不過，奧斯卡・路易斯卻抱持負面的看法，認為村民生活貧困，而且貪婪無厭和爭強好勝。

許多人提出各式各樣的理論來說明：相同的人事物為什麼會有不同的研究結果。有人認為研究對象的人口數量和經濟條件發生變化，因而造成研究結果有所差異。也有人以為人類學家的個人特質會影響研究的結果和方向。此外，還有人認為人類學家的關注焦點不同，因此研究結果才會有天壤之別。形形色色的理論眾說紛紜，莫衷一是。多數人則以文學的角度來審視人類學家的研究。他們認為在人類學領域中很有影響力的人，只不過是優秀的作家，因為這些人在描述研究對象的社會或文化特色時，都會使用聳動而引人注意的字眼，而且立場偏頗有失公正（請參閱 Clifford 和 Marcus, 1986）。雖然如此，人類學家仍然可以幫助許多人，瞭解自己在社會和文化上的意見和看法，並且對於其他人的不同觀點有更深入的認識。因此人類學家以文學的手法來描述研究對象時，不一定總是有害無益的。

個人的特質會影響和左右研究的方向和結果。人類學家爲了有效處理這個問題，最近都會在他們的學術著作裡，以自傳體（autobiography）的書寫方式一併收錄自己和訊息提供者(informants)的背景資料(Okely 和 Callaway, 1992)。以這種方式完成的著作，對於田野調查工作（field work）來說，具有很大的附加價值。雖然大多數的人類學研究工作，都會盡量避免以偏概全的情形發生。但只要生而爲人，對於其他人總是難免會存有偏見。這種現象就像物理學上著名的海森堡測不準定理（Heisenberg uncertainty principle），我們在觀察測量物質粒子運動的過程中，一定會對觀測結果造成影響。人類學系的學生在研究瞭解其他人的過程中，儘管仍然會有偏見的存在，但還是可以從自己的相關經驗開始，踏上學習的旅程。

分類系統的變遷：性別議題

最近有兩位女士編撰一本論文集，內容探討個人的因素如何影響民族誌的研究結果等議題。她們發現早期的人類學家在從事研究工作時都會存有偏見，認爲在任何社會中男人的相關活動比女人的重要許多。就我個人的觀點來看，這種情形並非偶然。人類學家大多來自於所謂的「文明化」社會，因此最近幾十年來在這些社會中已經採取許多的措施，以矯正過去習以爲常的偏見，並且在有關「性別」（gender）角色的分類系統上，反映出相當顯著的改變。事實上，相較於「性」（sex）只是生物特徵的觀念，倘若我們把「性別」（gender）視爲文化上的相對概念，反而擴增許多嶄新的面向。其實，我們可以將人類學的學習看作是一項訓練，能夠鞭策我們在日常生活中，挑戰或重新思考那些視爲理所當然的意見和想法。

我們將以性別爲例來說明：社會中的分類系統可能會隨著時間的遷徙而發生變化，或者更確切地說：分類系統會受到某些人的影響而有所改變。從性別的歷史背景或現實環境來切入，有關男人和女人之間的差別，或是在不同範疇中的角色定位，都是我們可以學習和研討的主要課題。在西方社會中或許只要一兩個世代的時間，性別角色的認同可能就會有很大的改變。相較於自己的母親或祖母那一代，現在的女人不僅能夠自力更生，而且能夠參與大部分的公共事務。此外，我們也可以發現如今男人對於家事的付出程度，比他們的父親那一代來得多。

婦女「解放運動」的先驅者，發現自己要對抗的是所有種類的限制。以涂爾幹（Durkheim）定義的專有名詞來說，這些限制就是所謂的「社會事實」（social facts），例如：法律、道德規範、風俗習慣，以及其他規定適當行爲舉止的**集體表象**（collective representations）。因此婦女解放運動實在不是一件簡單的任務。我的姑媽在 1930 年代時擔任教職，由於當時的婦女倘若要結婚就必須辭去工作，所以她和未婚夫花了三年時間來工作存錢以準備結婚。結果她的未婚夫不幸在這期間過世，以致於她終身未婚，對此常常喟嘆不已。我的母親則爲了婚姻而放棄工作，而且即使現在已經八十六歲了，她仍然認爲自己一生的「工作」就是「持家」。在我母親和姑母的那個輩分的人，認爲男人就是要負擔整個家庭的生計。即使後來已婚的婦女已經可以外出工作和分擔家計，但是仍然有很長一段時間，法律規定必須負責繳納家庭稅金的人是男人。

在我自己的這個世代，對於性別角色的期待有很明顯的改變。甚至於有些婦女在結婚或是分娩之後，如果沒有繼續維持原來的經濟活動，有可能還會遭受指責。雖然女人從小接受的教育，就是做家事和如何照顧安慰別人等，但是一旦在外面寬廣的世界中贏取應得的地位之後，大家對於女性的角色期待，反而變成不僅要維持外在的地位，還要繼續兼顧家庭和子女。儘管有些男人會公然支持女性向外發展，但是對於「家務」來說，許多男人發現自己也只能做到「幫忙」而已。何況男人仍然會傾向於認爲：其他的男人比自己更適合率先持家。如今，至少在某些家庭中，男人和女人在扶養子女時所扮演的角色，都會具有相等的地位。因此過去祖父母以性別來區分工作的觀念，將不太可能灌輸給現在的孩子。

人類學家注意到某些人的研究工作有重男輕女的偏

見，或是把西方的觀點投射在研究對象身上。因此他們這些年來針對世界各地的女性，發表許多有趣的報告資料，並且關注自己在社會中所扮演的角色能夠發揮什麼功能。早期有關兩性平等觀念覺醒的研究，有較大影響力的作家有：西蒙·波娃（Simone de Beauvoir），凱·密萊（Kate Millet）和吉曼·基爾（Germaine Greer）等。此外，還有兩本開創性的人類學論文集：第一本是在美國出版的《女人，文化和社會》（"Women, Culture and Society"）（Rosaldo & Lamphere, 1974）；另一本則是在稍後出版的"Perceiving Women"（Ardener, 1975）。兩本書的資料均附錄在章末的「延伸閱讀」中。第二本書的作者亞登那（Ardener）是我在牛津的同事，而這本書是她一系列叢書中的第一本，後來她還創立了「女性跨文化研究中心」（Centre for Cross-Cultural Research on Women）。

在亞登那的一系列叢書中，另一本於 1978 年出版的早期著作是《定義女性：女人在社會中的本質》（"Defining Females:The Nature of Women in Society"）。亞登那認爲即使是女人所謂的生物特徵，也是文化的產物：

> 有關女人本質的認知，對於範疇（categories）的分類會造成影響，而範疇也會反映、強化和重塑有關女人本質的認知。兩者會持續不斷地相互影響（Ardener, 1993, p. 1 參閱延伸閱讀 Caplan, 1987）。

舉例來說：尹斯宗（Hischon）在有關希臘社群的論文中，探討女人在性的信念上所抱持的信念和態度。希臘人認爲只要女人可以控制自己的性衝動，則男人和女人都可以在很年輕時就結婚。女人必須遠離其他的男人以避免受到誘惑，如此才能得到他人的尊敬。倘若一個丈夫在感情上出軌（換句話說，對他的妻子不忠），但受到譴責的人卻是第三者那個女人。女人還必須讓家裡保持一塵不染、料理山珍海味、把水果製成蜜餞或餅乾、縫紉和刺繡等。這些工作不僅佔據了女人的所有時間，而且讓女人連上街的機會都沒有（Hirschon, 1993, pp. 51-72）。

有關女性議題的文獻報告，例如：女人所扮演的角色，她們的多樣性和改變等，如今在質和量上都有很豐碩的成果。有人特別把這方面的出版品，從傳統的人類學研究區分出來，稱作「女性研究」（women's studies）。不過也有人認爲有關女性的議題，不應該和社會的其他層面有所區分，以免忽略其他層面對女性的影響。有關女性議題的研究，目前已經稱爲「性別」（gender）研究。一本緣起於歐洲人類學家協會（European Association of Social Anthropologists）在 1990 年召開第一次研討會的書指出：有關性別議題的研究，在人類學的領域中仍然不受重視（del Valle, 1993）。

在這本書中，一位作者明確地指出性別議題在不同社會之間的差異，例如：年齡、世代、親屬關係、種族、族群、宗教、社會階級等背景下所遭遇到的難題（Gullestad, 1993, pp. 128-9）。西方社會中的女人，爲了掙脫社會上的種種束縛，熱衷於投入解放運動，其他地方的女人也紛紛積極投入解放運動，但卻沒有顧及社會背景的差異以及男人女人共有的某些層面。解放運動者對於世界上女人成爲男人附屬品的社會，加以譴責和非難，然而即使打破了男女不平等的階級體系，男女不平等的觀念仍會在不知不覺中對社會造成影響。一位著名的女性人類學家海麗塔・摩兒（Henrietta Moore）勉爲其難地承認這種情形的存在（Moore, 1993, p. 194）。

此外，古列斯泰得（Gullestad）認爲有關性別的議題，可以從文化變遷的角度來加以研究和探討。在西方社會中的女人對於女性所扮演的角色，以及女人的定義等方面都有所改變。而這些變化的發生，對於所謂男子氣概（masculinity）的定義具有很深遠的影響（1993, p. 129）。贏得多項奧斯卡獎的電影《一路到底脫線舞男》（The Full Monty）（1997），是一群失業的鋼鐵工人重新找回自尊的故事。這部電影以反諷而聳動的方式，呈現 1990 年代晚期英國雪菲爾市（Sheffield）的情景。如今人類學家的研究工作，已經把注意力轉移到男人所扮演的新角色上。《男子氣概的解構》（“Dislocating Masculinity”）（Cornwall and Lindisfarne, 1994）是一本很有趣的書，重新審視男子氣概的概念。以往許多的領域只有男人可以涉足其中，但自從有愈來愈多的女人進入這些領域之後，有關男子氣概的概念就必須有所取捨和重新定義。

我們已經在本章中探討有關分類系統的概念，而人們看待和了解世界的方式，受到分類系統的影響和限制。我們也以各式各樣的實例，例如：物體、活著或死亡、空間、時間等來說明分類的方式。此外，我們也探討人類學家在從事研究工作時所受到的限制（亦即偏見），並且說明只要生而爲人，對於其他人的研究就難免會有偏見的存在。我們在下一章中將要開始探討分類系統的呈現方式，以及人類學家所收集到各式各樣有關分類系統的調查報告。

References

Ardener, Edwin (ed.) (1971) *Social Anthropology and Language* (London: Tavistock).

Ardener, Shirley (ed.) (1993) *Defining Females: The Nature of Women in Society* (Oxford: Berg; first published 1978).

Clifford, James and George E. Marcus (1986) *Writing Culture: the Poetics and Politics of Ethnography* (Berkeley, Los Angeles and London: University of California Press).

Cornwall, Andrea and Nancy Lindisfarne (1994) *Dislocating Masculinity: Comparative Ethnographies* (London: Routledge).

Durkheim, Emile and Marcel Mauss (1963) *Primitive Classification*, trans., with an introduction, by Rodney Needham (London: Cohen & West).

Gullestad, Marianne (1993) 'Home decoration as popular culture. Constructing homes, genders and classes in Norway', in Teresa del Valle (ed.), *Gendered Anthropology* (London: Routledge), pp. 128–61.

Hirschon, Renée (1993) 'Open Body/Closed Space: The Transformation of Female Sexuality', in Shirley Ardener (ed.), *Defining Females: The Nature of Women in Society* (Oxford: Berg), pp. 51–72.

Lienhardt, Godfrey (1961) *Divinity and Experience: The Religion of the Dinka* (Oxford: Clarendon).

Moore, Henrietta L. (1993) 'The differences within and the differences between' in Teresa del Valle (ed.), *Gendered Anthropology* (London: Routledge), pp. 193–204.

Okely, Judith and Helen Callaway (eds) (1992) *Anthropology and Autobiography* (London: Routledge).

Rivers, W. H. R. (1926) 'The Primitive Conception of Death', in *Psychology and Ethnology* (London and New York: Kegan Paul & Trench Trubner).

Valle, Teresa del (ed.) (1993) *Gendered Anthropology* (London: Routledge).

Further Reading

Ardener, Shirley (ed.) (1975) *Perceiving Women* (London: Malaby Press).

Barley, Nigel (1997) *Dancing on the Grave* (London: Abacus).

Caplan, Pat (ed.) (1987) *The Cultural Construction of Sexuality* (London and New York: Tavistock).

Gell, Alfred (1992) *The Anthropology of Time: Cultural Constructions of Temporal Maps and Images*, (Oxford: Berg).

Hertz, R. (1960) *Death and the Right Hand*, trans. by R. and C. Needham (London: Cohen & West).

Moore, Henrietta L. (1988) *Feminism and Anthropology* (Cambridge: Polity).

Needham, Rodney (1973) *Right and Left: Essays on Dual Symbolic Classification* (Chicago University Press).

Rosaldo, Michelle Zimbalist and Louise Lamphere (eds) (1974) *Woman, Culture and Society* (Stanford University Press).

Novels

Barker, Pat, *Regeneration* (Harmondsworth: Penguin, 1992), is a trilogy of novels about the First World War, which feature W. H. R. Rivers, although not much direct mention is made of his anthropological work until the third book, the *Ghost Road*, where the effects of a British ban on head-hunting in the Solomon Islands are juxtaposed with reports of the atrocities taking place in war-torn Europe.

Bowen, E. Smith, *Return to Laughter* (London: Victor Gollancz, 1954) is a fictionalized account of fieldwork among the Tiv of Nigeria by Laura Bohannan.

Mahfouz, Naguib, *Palace Walk* (London: Black Swan, 1994), the first of the Cairo Trilogy, illustrates particularly well the contrasting life of men and women in a traditional Egyptian Muslim family.

Films

The 'Strangers Abroad' series (André Singer, 1985) introduces five of the early anthropologists and their influence on the subject. *Off the Verandah*, about Bronislaw Malinowski, demonstrates the value for British colonists of getting down off their verandahs and living with the people they were describing. *Fieldwork*, about Sir Walter Baldwin Spencer, pursues the theme by illustrating his work with the Arunta and other Australian Aboriginal peoples. There are also films about W. H. R. Rivers (see Chapter 11), about Margaret Mead and about Edward Evans-Pritchard.

第 2 章

噁心、禁忌與不可思議

某些觀察的面向

人類學家研究分類系統的方式之一，就是試著瞭解人類有哪些深信不疑的觀念。我們通常是在早期的生活中，就已經開始學習有關分類系統的知識，因此分類的觀念是根深柢固而難以動搖的。即使有人意識到不同文化之間的相對性，但是仍然難以改變固有的想法。一旦自己與其他人的想法有牴觸的情形發生時，不僅會感到震驚，有時甚至於還會引起噁心作嘔的感覺。在偏見或種族歧視心理的作祟之下，我們很有可能將那些與自己有不同觀念的其他人，視爲野蠻或未開化的種族。

實際上，到國外旅遊的人，往往發現自己某些深信不疑的想法，一再地受到當地文化的挑戰。例如：從英國人的觀點來看，可能會覺得法國的廁所十分骯髒，連廁所的空間結構，也都令人覺得很不舒服。此外，法國人視爲山珍海味的食物，英國人卻光是想像都會渾身不自在。對於英國人來說，有些生活習慣是很不可思議的，但是法國人卻甘之如飴，沉溺其中。英國人可能也會很驚訝地發現（至少在一開始的時候），法國朋友也會認爲英國人的某些生活習慣，令人有噁心作嘔的感覺。我們再以距離英國更遠的國家印度爲例，可以發現英國人視爲理所當然的某些事情，對於印度人來說，卻是一種相當嚴重的侮辱行爲。例如：印度人認爲左右手各有所司，右手是用來吃東西的，而左手則是用來擦拭身體的。因此，假若有人用左手來傳遞食物，印度人就會覺得非常噁心，嫌惡至極。

在所有的社會中，都會以法律或風俗習慣，規定某些行爲是不可觸犯的禁忌。舉例來說：在英國社會中，公開裸體是違法的行爲，因此倘若有人在球場或是其他公共場所裸奔，通常在受到眾人幾秒鐘的注意後，很快地就會被逮捕。不同的地點或場合，對於穿著的裸露尺度也會有所差異，例如：親熱的動作，在海灘上比在幼稚園裡來得讓人接受。此外，倫敦有些俱樂部或是餐廳，對於顧客的穿著都會有嚴格的規定，比如男性顧客要是沒有穿著外套或是打領帶，就會吃閉門羹，無法進入餐廳或俱樂部內。在牛津大學裡也有類似的情形，規定大學生除非穿著正式合宜的黑白色系服裝，否則就不能進入會堂參加考試。以我自己以前就讀的倫敦學院爲例，在 1960 年代時，學校還有女學生不能穿牛仔褲上課的規定，甚至於連普通的長褲都不行。雖然如此，當時我自己也曾以身試法，結果發現學校的這項規定，實際上並沒有任何強制性的約束力。

對於外國的遊客來說，英國社會的某些規定，看起來似乎非常古怪又保守老舊。諸如此類的觀感，即使是澳洲人或美國人等昔日的英國同胞，也都有類似的看法。儘管有關衣著的成規，根本就沒有強硬或明確的法令存在，然而，穿著打扮的規定，在英國卻是很普遍的現象，比比皆是。倘若我們想要打破或革除穿著的規定，的確不是一件容易的事。舉例來說：除了蘇格蘭地區，規定男人在婚禮或其他特殊的場合，必須穿著蘇格蘭裙外，在大多數的社會裡，都很難想像有男人穿著裙子的情形出現。即使是激進的女性主義者，也不例外。雖然她們可能會堅持讓自己的女兒穿著男人常穿的粗棉工作服，但是若要自己的兒子也穿上女人的連身裙，恐怕也會覺得很為難。除此之外，在紀律嚴明的伊斯蘭社會裡，規定女性必須蒙上面紗，但是某些地方卻可以接受女性的上半身，有若干程度的裸露。

雖然有關性別角色的觀念，是一個正在不斷改變與發展的領域，但是在英國的公開場合，男人親吻男人仍然是一件很不可思議的事。然而，在世界上的某些其他地方，男人對男人會以親吻的方式來表達問候之意。男人與男人之間肢體互動的情形，相較於北歐地區的國家，大多數的中東國家都來得較為自由與頻繁。此外，我們在坐地鐵時，很有可能會不小心和陌生人有肢體上的接觸，比如打瞌睡，雖然遠東地區國家的男人或女人，對於這種情形都不會感到相當介意，不過，直到最近以前，卻仍然難以接受在公開場合親吻的習慣。以日本為例，事實上在十九世紀以前，男人與女人都會當眾一起沐浴泡湯，當時的西方遊客對此還感到非常的震驚，不過從那時開始，如今日本人在沐浴泡湯時，男女都會分隔開來。雖然日本人過去能夠接受男女一同沐浴的習慣，但是陷於熱戀中的男女，至少在 1970 年代之前，仍然不習慣在公開場合表現出過於親暱的動作。

我們在先前提及不同地方的觀念，很有可能使人在接觸另一種文化，或是參與不同族群的活動時，造成偏見與猜疑的情形發生，而這也正是人類學研究一個很好的出發點。**褻瀆**（pollution）與禁忌（taboo）的概念，本質上是一種對「骯髒」（dirt）或「不可思議」（unthinkable）事物的制式化（institutionalized）描述。有關褻瀆與禁忌的概念，通常都非常根深蒂固，而且和分類系統息息相關，涉及某些重要的分類範疇。因此，研究褻瀆或骯髒，以及禁忌或忌諱等概念，可以使我們更深入地了解一個社會的分類系統。

禁忌

英文的禁忌或塔布（taboo）一詞，是由庫克船長（Captain Cook）在前往南太平洋航海後引進西方的詞語。庫克船長與水手注意到，波里尼西亞人對於某些受到禁止或避諱的事情，都會使用「塔布」（taboo）這個字彙來形容。此外，庫克船長與水手也發現到，當他們要警告當地人遠離他們的船隻，或是要把某個女子佔爲己有時，只要對當地人說船隻或那個女人是「塔布」，就可以發揮作用。雖然「塔布」一詞所表示的分類範疇，在英文中已有類似意義的字彙，例如：「禁令」（prohibition）或「禁止」（forbidden）等，但是庫克船長與水手認為，「塔布」這個新字彙的表達較為貼切，而且有立竿見影的效果，所以在回到西方世界後，就把波里尼西亞人使用的「塔布」一詞引進英文。在任何的社會中，都會把某些事情視為「塔布」或禁忌。

事實上，誠如法蘭茲・施泰納（Franz Steiner）在另一本經典小冊子《塔布》（"Taboo"）（1956）一書中的討論，除了塔布一詞之外，不同地方有關禁忌的字彙，可以翻譯成各式各樣的意思。舉例來說：在斐濟有關禁忌的字彙，可以翻譯為「違法的」、「神聖不可侵犯的」以及「極為高尚的」等意思。而在馬達加斯加島，禁忌一詞則比較類似於「玷污的」或「褻瀆的」等意思。雖然對於英語系的國家來說，關於禁忌的翻譯意思，有時彼此之間是互相對立的。然而，不管翻譯為何種意義，禁忌或塔布（taboo）一詞都隱射了某種特殊的分類範疇。根據法蘭茲・施泰納引用語源學的說法，認為最好的解釋方式，就是把「塔布」（taboo）一詞拆成兩個部分來剖析，「塔」（ta）指的是「劃清界線」的意思，而「布」（boo）則只是單純地作為強調語氣的字尾（suffix）。也就是說，「塔布」整個字的意思，就是「完全地劃清界線」或「遠離」。

法蘭茲・施泰納接著說明各式各樣類型的塔布或禁

忌。以波里尼西亞爲例，禁忌與政治權威之間的關係十分密切。個人所擁有的權力或神力（mana）多寡，取決於其他人對他忌諱的程度（見 Shore 1989 及本書第三章）。法蘭茲・施泰納說到：

> 在波里尼西亞的社會中，約束或限制他人行為的程度，可以作為個人權力大小的衡量標準，同時也是向社會彰顯自身權力的手段。其次，運用權力以禁止他人從事某些行為，就是塔布或禁忌。換句話說，個人的職務與權勢，能夠發揮效用的實際範圍，取決於其他人對這個人的忌諱程度與種類。禁忌可以顯示自己與他人之間地位的高低關係。舉例來說：我們可以想像一下，波里尼西亞的某位財政大臣，為了彰顯自己的權力，因而宣布一項禁令，規定人民只要擁有一英鎊的錢，就必須繳交八或九先令（譯註：先令是英國的貨幣單位，一英鎊等於二十先令）給他。由於在波里尼西亞的社會裡，財政大臣的權力，是由掌握更高層級權力的人所授予的，因此財政大臣也會以相同的方式，將自己獲取的金錢的一部分，進貢給更高層級的人。否則一旦違反了這項禁忌，擁有較高權力的人將會剝奪財政大臣的權益。也就是說，財政大臣必須避免觸犯較高階層的禁忌，如同人民也要避免違反每一英鎊要繳交八先令的禁忌一樣。(Steiner, 1956, p.39)

首領或國王所擁有的權力之大，是無可比擬與難以想像的。有時甚至於首領或國王碰觸過的任何東西，平民百姓都會感到誠惶誠恐，極力迴避。這也可以說明地位至高無上的人，出門時爲何必須由奴隸扛著或抬轎，包括過去殖民地時期的英國皇室，到外地巡行查訪時也是如此。由於奴隸的生命沒有價值，就像是國王所擁有的私人物品一樣，因此不必忌諱國王接觸過的東西。換句話說，奴隸可以將國王抬舉得高高的，即使違犯了禁忌而惹禍上身也沒有關係。若非如此，國王所踏過的地面都會成爲禁忌，使得達官顯要有所忌諱而無法覲見國王。由此可知，研究禁忌的概念，有助於我們勾勒出某個社會的階級分類。雖然在今日的世界中，類似前述禁忌的做法，不像以往如此極端，但是我們仍然可以經常見到，某些位高權重的人，往往由一群保鑣層層包圍，以避免平民百姓的靠近和直接接觸。

以禁忌作爲基礎的分類系統，也包括某些食物的相關規定。舉例來說：印度人在烹煮肉類和蔬菜時，必須分別使用不同的鍋子，不可以混爲一鍋烹煮。爲了避免牴觸這項習俗，印度人幾乎無法到外面有提供肉類的餐廳用餐。此外，在印度的社會中，有各式各樣關於食物的禁忌，大多源自於種姓制度的規定，例如：誰可以負責烹煮食物，誰可以跟誰一起用餐，在什麼時候可以吃什麼東西，或不可以吃什麼東西等複雜的規定。對於印度人來說，牛是神聖的動物，因此牛肉也是禁忌之一。不過，類似奶油等的乳製品，由於是生活必需品之一，所以各個階級的人都可以食用。由此可知，有關食物的禁忌，呈現出印度社會的分類系統（見相照片 2.1）。

相片 2.1 ▶▶東尼泊爾的雅卡人（Yakha）正在宰殺一頭豬，以慶祝印度教的答山節（Dasain），但是接著所舉行的盛宴卻是鄰國印度的禁忌。（攝影：Tamara Kohn）

另一方面，雖然回教世界與印度的距離很近，有地緣上的關係，但是食用豬肉卻是回教徒的禁忌。回教徒認爲豬肉是不潔的東西。雖然回教徒禁食豬肉和印度教徒禁食牛肉，兩者的理由並不相同，不過豬或牛等動物，都是屬於必須遠離和劃清界線的禁忌。禁食其他食物的禁忌，就跟忌諱豬肉或牛肉的情形相同，都可以呈現出特定社會的分類方式與特質。舉例來說：正統猶太教規定教徒在用餐時，不能同時吃肉類和乳製品，而且也不可以吃沾染到血跡的肉類。傑瑞米・麥可克蘭西（Jeremy MacClancy）在《消費文化》（“Consuming Culture”）一書中，從文化的角度深入說明猶太教有關食用肉類的戒律：

> 猶太教有關飲食的禁忌是十分嚴格的，對於豬肉的食用有一系列的相關規定。其中對於豬肉的禁忌，以及用餐時肉類與奶製品必須分開等，只是眾多規定中最為人所知的部分。雖然如今仍然有許多猶太人嚴格遵守飲食的規定，但是過去耶穌在世的那段時期，猶太教的每個教派都以各自的方式，來詮釋上帝有關飲食的禁忌，比如可以吃什麼食物，跟誰一起用餐等等，分別呈現出所屬族群的獨特風格。舉例來說：艾賽尼派（Essenes）規定信徒不能跟其他派別的人一起進食。事實上，不只是艾賽尼派，包括法利賽派（Pharisees）、馬家比派（Maccabees）、薩都該派（Sadducees）、哈西德派（Hasidim）、西卡萊派（Sicraii）、西羅底派（Herodians）、希臘教派（Hellenists）或西瑞佩得派（Therapeutae ）等派別的信徒，都難以想像自己會跟其他派別的人同坐一張餐桌。對猶太人而言，有關食物的規定，是整個宗教律法的體現，倘若有人觸犯任何飲食的禁忌，就等於是背離了信仰。猶太人認為，上帝藉由食物與祂的選民締結聖約（Covenant），因此上帝的追隨者不可以破壞戒律，食用不適當的食物，或是與不適當的人一起用餐。由此可知，當羅馬人強迫猶太教的信徒吃豬肉時，有些猶太人寧可選擇自殺，也不願意觸犯禁忌，或是打破上帝與自己締結的聖約。（1992, pp.33-4）。

世界各地都有許多禁忌與身體或生理功能有關，其中最典型的例子，就是有關女人的懷孕、分娩或經期，以及任何人的生死問題等禁忌。黛安娜・馬汀（Diana Martin）（1994）針對香港地區婦女的懷孕與分娩從事研究調查，發現當地婦女懷孕與分娩期間的飲食，有許多的限制或禁忌，甚至連受過良好教育的婦女，也會遵守類似的飲食規定。此外，黛安娜・馬汀也注意到香港婦女在生產後，顯然都會願意把小嬰兒託付給別人照顧一陣子，並且在這段期間確實遵守飲食或其他方面的禁忌。過了一段時期之後，產後的婦女就會正式成爲母親，並且擔負起照顧自己子女的責任。

有關女性月經的禁忌，很多社會都限制女人在經期時，不能參加某些活動。有的社會甚至規定所有女子在經期時，都必須暫時居住在隔離的房子裡。除此之外，在某些社會中，則規定女人在經期時，不可以登上漁船或是進入廟宇神殿內。

1970 年代時，我曾經在日本的鄉下地方從事田野調查的工作，發現當地女性有關飲食或沐浴的禁忌，甚至包括產後三十一或三十三天內，不可以收看什麼類型電視節目的禁忌。此外，當地也有項習俗，規定家中有人過世時，家人必須在四十九天內禁食某些特別的食物。這方面的禁忌，可以從靈魂與身體的關係來解釋。由於日本人相信人死之後的靈魂，將會停留在家中一段時間，因此遵守有關食物的禁忌，不僅可以讓活著的家人消災解厄，而且能夠使得亡靈徹底離開家裡。至於小嬰兒死亡的狀況，由於嬰靈是在生命的初期就被迫離開家裡，因此家人也必須遵守某些特別的禁忌，以避免類似的災難再次發生。當我們檢視前述有關生死的觀念時，可以了解日本人對於個人身心靈，以及人類與靈界之間的關係有何看法。除此之外，我們也可以進一步探討日本人忌諱生死觀念的家庭關係。

褻瀆

人類學家使用「褻瀆」（pollution）一詞，來描述相對於純潔（purity）的概念。世界各地的社會，顯然都有類似純潔的觀念。在大部分的情況下，純潔意味著**潔淨**（cleanliness），不過在大多數的社會中，都將純潔的概念與宗教連結在一起。也就是說，有關宗教的純潔概念，可能以英文中的**聖潔**（sanctity）一詞來代替比較貼切。在某些社會中，淨化（purification）儀式的舉行，比人和靈界或超自然界溝通來得重要許多，不過也有些社會，基於維繫社會關係的理由，極力否定某些事情或行爲有褻瀆的情形發生。然而，不管是何種型態的社會，都無可避免地涉及當地的分類系統。

如前所述的日本實例中，由於日本人認爲人在出生與死亡的時刻是污穢的，可能會因而褻瀆了其他人，所以關於出生和死亡的某些禁忌，部分原因是爲了保護當事人以外的其他人。舉例來說：產後的日本婦女，不能進廚房張羅飲食，也不可以進入公共澡堂或參與特定的儀式活動。相同的情形，父親過世的日本女孩，必須在自家門口張貼告示，表明屋內目前處於不潔的狀況，以避免登門拜訪的客人誤闖。

另一方面，印度次大陸有關食物的禁忌，顯示褻瀆的概念與種姓制度（caste system）的實行有關。種姓制度的觀念，是將所有的人區分爲不同的類別（class）。有人認爲「類別」（class）一詞作爲「階級」的意思，似乎有些不適當（詳見 Dumont, 1980；Quigly, 1993 的進一步解釋）。印度人認爲打掃、清理污水、處理動物屍體、製造皮件等，都是屬於不潔污穢的工作，因此從事這類工作的人，亦即種性制度中最低階層的賤民，爲了保護其他階級的人，嚴禁與其他階級的人有所接觸。舉例來說：種性制度婆羅門階級的人，嚴禁不可以處理有關排泄物的事情，所以在英格蘭托兒所工作的婆羅門教徒，寧可與所有的同事撕破臉，也不願意觸犯禁忌而幫孩子換尿布。

前述有關褻瀆的概念，清楚地顯示當地人將自己加以分類的方式。就印度的例子來說，分類系統是以古老的種姓制度作爲基礎，至於其他社會，也有各自不同的理由來強化既有的分類方式。雖然有些社會的分類方式，外國人往往覺得難以置信，甚至有厭惡作嘔的感覺，然而事實上，當地居民卻是深信不疑，不敢踰矩。某些社會的分類系統，特別是經由與褻瀆有關的禁忌所強化的概念，都是堅若磐石，難以動搖。透過分類系統，可以體現不同的人看待世界的方式。而分類系統一旦發生變化，可能會衍生出許多的混亂，甚至於令人感到驚恐，因此美語中的「文化衝擊」

（cultural shock）一詞，以「衝擊」來形容分類系統發生改變的現象，並非誇大其辭。

保羅・史卡特（Paul Scott）所著的小說《統治四重奏》（"Raj Quartet"），曾被翻拍成英國的電視影集《皇冠上的寶石》（The Jewel in the Crown），其中一集清楚地呈現出改變分類系統的情形。影集中，在英國公立學校就讀的哈里・庫瑪（Hari Kumar），母親是印度人。由於父親意外猝死，因此不得不中斷學業，返回印度投靠親戚。在印度的社會中，雖然有許多人和他一樣在英國成長與生活，但是膚色卻使哈里無法融入周遭的環境。親戚認爲哈里的生活方式與印度社會截然不同，是不潔而污穢的，於是強迫哈里喝下聖牛（sacred cow）的尿液。對哈里而言，這無異是件令人深惡痛絕的事，但是對印度人來說，這卻是唯一的方式，可以驅除哈里在海外生活時所沾染的污穢之氣。

聖潔與分類

在許多解釋褻瀆與禁忌的理論中，瑪莉・道格拉斯（Mary Douglas）在《純潔與危險》（"Purity and Danger"，1966）一書中指出，有關褻瀆與禁忌的概念，都是廣泛分類系統中的一部分，因此不管是禁忌、聖潔或是褻瀆的概念，都是人類學家研究的主要議題。也就是說，人類學家在從事研究工作時，必須把褻瀆與禁忌的觀念，結合研究對象其他背景的資訊，並且將歷史因素的影響列入考慮。在該書〈利未記的憎惡〉（ 'Abominations of Leviticus' ）一文中，瑪莉・道格拉斯試圖詮釋有關此類議題的限制或規範，這是一項錯綜複雜的工作，毫無規則可循。這篇論文是人類學領域中相當重要和著名的研究報告。

在聖經的利未記中，詳列各種有關動物的飲食禁忌。根據瑪莉・道格拉斯的看法，雖然以往很少有人能夠能夠全面性地解釋這些禁忌，但也不能因此完全抹滅了過去點點滴滴的努力。瑪莉・道格拉斯指出，創世紀中可以窺見上帝所建構的世界秩序，係由天、地、海組合而成。飛禽（fowl）、可供食用的獸類（flesh）與魚類（fish）則分別屬於天、地、海三個分類範疇的生物。每一範疇的生物，都有各自的移動方式，例如：具有兩隻腳的飛禽，以羽翼飛行；有鱗魚類以魚鰭游動；至於陸地上的四足動物，則可以跳躍或行走。

瑪莉・道格拉斯指出，倘若生物的型態與前述的分類方式發生牴觸，以致於無法相容，這種生物就會成為飲食的禁忌。例如：可以飛行的四足動物，或是具有雙手和雙足，但卻以爬行來移動的生物等。特別是群聚（swarm）的生物，由於既非魚類，也不是飛禽或可供食用的獸類，而是踰越界線的事物（matter out of place），因此也成為飲食的禁忌。

倘若有關動物分類方式的詮釋是正確的，則有關飲食的禁忌，就像是一種象徵符號，讓人可以時時刻刻默想唯

一、聖潔與完整的上帝。也就是說，有關飲食的禁忌，使人在每一次與動物接觸或用餐時，都可以將聖潔化為有形的展現。因此，遵行飲食的禁忌，不僅在舉行禮拜或聖餐的儀式中具有特別的意義，而且也是在神聖的殿堂中進行獻祭的極致表現。（Douglas, 1966, p.72）

瑪莉・道格拉斯著述的《純潔與危險》一書，已成為人類學的經典著作之一。她認為有關聖潔與玷污的觀念，在宗教儀式中具有一致性的情形，在任何的社會中都可以發現，而非僅在過去所以為的「原始」（primitive）社會裡。瑪莉・道格拉斯是第一個提出這種看法的人。由於瑪莉・道格拉斯提及歐洲家庭中有關髒污（dirt）的概念，因此接下來我們將探討家庭領域的相關議題。由於瑪莉・道格拉斯探討的髒污概念，不是存在於歐洲各階層的普遍現象，所以我們只能說，這只是她個人所認定的家庭**類型**（type）。不過，瑪莉・道格拉斯的研究仍然是一個絕佳的範例，我們可以藉此說明人類學家從事研究工作時，如何把其他地方發現的研究方法，適當地運用到任何的社會中，甚至包括我自己從事研究的日本社會。

瑪莉・道格拉斯指出，清潔工作（cleaning）和維持社會**秩序**（order）之間的關係，不亞於清潔工作與衛生保健之間的關聯。她告訴我們，沒有什麼東西是絕對的髒污，「髒污的概念，只存在於觀看者的眼中」。如果我們把髒污容易致病，以及衛生保健等觀念，從髒污的概念中抽離出來，將會發現有關髒污的概念，完全是踰越界線的事物

（matter out of place）。換句話說，清潔工作呈現出某個社會有關髒污的分類系統，倘若某種物體破壞此分類系統的分類方式，就會被視為是褻瀆（polluting）而骯髒（dirty）的。

> 鞋子本身並不髒，但是放在餐桌上就會顯得骯髒；而食物本身也不髒，不過要是把烹飪器具放在臥室裡，或是讓衣服沾染到食物，也會顯得很不乾淨。相同的情形，把衛浴用品放在客廳裡，將衣服披在椅子上，把戶外用具放在室內，將樓上的東西放在樓下，或是露出下半身的衣物，因而遮住了上半身衣物等，都會顯得非常髒亂。簡言之，所謂褻瀆的行為，都是在譴責某些概念或事物，違背或混淆了社會所重視的分類系統。（Douglas, 1966, p.48）

舉例來說：在日本或是某些地方的社會，嚴禁在室內穿鞋子，這是很嚴格的規定。即使是剛剛學會走路的孩子都不例外，也必須遵守這項規定。假若有外國人穿著鞋子進入日本人家裡，由於嚴重違反了日本人有關潔淨與髒污的觀念，因此很快地就會被請出去。日本人對於潔淨與髒污的認知，可以進一步地反映出日本人普遍存有的「內」（inside）「外」（outside）之分等概念。鞋子屬於外面的世界，所以應該留在門口，出門的時候再穿上。而在室內時，日本人也有進一步的區分。例如：某些區域必須穿著拖鞋才能走動，或是某些地方舖著草蓆，只可以穿著襪子進入。

十九世紀時，日本在結束兩百年閉關自守的鎖國時期後，第一批到美國參訪的日本人之一福澤諭吉（Fukuzawa Yukichi）的觀點，就是一個很好的實例，可以清楚地說明不同的社會之間，有關潔淨與骯髒的分類方式也會有所差異。當福澤諭吉見到美國人穿著鞋子，直接從戶外進到室內時，內心受到極大的震撼。同時他也注意到西方人腳下所踩的地毯，質地十分柔軟，顯然是日本人極爲珍視的物質，可以製成精緻的小錢包。

日本人覺得外國人骯髒，就像英國人一樣，見到吉普賽人沿路把垃圾從篷車的窗戶丟出去，然後一走了之時，也會覺得吉普賽人十分骯髒。茱蒂・歐克利（Judith Okely）在1970年代時，以在英國流浪的吉普賽人爲研究對象，發現吉普賽人的分類系統，認爲將垃圾從篷車內丟出是維護清潔的行爲（Okely, 1983）。就像日本人有內外之分的概念，吉普賽人對於大篷車的內部與外部，也有明確的區分。對於吉普賽人來說，篷車窗外的世界，不屬於他們的管轄範圍。至於篷車的內部，吉普賽人對於清潔的要求，卻有一套相當嚴格的標準。例如：倘若有隻狗舔了吉普賽人所使用的盤子，他們會寧可丟棄整組餐具。

如前所述的實例，是吉普塞人在流浪時，對於潔淨與污穢所持有的嚴格準則，堅持要讓自己的家裡無垢無塵。吉普賽人認爲洗衣服（外部）的盆子，與洗鍋子（用來裝盛食物，屬於內部）的盆子必須分開使用，而且男人與女人的衣物也必須分開清洗。對於吉普賽人而言，由於貓會舔自己的毛，混淆了內外之分的觀念，因此貓是屬於骯髒的範疇。然而，英國人對此的看法卻有所不同，反倒認為貓是相當愛乾淨的動物。吉普賽人覺得狗也是很骯髒的，應該住在外面，但是英國人卻容許貓或狗都住在室內，而且用人類所使用的餐盤，裝盛食物給貓狗吃，這也是令吉普賽人感到十分噁心作嘔的行為。

由此可知，人類學家所謂的褻瀆與聖潔等觀念，顯然也可以從家務的角度，來檢視與探討骯髒與潔淨的概念。人類學家的研究途徑，為我們開啓了一條理解各種分類系統的道路。不同分類系統之間會有所差異，不僅存在於各種社會之間，也有可能發生在同一個社會裡。我們可以發現有關骯髒與潔淨的概念，具有十分深遠的影響力。對於某些有共同分類系統的社會來說，關於褻瀆與聖潔的規範，是理所當然而且十分正常的事。然而，對於其他社會的人而言，同樣的規範很有可能只會顯得過於嚴苛，只會徒然造成友誼與人際關係之間的隔閡。

動物的分類範疇與言語的禁忌

愛德蒙・李區（Edmund Leach）曾經為文探討有關禁忌的話語，在語言中所扮演的角色。他特別注重髒話、褻瀆的詞語，以及辱罵的字眼等穢語污言。在某些族群中，對於某些言語十分忌諱，彼此之間絕對不可提起，因此在某些情況下，有些人也會使用禁忌的言語，來恐嚇或施壓其他人。愛德蒙・李區認為語言就像是棋盤式的格子網。

各種類型的字彙（words），不僅是重要分類範疇的基礎，而且可以打破社會與物質環境之間的聯結，作爲區分和識別不同事物的標籤。其中有關禁忌的字彙，有助於強化分類系統區分事物的分類方式，避免產生混淆的現象。

愛德蒙・李區關於禁忌言語的探討，第一個所舉的實例，是有關人在環境中的界限等議題，特別是孩童對於週遭世界，如何學習辨識與貼標籤等。我們即將提及的禁忌，與身體的排泄物有關，不過愛德蒙・李區所謂的身體排泄物，包括：糞便、尿、精液、經血、剪下來的頭髮與指甲、身體的落屑、唾液以及母乳等物質（1966, p.38）。除此之外，我們還可以增加嬰兒的嘔吐物及鼻涕等物質。愛德蒙・李區在一篇以口頭講演改寫而成的論文中提到：

> 如今我面對著你們講演，雖然都是成年人，但是如果要我像孩子時一樣，使用單音節的童言童語來說有關排泄物的字眼，說什麼我也辦不到，所以只能以標準的拉丁文述說出來。由此可知，有關身體排泄物的言語禁忌，具有強大的影響力。（出處同上）

當然，孩子對於身體的排泄物，並非與生俱來就知道要忌諱某些字彙的使用。也就是說，孩子從小就被訓練，對自己身體的排泄物必須提高警覺，密切注意。由於排泄物本來就是屬於身體的一部分，因此往往得加倍謹慎地處理，才能讓自己的身體和這些東西分離開來。儘管所謂「乾淨合宜」的行爲，在不同社會中的看法截然有別，然而，只要孩子沒有認真學習這方面的注意事項，一樣都會被認爲是骯髒不潔的。另一方面，在某些社會中，認爲身體的排泄物也可能具有很大的效用，除了前述聖牛的尿液以外，也經常使用人的頭髮或指甲，作爲秘密攻擊的手段。無論是何種情況，關於排泄物質的言語，很有可能在表達強烈的意圖時使用，因此也很容易引起其他人的反感。

除此之外，愛德蒙・李區還提及語言中另一種類型的禁忌，亦即具有宗教意涵的瀆神詞語。他認爲生與死之間的關係，事實上是密不可分的，然而宗教卻試圖在生死之間劃清界線，在凡人的世界與非人類（或神）的不朽世界之間製造距離。宗教所扮演的角色，是兩個世界之間的橋樑，而且相對於一般的分類系統，宗教的角色是相當曖昧的，因此才會有所謂的神格擬人化，處女懷孕的聖母，以及超自然的半人半獸等情形發生。作爲兩個世界之間媒介的諸如此類角色，不僅十分曖昧，而且都被賦予強烈的禁忌意涵。也就是說，倘若有人以不適當的言詞提及這些角色，可能會有危險或禍害降臨。

在愛德蒙・李區的大多數論文中，都會探討動物與人類分類系統之間的關係等議題。幾乎任何種類的動物，都與人的分類方式有關，例如：母牛、豬、母狗、貓、鼠、母馬等。不過值得注意的是，在人與動物的世界之間所使用的詞彙，必須讓人能夠直接而清楚地理解，因此所有用來稱呼或形容人類的動物詞彙，不管是以貶抑或親密的方式來表達，大多是在英國家庭或是鄉下地方就可以見到的動物。愛德蒙・李區指出，倘若我們使用偏遠地區的動物詞彙，比如北極熊等，來形容或稱呼其他人，則不僅不容易讓人理解，而且發揮的效果也相當有限。

愛德蒙・李區選擇以英國的語言，來闡述他有關言語的論點，而且強調任何地方的語言，也都有類似的機制，並以緬甸南方的喀清語（Kachin）爲例作進一步說明。雖然後來在人類學的期刊《人類》（“Man”）（Halverson, 1976）中，出現嚴厲批判愛德蒙・李區的論文，但是愛德蒙・李區的看法，對於一般語言中的禁忌，以及褻瀆與純潔的概念等，確實提供強而有力（但不夠精確）有關語言的例證，並且有助於勾勒分類系統的輪廓。我們在第四章探討儀式的活動時，將會再次接觸這方面的概念，不過，在此之前，我們將要再從實體物質的角度，進一步討論社會關係。

References

Douglas, Mary (1966) *Purity and Danger* (Harmondsworth: Penguin).

Halverson, J. (1976) 'Animal Categories and Terms of Abuse', *Man*, **11**: 505–16.

Hendry, Joy (1984) 'Shoes, the early learning of an important distinction in Japanese society', in G. Daniels (ed.), *Europe Interprets Japan* (Tenterden: Paul Norbury).

Leach, Edmund (1966) 'Animal Categories and Verbal Abuse', in Eric H. Lenneberg (ed.), *New Directions for the Study of Language* (Cambridge, Mass.: MIT Press).

MacClancy, Jeremy (1992) *Consuming Culture: Why You Eat What You Eat* (New York: Henry Holt).

Martin, Diana (1994) 'Pregnancy and Childbirth among the Chinese of Hong Kong', a thesis submitted for the degree o f Doctor of Philosophy in the University of Oxford.

Okely, Judith (1983) *The Traveller Gypsies* (Cambridge University Press).

Shore, Bradd (1989) '*Mana* and *Tapu*', in Alan Howard and Robert Borofsy (eds), *Developments of Polynesian Ethnology* (Honolulu: University of Hawaii Press).

Steiner, Franz (1956) *Taboo* (Harmondsworth: Penguin).

Further Reading

Dumont, Louis (1980) *Homo Hierarchicus: The Caste System and its Implications* (Chicago and London: University of Chicago Press).

Quigley, Declan (1993) *The Interpretation of Caste* (Oxford: Clarendon).

Radcliffe-Brown, A. R. (1952) 'Taboo', ch. in *Structure and Function in Primitive Society* (London: Cohen & West).

Novels

Altaf, Fatima, *The One Who Did Not Ask* (trans. from Urdu by Rukhsana Ahmad (London: Heinemann, 1993), tells poignantly of the problems experienced by the daughter of a well-to-do Indian family when she breaks some of the taboos of her high-class upbringing.

Scott, Paul, *The Jewel in the Crown* (London: Mandarin, 1996) is the first of a series of four novels entitled 'The Raj Quartet' which depict, among other things, reactions to the breaking of unwritten taboos in the life of British India.

Films

Caste at Birth (Mira Hamermesh, 1990) a Sered film, explores the complexities of the caste system in the Indian sub-continent. It illustrates in particular taboos surrounding the 'untouchables'.

The Lau of Malaita (Leslie Woodhead and Pierre Maranda, 1987), a film in the Granada 'Disappearing World' series, provides information about taboos among a group of Solomon Islanders and tells of how their long-standing 'Custom' is being defended (or otherwise) against Christian missionaries in the area.

Some Women of Marrakesh (Melissa Llewelyn-Davies, 1977), another 'Disappearing World' film, penetrates the enclosed world of female society in the male-orientated Muslim state of Morocco.

第 3 章

禮物、交換與互惠

人類學家抵達某個社會時

我們在前一章中的討論可以知道，人類學家在剛進入某個社會準備展開研究工作時，面對各種錯綜複雜的可能性，或多或少都會覺得困難重重。究竟人類學家應該從何處開始著手呢？這是一個非常好的問題，很多學生在從事田野調查之前，也都會有同樣的疑問。實際上，人類學家一旦抵達某個社會時，只要注意到日常生活中許多值得關注的細節，自然而然就會開始展開研究工作的步調。換句話說，人類學家在陌生的環境中，首先就是要學會應付很多基本的生活需求，例如：如何解決吃的問題，以及如何烹飪、沐浴、洗衣或丟棄垃圾等等。這些事情都是民族誌學者必須注意的事項，而且對於一個身歷其境的觀察者而言，也是工作開始的最佳起點。

面對世俗生活，田野工作者必須與某個社會中的許多成員進行溝通，而且無可避免地必須考慮到社會關係的本質。我在日本從事田野工作的第一天，就向鄰居詢問有關廢物回收的事情，他們親切自然的態度，讓我鬆了一口氣。我的運氣非常好，因為鄰居不但仔細地向我說明，可燃物與不可燃物的分類方式（這給我一些當地分類方式的訊息），還教我怎麼樣以日本人的方式向他人自我介紹，還有去拜訪新朋友時應該帶點小禮物，像是毛巾之類的東西等。

送禮是日本社會中十分重要的習慣，也可說是建立關係的最佳起點。有些外國人到日本工作或求學，因為沒有和鄰居建立良好的互動關係，都會在回國之後因而感到稍許遺憾。雖然這些外國人在日本已經住了一年，甚至更長的時間，但是歸根究底，卻都忽略了自我介紹的重要步驟送禮。對一個民族誌學者而言，只有透過社會性的互動關係，才能真正地了解當地的風土人情，因此社會關係的建立，是人類學家必須遵守的關鍵性原則。如果我把日本鄰居當作研究的對象之一，那麼如何跟他們建立良好的關係，就是我田野工作的第一項功課。換句話說，最好的開始，就是我能夠用日本人可以接受與讚賞的方式來建立關係。

社會關係的本身，當然是社會人類學家研究的重要議題之一，但是倘若沒有特別提醒，我們往往難以察覺社會關係的存在，甚至於忽略而沒有特別注意。禮品的贈與，或是人與人之間傳遞任何實體物質的行為，都值得觀察者紀錄下來，並加以了解與分析。禮物等物質是一種可見的溝通媒介。由於人類學家在社群研究的早期階段，只能理解有限的口頭語言，因此實體物質的傳遞行爲，有助於民族誌學者瞭解當地居民的社會關係。

禮物

人與人之間都會在某些特定的時刻贈送禮物，因此人類學家有必要進一步了解贈禮的時刻與場合，如此一來，對於當地生活的某些重要事件或歷程，就會有更清楚的認識。舉例來說：贈送給他人的禮物，可以顯示彼此之間的地位高低。有時爲了慶祝某些重要的時刻，不同的團體之間也會交換物品。此外，很多地方的社會，都有贈送成年禮或生日禮物的習俗。還有當一個人達成了某個重要的目標時，例如考上大學或是獲得升遷等，也有可能會收到禮物。結婚時可能會收到禮物，但離婚時卻未必。有時送禮則是爲了表現新生活的開始與舊生活的結束。

夫婦或親友之間也會互相送禮。到別人家裡度假、作客或是用餐的時候，送禮更是不可或缺的習俗。英國人會爲搬家的親朋好友，送上一份溫馨的禮物。遷入新居的日本家庭，則必須向左右鄰居打聲招呼。在特別的節日裡，親朋好友也會互贈禮物給對方或對方的子女，以表示彼此之間的親近關係。如今在聖誕節送禮的習慣，已經成爲全球性的禮儀，即使非基督教的人，爲了強化自己的社會關係，也會順應世俗，跟著配合送禮。鮑曼（Baumann）在修赫爾（Southall）所從事的研究工作，對此有更深入的說明（見 Baumann, 1992）。

由於世界各地互贈禮品的行為，看起來都相當類似，容易讓人忽略許多的細節問題，因此非常值得我們進一步檢視。在某些地區，贈送禮物的行為，理論上可能是出於自願的，但實際上總是無可避免地涉及一些規定與慣例。知道何時該送禮給何人，固然很重要，然而禮物的價值或是送禮的方式，以及送出去的禮物何時可以得到報酬等，也都是送禮之前很重要的考慮事項。在某些社會中，收禮的人在送禮的人面前，必須假裝毫不在意禮物的樣子，但是在某些社會裡，卻要求接受禮物的人應該在送禮者面前拆開禮物，而且不管是否真的對禮物感到滿意，都要表現出讚嘆與欣賞的態度。由此可知，不同的社會，規範也會有所差異，而且呈現禮物的方式與送禮時的言辭，也會截然不同，有各自獨特的慣例。

牟斯（Marcel Mauss）在1925年所著述的《禮物》（"The Gift"）一書，是社會人類學領域中另一個有關禮物的經典議題，直到如今仍然受到相當熱烈的討論。當時的歐洲人，仍然認為研究自己社會的過去發展歷程，必須檢視所謂原始（primitive）或「古代」（archaic）的社會。牟斯在《禮物》一書中，針對「契約」與「經濟上的贈與」（prestations）等議題加以探討與研析：

> 贈與（prestations）是一種很重要的現象：理論上是自願、無私與自動自發的行為，然而事實上卻有強制性與利害關係的情形發生。贈與的形式，似乎是慷慨大方的表現，

> 但是所伴隨的行為，卻往往是出於禮貌的虛偽與欺騙。也就是說，贈與的交易形式，是建立在人情世故與利己的基礎之上。（Mauss 1970, p.1）

牟斯檢視世界各地的贈禮習俗，認為禮物交換（gift-exchange）是一種全面性的現象（total phenomenon），同時涉及宗教、法律、道德與經濟等層面，特別是在「早期」（early）的小規模社會中，交換禮物的行為顯得格外重要。牟斯指出禮物的交換行為，經常是透過不同族群之間的領導者而發生，不僅與貨物、財富或財產有關，而且也可能牽涉禮儀、娛樂、宗教儀式、軍事援助、女性、子女、舞蹈或佳餚等方面的問題。雖然全面性的贈與（total prestations）在理論上也必須是出於自願的，不過實際上卻可能因為私下的道德約束力，以及公開的衝突或戰爭等，使得贈與的雙方都必須履行若干義務，以致於具有嚴格的強制性。

牟斯認為贈與的行為，顯然包含三種必須履行的義務（obligations）：

1. 給予（give）的義務
2. 接受（receive）的義務
3. 回報（repay）的義務

牟斯以不同社會中禮物交換（gift-exchange）的機制為例，說明禮物交換背後的重要社會生活意涵。後來，許多人類學家皆以牟斯所從事的研究發現作為基礎，進一步地加以發展與論述。牟斯所提出的案例，以及存在於任何社會中的若干原則，值得我們特別加以注意，接下來我們將深入探討這方面的議題。

第一個實例，牟斯提及我們在導論中簡介過的馬林諾夫斯基（Malinowski）。他曾經在特羅布里恩群島（Trobriand）從事研究工作，並詳細地描述與分析當地居民的禮物交換方式。馬林諾夫斯基所著述的第一本書是《西太平洋的航海者》（"Argonauts of the Western Pacific", 1922）。書名的由來是源自於當地居民的航海活動，例如：當地居民會建造精緻的獨木舟，航行至其他島嶼進行訪問。當地居民的航海目的，表面上看來是爲了贈送禮物。然而事實上，接受禮物的人還必須立刻把禮物再轉送給其他人。如此一來，禮物將不斷地被人傳遞下去，循環不息。禮物通常是由當地的貝殼製作而成，可以串成項鍊或是臂環，當地居民分別稱爲 *soulava* 及 *mwali*。根據馬林諾夫斯基的解釋，禮物串成一圈的形式，顯然是表達周而復始的意思。

特羅布里恩群島當地居民的禮物交換方式，雖然表面上看來，禮物是以公正而無私的方式傳遞下去，然而送禮者的姿態，卻往往都會擺得比較高。雖然如此，當地居民仍然相當珍視項鍊及臂環這兩項禮物，也就是當地所謂的 *soulava* 和 *mwali*。特羅布里恩群島的社群裡，每個人都會以充滿愛慕的眼神，凝視自己手中緊握著的禮物，而且臉上的表情十分得意。有時，當地居民也會把禮物當作飾品戴在身上，甚至於放在病人的身上，希望藉由禮物的神奇力量讓病人能夠早日康復。雖然某些禮物被當地居民賦予過多的傳奇色彩，評價極高，但是很重要的是，每個人持有禮物的時間都不會太久，而且要繼續把禮物傳遞給其他人。禮品在傳遞的過程中，停留在海上的時間，遠超過待在持有人手上的時間。不過，倘若有人必須履行當地所謂「庫拉」（kula）物品交換的義務，就可以獲得特殊待遇，在航行之前花較多的時間準備。

實際上，當地居民就算只是拜訪他人，也得花許多的功夫和時間準備，例如：建造或維修精緻的獨木舟等。而且當地居民在交換禮物之餘，也會交換其他各式各樣的物品，或是交換馬林諾夫斯基所謂的「工具」（utilities）。也就是說，送禮者在前往某些島嶼時，通常都會特別攜帶該地不可或缺但是無法製造的工具。

> 不管是地理上的環境隔閡，或是各式各樣物品或工具的取得方式，當地所謂「庫拉」（kula）的物品交換方式，始終是個極為重要的制度，而且非常錯綜複雜，不僅涵括種類繁多的活動，而且使得當地許多不同的部落之間，能夠互相連結而各獲其利。（1922, p. 83）

如前所述，牟斯以馬林諾夫斯基的研究工作爲例，說明約定俗成的的禮物交換制度，可以促進當地居民彼此之間的溝通（communication），避免遭受到全然隔絕的困境。由此可知，禮物確實可以表現出社會關係的互動情形。

牟斯所提出的第二個實例，是說明在贈送禮物的互動過程中，雙方所必須履行的義務或責任，而且認爲馬林諾夫斯基在探討所謂「庫拉」（kula）的物品交換制度時，沒有對此議題深入探討與解釋。牟斯以波里尼西亞的毛利人（Maori）及薩摩亞人（Samoa）爲例指出，當地原住民的觀念認爲，倘若收到禮物的人沒有回報或酬謝送禮的人，就會受到靈界力量的報應或降禍。根據前述的觀念，倘若有人能夠履行禮物交換的義務，就可以獲得財富和提高個人聲望，當地稱爲「瑪納」（mana）。相反的情形，如果有人在收到禮物後，沒有適當地回報送禮者，就會失去「瑪納」。當地的原住民認爲，「瑪納」是某種具有神奇與超自然力量的元素，可以透過「唐加」（taonga）作爲工具來傳遞。而所謂的「唐加」，可能是某種資產、勞力或是商品等。換句話說，假若有人在收到禮物後，沒有適當地回報送禮者，「唐加」的力量將使得收到禮物的人遭遇到災難或不幸。

毛利人及薩摩亞人認爲，由於送禮者的附身會寄託在禮物上，因此對接受禮物的人有某種支配的力量，甚至於對任何偷取禮物的人，也都會有相當程度的影響力。當地原住民的前述看法，使得送禮行爲具有超自然方面的強制力量。此外，前述的觀念顯然也意味著，在當地的社會中，有人在收到禮物後，不管是基於什麼理由而沒有回報送禮者，都會被視爲是件丟臉（lost face）、可恥和不名譽的事。事實上，前述當地所謂的「瑪納」一詞，以及我們在前一章中提及禁忌時有關「塔布」（tabu）的概念，在某些社會裡常被翻譯成「臉」或「顏面」（face）的意思。

牟斯提到的第三個實例，可以清楚地說明有關「臉」或「顏面」（face）的概念，也就是某些社會中所謂的「誇富宴」（potlatch）。「誇富宴」這個字，最初是源自於奇努克語（Chinook），意思就是「滋補」或「揮霍」的意思。不過，「誇富宴」如今通常是用來描述美洲西北部的特林基特族（Tlingit）與海達族（Haida），以及英屬哥倫比亞的誇扣特爾族（Kwakiutl）等西北美洲的原住民，以炫耀為目的所舉行的宴會。當地的原住民，就跟其他地區一樣，政治地位的高低，取決於自身所擁有的財富多寡，因此政治地位較高的人，經常會在冬季舉行宴會，並邀請他人參加，以達到彰顯自己身分地位的目的。在舉行宴會與送禮之後，如果接受邀請的人沒有以對等的方式回敬對方，很有可能就會顏面盡失（lost face），甚至可能因為人情債（debt）而受到控制。

在誇富宴中，主人都會根據階級的高低，來安排每位受邀部落首領的座位。也就是說，所有的受邀來賓，都可以從座位的安排，清楚地明白自己的地位高低。在當地社會中，交易或婚姻對象等的選擇，都會取決於族群內部所公認的相對地位關係。在十九世紀末期至二十世紀初期的時候，由於當地有些原住民，對於獵捕動物的技術十分高明，因此在轉售動物的珍貴皮毛後，變得非常富有。在那段期間，當地在冬季所舉辦的誇富宴，自然極盡奢華之能事，甚至以摧毀貴重物品的方式，來展現自己的財富實力。例如：舉行誇富宴的主人，會以燒毀美麗的毛毯，或是把大型的銅製餐具丟下懸崖等方式，處心積慮要使接受邀請的賓客感到出糗或丟臉。

前述誇富宴的例子，顯然比較極端，但是舉行誇富宴的用意與目的，我們卻不難理解。個人所擁有的財富多寡，象徵自身的地位高低。只是擁有財富而已，並不能滿足虛榮心，一定還要讓其他人都知道自己很富有不可。衛伯倫（Veblen）早在 1899 年時，就針對西方社會探討有關**炫耀性消費**（conspicuous consumptions）的概念。炫耀性消費，就是恣意毀壞珍貴物品的行爲，也可以說是爲了使別人印象深刻而揮霍財富。在英國社會中，有些人爲了提高自己的身分地位，就會在兒童教育上投資大筆的金錢，或是處心積慮要成爲某個俱樂部的成員，以及購買大筆的土地等，有時甚至不惜成本，造成現金短缺而債台高築。炫耀性消費的方式，還有爲了提昇社會地位，而以誇張手法展現財富的行爲，兩者的勢利作風可以互相參照比較。

印度的禮物

自牟斯的研究發現問世以來，許多人類學家已經修正過許多的細節，但不可諱言的是直到如今，牟斯的研究結果仍然受到熱烈地討論和批評。其中有一批曾在印度從事研究工作的人類學家，在禮物方面的議題，也有許多卓越的貢獻和見解。這些人類學家認爲，並非所有的社會，都普遍存有必須履行回禮義務的現象，這與牟斯所提出的看法不同。舉例來說：在印度社會中，有一種名爲「答那」（dân 或 dana）的禮品類型，就是專門用來贈送給處理不潔殘留物的人，例如：僧人或是在不同種性制度中接觸過不潔物的人等。由於贈送「答那」禮物的目的，是爲了消彌不祥與罪惡，因此贈送禮物的人，都不會希望接受禮物的人有所回報，畢竟送禮者都不想要讓不祥與罪惡重返自身。我們在探究存在於印度諸如此類的贈禮行爲之前，必須先瞭解某些與種姓制度息息相關的概念，例如：我們已經在上一章中探討過的聖潔與褻瀆等議題。

拉尹佳（Gloria Goodwin Raheja）所著述的《禮物之毒》（“The Poison in the Gift”）一書，便以不必履行回禮義務作爲主題加以探討。拉尹佳深入研究印度北部村莊的贈禮行爲，並以當地所謂「庫佳爾斯」（Gujars）的地主概念爲中心，導引出種性制度另一種新的詮釋理論：

> 當地的地主，也就是所謂的庫佳爾斯（Gujars），在村莊與地方種性制度的結構性地位，不僅取決於庫佳爾斯所持有的土地多寡，而且庫佳爾斯與村落中其他人的關係，也會造成影響。村落中其他種性階級的人，與庫佳爾斯之間有贈送與接受禮物的習俗，當地把此種類型的禮物稱作「庇護物」（protector）。庫佳爾斯有贈送其他人「答那」（dân 或 dana）的「權利」（right），而且贈送的行為，通常會以舉行儀式的情況進行。根據當地的說法，舉行儀式的目的，是為了透過贈送禮物（當地稱為 *khairkhairât*）的過程來祈求平安。換句話說，贈送禮物的儀式，就是把

「厄運」（當地稱作 *nâsubh*）轉移至接受禮物的人身上，如此一來，「好運」（當地稱為 *śubh*）就可以降臨在送禮者身上。（1988, pp.18-20）

拉尹佳認爲從物品（包括禮品）流動的角度來觀察分析，可以爲種姓制度族群之間的關係，開啓新的理解面向。儘管拉尹佳的見解，挑戰了牟斯（Mauss）與杜蒙（Dumont）（見第二章）的看法，不過她的研究發現也再度證明，在我們深入研究社會關係的過程中，物質文化的分析同樣具有相當重要的參考價值。

喬納森・貝利（Jonathan Parry）（1986）也對於不必履行回禮義務的贈送「答那」（dân 或 dana）儀式加以探討，建議我們重新檢視牟斯（Mauss）所提出的概念。喬納森・貝利認爲，牟斯之所以區分「無任何條件的免費禮物」與「經濟性自利的送禮」的意識型態，就是因爲牟斯受到自己所處社會觀念的影響。有鑑於此，喬納森・貝利在從事民族誌研究時，選擇使用「贈與」（prestation）一詞，來形容研究對象所處社會的送禮習俗，以便跟自己所處的社會有所區別。除此之外，喬納森・貝利指出，不求物質回饋的贈送「答那」行爲，不僅累積送禮者的好運或地位，而且也能爲送禮者增長善「業」（karmic）的果報：

我個人認為，倘若國家或社會對於自食其力（labour）與商業營利兩者的概念能夠有所區別，則比較有可能發展出「純」（pure）禮物的意識型態。而且我也相信，某種特定的宗教信仰，也是其中的基本要素，舉例來說：幾個

> 主要的世界性宗教，都大力強調贈禮與施惠是種美德，為善而不欲人知，以及不求任何世俗回報的付出等觀念，才是最理想的給予方式。（1986, p.467）

喬納森・貝利所提到的世界性宗教，教義中都會暗示施恩者的慷慨行爲，可以爲來世增加福祉。雖然宗教信徒從來未曾明說，而且存有施恩望報的態度，很有可能會帶來反效果（counter-productive），不過，假若施恩者的目的，還是爲了最終能夠獲得非物質的回報，則本質上仍然不脫離互惠（reciprocity）的原則。除此之外，另一個相關實例，則是渴望掌握領導權力的人，很有可能會藉由贈送禮品來收攬人心。在這種情況下，施恩者期望得到的回報，則是別人的忠誠與支持。這種方式的回報，通常也不可以明白說出來，以免遭受他人貪污或腐敗的指控。雖然不同地方的文化，對於構成賄賂的標準都會有所差異，但是我們從國際政治的新聞報導中可以發現，賄賂事件的確是層出不窮，屢見不鮮。

交換

倘若從更寬廣的角度來說明社會生活，那麼禮物也可以算是一種物質，同樣屬於**交換**（exchange）系統的一部分。交換系統十分錯綜複雜，以各種形式存在於所有的社會中。無論是否以物質的方式來進行交換，交換行爲都是促進**溝通**（communication）的重要方法，也可以說明不同層面的社會關係。在西方社會中，建立社會關係的某些方法，可以藉由偶爾到別人家裡一起喝杯茶或咖啡、邀請他人參加晚宴或聚會、寫信、寄聖誕卡、打電話和伸出援手等其他友善行爲而建立。

不管是何種行爲，人與人之間通常會預期若干程度的交換。如果有人只是一味地扮演接受者的角色，則給予者很快地就會對此感到厭煩。更確切地說，施予者不喜歡自己總是不斷地付出。雖然建立友誼或是發展其他社會關係時，總是會有例外的情形發生，不過一般而言，交換必須是雙向的互動交流，但雙方的付出卻不一定要相等。舉例來說：有人可能認爲寫信的方式較爲適宜，但是有人卻以爲打電話比較方便；也有人喜歡爲朋友張羅晚餐，但有些人反而願意花時間跟朋友待在酒吧裡消磨時光。除非有人具備異乎尋常的個人魅力，或是已經傾家蕩產，貧困到了極點，否則通常會期望在某些程度上，交換必須是有來有往的。

即使雙方在對話的時候，社會關係的維繫，通常也不可以只是單向溝通。舉例來說：如果有人在建立關係的初始階段，無法獲得對方的有效回應，可能就會立刻終止這份關係的後續發展。當然，我們也會以沉默不語的態度，來回應不友善的陌生人。此外，最基本的一種交換方式，就是雙方見面時的打招呼或問候。即使你不認識在走廊見到面的人，還是可以跟這個人說聲哈囉。另一方面，如果有人跟你打招呼，但你卻拒絕回應，可能就會被認爲是很沒有禮貌的行為。跟迎面而來的人打聲招呼，在關係的維繫上往往是個很好的方法，而且也可以知道雙方交換行為的互動程度。

在日文中，即使是小小的「恩惠」，也會在主要動詞中呈現出施或受的形式，以清楚地表示誰欠了誰。因此，「我來提你的袋子」（I'll carry your bag for you）這句話，按照字面上的意義，以日文來說就會變成「我來給你提袋子」（I'll carry-give your bag）。此外，「你可以幫我拿書嗎」（Will you hold my books）這句話，如果要以日語來表達，就會比較難以解釋，因為以日文來說，這句話是要求別人拿書，但是卻用近似「接受」（receive）的字來表達其中的施惠意味。雖然日本人在每次接受他人幫忙時，不一定都要有對等的回報，不過日本人使用明確的字眼，來表達雙方施與受的關係，顯然在交換行為中非常在意雙方利害得失的關係。

前述日本人在幫忙別人時，都會計較雙方利害得失的情形，可能更適用於經濟上的買賣交易。然而，社會交換等同於經濟交易的狀況，不僅存在於牟斯（Mauss）所認定的原始（primitive）社會，而且也普遍發生在許多其他地方的社會裡。舉例來說：在墨西哥和瓜地馬拉某些地方的社會制度就十分特別，當地有些村落會連結成特定的區域，並發展成一個社會經濟（socioeconomic）共同體。在當地社會中，每個村民都只專門製造某個特定產品，例如：麵包、鍋碗瓢盆、毛織品、花卉，甚至於煙火炮竹等。換句話說，村民必須彼此溝通與互通有無，才能滿足日常生活的需求，久而久之就形成所謂的市集。當地居民舉辦市集的場所，都會從一個村落轉移到另一個村落，而且不斷地遷徙循環。演變至今，市集通常會選定一星期中的某一天，而且固定在相同的地點舉行。市集的存在，早於歐洲開始使用統一的曆法之前。此外，在許多人口集中的地區，定期舉辦的市集，都會吸引整個區域的人前來（見相片 3.1）。市集顯然還具有其他的社會功能，例如：在哥倫布未發現新大陸之前，市集日也是舉行體育競賽和慶祝活動的日子。

相片 3.1 ▸▸墨西哥德克斯可可城（Texcoco）的聖塔克魯茲（Santa Cruz de Arriba）村落，村民在中央市集裡買賣器皿。（攝影：Joy Hendry）

在墨西哥和瓜地馬拉等地區，當地居民傾向於跟自己社群裡的人結婚，如此一來，不僅能夠發揮自己的專業技能，而且可以把技術傳遞給自己的下一代。在世界的其他地方，有些通婚行爲會跨越社群的區域，與外界的人締結婚約。對當地居民來說，與外界聯姻的目的，就是爲了要與外界有更廣泛的接觸與聯絡。在這種情形下，「婚姻」（marriage）通常被詮釋爲一種交換的形式，而且女人往往被當作交換的物品。由於大多數的人類學家是男人，很有可能都是從男性的角度來觀察研究，因此才會有女人是交換物品等諸如此類的說法（誠如我們在第一章中所提及的觀念），不過也有可能是因爲當地居民（男人？）自己，也認爲情況就是如此的緣故。

影響力深遠的法國人類學家李維・史陀（Claude Lévi-Strauss）指出，交換式的婚姻有兩種主要的類型。其中一種就是「限定性」(或稱「直接性」)(restricted or direct)的交換，堂表兄弟之間可能直接交換彼此的姊妹，或是在自己社群內互相結婚等。另外一種交換式婚姻，則稱爲「一般性」（或稱「間接性」）（generalized or indirect）交換，指的是女人只能單向地遷移，但是幾個社群最終將會連結成一個圈子，或是形成更爲複雜的結構。有關婚姻的部分，我們在第十一章中有更深入的討論。一旦雙方締結婚姻建立親屬關係後，就可以有效地透過互相拜訪，交換禮物，甚至讓下一代聯姻而有更多的交流。也就是說，較小社群可以透過這些方式演變成較大的社群。

互惠

前述的各種情況，都必須符合若干程度的互惠（reciprocity）原則，如此人與人之間才能進行友善的交流。維持互惠行爲的最終約束力，可能就是牟斯（Mauss）所提及私下與公開的明爭暗鬥。戰爭本身也是一種交換的型態，只是交換的內容是負面的。舉例來說：在巴西與委內瑞拉的亞諾瑪摩印地安人（Yanomamo Indians），當地某些村莊之間，就存在著和平與戰爭交相更替的循環現象，某個時期可能相安無事，彼此之間維持交易或通婚的行爲，但接著可能就因爲關係惡化而爆發戰爭，不過到了最後又會再度握手言和。相同的過程，會周而復始，循環不已。有跡象顯示，和平與戰爭交相更替的循環現象，促使當地居民爲了維持生活所需，逐漸發展出自己以往未曾具備的專長技術，或是尋求貿易夥伴的合作（Chagnon, 1983, pp.149-50）。

互惠有各式各樣的不同類型，但是或多或少都與時間有關，而且也具有若干程度的社會性或道德性意涵。由於立即性的交換，通常只要當場完成交換行爲，之後就不需要有進一步的溝通，因此立即性的交換，比較不涉及社會關係方面的問題。而延遲性交換的情形正好相反，社會關係的維繫，顯然就比較穩固和重要。舉例來說：雜貨店的老闆，比較需要靠著自己和顧客的社會關係來營利，而超級市場裡的買賣交易，由於是基於立即性的互惠原則，因此店員就不需要跟顧客打招呼。另一方面，雙方不平等的互惠行爲，維繫社會關係的程度也會比較重要。

馬歇爾·沙連斯（Marshall Sahlins）（1974）所著述的《論原始交換的社會學》（"On the Sociology of Primitive Exchange"）是另一個有關此議題的經典研究。馬歇爾·沙連斯根據社會距離（distance）的概念，勾勒出互惠的不同類型。除此之外，馬歇爾·沙連斯也提到所謂的「原始人」（primitive people），不過他的論述範圍更爲廣泛，涉及許多相似的情形，同時也舉出許多適用於各種社會的案例。馬歇爾·沙連斯認爲互惠有三種主要的類型，但是也附帶強調他所提及的類型，都是屬於較爲極端的情況，還有許多可能的互惠型態有待進一步地探討。

馬歇爾·沙連斯認爲互惠的第一種類型，就是所謂的**一般性互惠**（generalized reciprocity）。一般性互惠的情形，與前述李維·史陀所提及的一般性交換不同，指的是一種「極度團結一致」的表現，通常是表示社會關係極爲密切的情況。一般性的互惠類型，沒有履行回報的義務或約定，有時甚至根本不可能得到任何的回報。馬歇爾·沙連斯以家人之間分享物品爲例，說明一般性互惠的情端情形，他認爲家人之間「期望得到直接的物質性回報，顯然是很不合宜的，最多也只能含蓄地表示」（1974, p. 147）。實際上，一般性互惠的回報，物品的價値通常無關緊要，而與接受者的處境息息相關。換句話說，即使接受者沒有任何的回報，施惠者未必會因此而不再付出。

馬歇爾・沙連斯把處於互惠連續統（continuum）中間點的互惠類型，稱爲**均衡性互惠**（balanced reciprocity），指的是雙方在時間沒有延遲，也沒有道德意涵的情境下，立即地交換等值物品。馬歇爾・沙連斯認爲均衡性互惠，往往是「以自我利益爲出發點」的經濟性社會交易。前述一般性互惠的物質流動，是以社會關係的聯繫爲特色，然而均衡性互惠的社會關係，則有賴於物質流動。均衡性互惠的交易情形，類似於商業貿易，而且其中可能還包含和平協議、聯盟關係、軍事交易與賠償性的報酬等要素。

馬歇爾・沙連斯所提出的第三種互惠類型，指的是「極度非社會化」的另一種極端狀況，稱爲**負面性互惠**（negative reciprocity）：

> 負面性的互惠類型，是一種不勞而獲的企圖，而且純粹是以功利主義為導向的交易。民族誌學對於負面性互惠類型，所使用的敘述法包括「殺價」、「賭博」、「矇騙」、「偷竊」等其他佔為己有的方式。負面性互惠的交換行為，是最不具人性的形式之一。在「以物易物」（barter）的型態中，每個人都是以對自己「最有利可圖」的立場來加以考量與進行。如果參與交易的雙方，彼此之間有利益衝突的情形發生，也都會不惜犧牲他人的利益，以便為自己求得最大的效益。也就是說，雙方都只看到交易中對自己最有利的部分，而且也都想不勞而獲。舉凡奸巧、狡猾、暗中較勁、暴力，到干戈相向等，全都是程度不同的負面性互惠。有時負面性的互惠類型，是單方面的進行，但在相

> 互作用的過程中，另一方也必須視情況來決定因應的措施，以應付對方的奸詐狡猾與消弭壓力，達到雙方勢均力敵的平衡狀態。（出處同上 pp.148-9）

除此之外，馬歇爾・沙連斯指出，在任何特定的社會中，他針對互惠行為所勾勒出來的類型光譜（spectrum），也許跟社會距離（distance）有若干程度的關係。馬歇爾・沙連斯在著名的部落模式社會關係圖表中（見圖 3.1），把各種形式的互惠類型，刻畫成多層次的同心圓。由內而外的同心圓，分別代表從家庭到毫無關係的其他部落等。在家庭、村落或宗族等同心圓之內的人，可以期待彼此之間有一般性的互惠行為。然而，在部落同心圓之外的區域，與「其他」部落之間的互惠行為，包括道德規範等任何事情，事實上幾乎處於暫時終止的狀態，毫無章法可尋。另外，在社會關係圖表中，馬歇爾・沙連斯也針對社會地位，相對財富以及交換物品等議題加以探討。

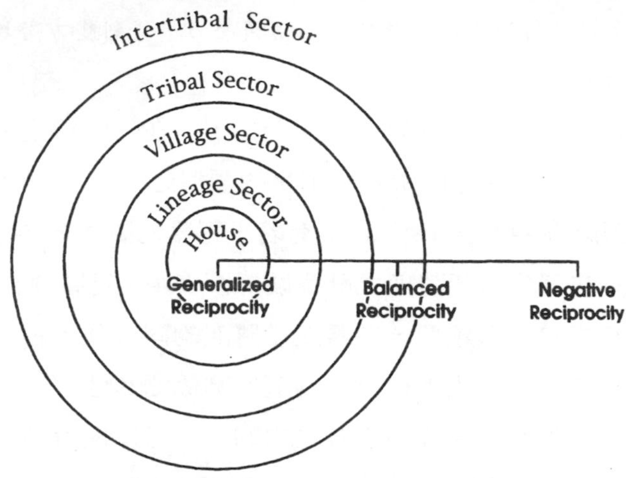

圖 3.1 ▸▸互惠與親屬關係的居住區域圖

我們現在所描述的基本原則，實際上仍稍嫌粗糙，有必要依個別案例的情形，修正許多的細節部分，不過，人類學的研究途徑，的確與經濟學家的領域有若干程度的關聯。馬歇爾・沙連斯指出，「貿易」（trade）應該歸納在一般性互惠的分類範疇中，然而，現實生活中的貿易，卻仍然難以擺脫社會因素的影響，而且在全球性的社群中，貿易規則也必須視相關市場的本質而有所調整。在資本主義社會中，充斥著許多想從他人身上榨取利益的人，其中社會距離是必然存在的影響因素。社會距離與地理上的距離無關，而是人與人之間財富或地位等的相對距離。舉例來說：過去曾經是同學的兩個英國人，在倫敦或是紐西蘭的奧克蘭進行商業貿易時，跟自己同學成爲商業夥伴，絕對比跟日本人合作來得融洽與親近。但是倘若合作的對象，變成是「第三世界」的國家時，兩個昔日同窗可能就會彼此競爭，互不相讓。

「以物易物」（barter）的交易形式，由於不必透過第三種媒介物（例如貨幣）來進行交換，因此常被認爲屬於「負面性互惠」的類型。事實上，以物易物的情形，也有可能存在於具有高度道德規範的社會中。舉例來說：在某些英語系社會裡，留在家裡照顧小孩的家庭主婦，也算是某種形式的以物易物。還有過去鐵幕時代（Iron Curtain）的某些共產國家，在尙未建立資本主義所認可的貨幣系統前，也都是採行以物易物的方式來進行交換。另一方面，世界各地對於金錢本身的價值，衡量的標準也都會有所差異，甚至在同一個社會裡不同的時空背景下，也會有不同的評估方法（詳見 Parry 和 Bloch, 1989），例如：把鈔票放入特殊的信封中，或是以「信託」（trust）的方式管理大量的金錢，還是將金錢購買禮物等。由此可知，有關金錢的使用方式，也可以回歸到我們先前提及社會或道德的相關論述。

物品不可轉讓、意義糾纏不清與包裝

我們在這裡所引用的研究發現，都是問世多年的經典案例，不僅傳達有力的論述，而且對後來人類學家的啓發，也遠超過其他的相關研究。其中有些人類學家試著修正原有的理論觀念，而有些人則堅持民族誌學的發展，仍然有必要做更深入而徹底的研究，諸如此類的意見不絕於耳，切磋、批判與辯論皆有之。相當有趣的是，我們也可以觀察到早期提出前述理論的某些人類學家，在論戰中所扮演的角色。也就是說，提出獨特見解的某些人類學家，後來如何面對外界的不同聲音，以及後續的新發現是否讓自己改變初衷，重新詮釋自己過去所蒐集的資料等。

安妮貝寧・韋納（Annette Weiner）也曾經親自到羅布里恩群島從事田野調查的工作，而且比馬林諾夫斯基（Malinowski）花費更長的時間與當地女性居民相處。安妮貝寧・韋納所進行的研究，挑戰牟斯（Mauss）與馬林諾夫斯基所提出的意見。安妮貝寧・韋納曾經所著述的幾本書，都是以各種觀點來檢視羅布里恩群島當地女性的生活，其中與本章主題有關的是《不可轉讓的擁有權：讓渡卻仍然擁有的弔詭》(“Inalienable Possessions: The Paradox of Keeping-while-Giving”, 1992)，該書以大洋洲地區的交換活動作為基礎，提出精闢的理論，而且對於牟斯所提及毛利人和薩摩亞人的「唐加」(taonga)與「瑪納」(mana)等概念，以及牟斯與馬林諾夫斯基所闡述的互惠觀念等，都有若干程度的修正。

安妮貝寧・韋納所提出的基本原則，是將物品區分成兩種類型：第一種類型是可以轉送出去而消耗掉的物品。第二種類型的物品，雖然可以傳送給別人，不過卻是屬於

「不可轉讓的」（inalienable）物品。換句話說，物品的持有權仍然屬於轉送者，因此轉送者對於該物擁有某種支配的權利。不可讓與的物品，包括：墊子或衣服等，都是由女人製作而成的東西，每一樣都保有各自的特質。雖然不可轉讓的物品在社會中不斷地流動與傳遞，但是最初製作該物的女人，卻始終具有該物的擁有權。由此可知，女人在當地社會中所扮演的角色，具有相當重要的政治意涵，這是過去人類學家未曾注意的要點之一。有鑑於此，安妮貝寧・韋納認為早期人類學家的男性觀點與偏見，不僅忽視了女性所扮演的角色，而且：

> 在人類學領域中，堅信互惠規範是與生俱來的本質等觀念，對於特定文化狀況的探索造成阻礙。在某些特定的情形下，倘若有人具有不可轉讓的擁有權，就可以支配與控制其他人。（1992, PP.149-150）

尼克・湯瑪斯（Nick Thomas）（1991）近期在太平洋地區所從事的研究工作，也針對互惠的概念提出異議，不過他特別重視物質的製作方式等議題，並比較大洋洲當地居民與歐洲人之間的差異。尼克・湯瑪斯在其著述的《意義糾纏不清的物品：太平洋地區的交換、物質文化與殖民地》（“Entangled Objects: Exchange, Material Culture and Colonialism in the Pacific”）一書中，檢視社會生活中物質所具有的某些重要意義。由於殖民統治者的野心與陰謀，刻意賦予某些物質其他的意義，所以物質所具有的意義，變得十分錯綜複雜。換句話說，物品可能已經不再是原來的物品，失去原有的功能與作用，因此物品所具有的意義，必須從物品所處的時空背景，或是其他難以撇輕的政治因素等，來重新詮釋與釐清。

爲了闡明前述研究工作的概念與原則，我們假設某個國家的博物館，收藏一件在該國所屬殖民地島嶼製作的美麗服飾。該國將這件服飾視爲藝術品，不僅可以爲博物館增添光彩，而且把服飾捐贈給博物館的遊客，也可以提高自己的聲譽。遊客在殖民地購買這件服飾時，對於服飾的詮釋意義，只是把服飾視爲一件商品，認爲買賣服飾是單純的交換行爲。然而，對於製作服飾的當地居民來說，卻可能認爲自己仍然具有服飾的擁有權，所以對於目前外界人士所持有的服飾，始終具有支配的權利。根據當地社會的背景與觀念，製作服飾的人或其子孫可能是對的，因此服飾在經過長時期的轉讓遷移後，現在博物館必須和當地住民協商，以解決當地所謂「被竊遺產」（stolen heritage）的償還事宜。

跨文化的接觸與互動，是一塊值得當代人類學家深入研究的沃土。人類學家的專業與投入，或許能夠爲全球性市場提供前瞻性的有趣觀點。舉例來說：在日本社會的任何人際互動，都與禮物脫離不了關係。日本人的禮品，通常包裝得非常精美（見相片 3.2）。**包裝**（wrapping）所代表的意義，不僅可以包紮裝飾禮物，也泛指外在形式的修飾程度。除此之外，包裝也具有若干象徵意義，可以表現送禮場合的性質，例如：滿懷喜悅的祝賀，或是充滿哀傷的弔唁等。日本人對於禮物的呈現方式相當重視，不明究理的外國人往往對此感到有趣。如果外國人有意與日本夥伴建立親密的關係，就有必要仔細思量禮物可能包含的意義。

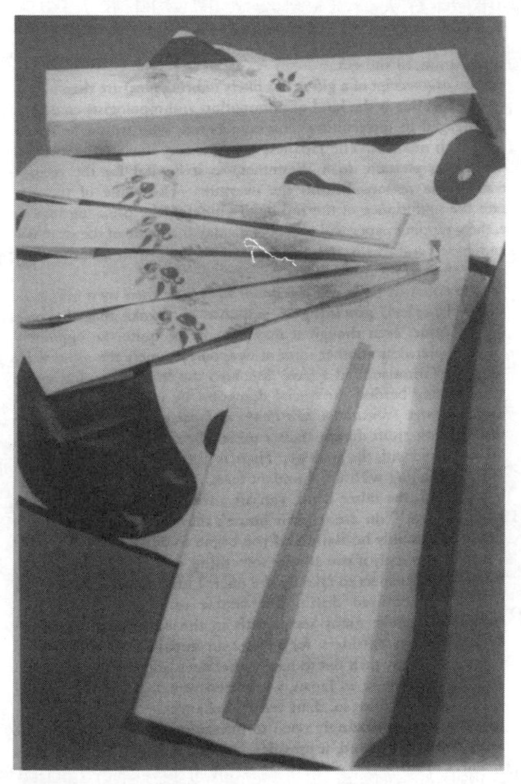

相片 3.2 ▸▸ 五雙免洗筷皆以精美的紙料包裝，放入盒子內，並加上一層包裝紙，印上販售這組筷子的百貨公司名稱—這是值得人類學家探究的謎題。（攝影：Bob Pomfret）

日本人認爲自己必須履行回禮義務的壓力，可能比收到禮物時表達喜悅之情來得重要。就此而言，人類學家的研究發現，可以提醒進行跨文化交流的人，對於這方面的枝微末節要多加注意。例如：日本人在送禮給西方人時，往往會殫精竭慮，千方百計要讓收到禮物的人覺得開心，因此收到禮物的西方人，必須深入體會日本人的用心與言外之意。禮物的貴重價值，可以暗示彼此關係的重要程度。雖然禮物上早已取下價格標籤，不過，包裝紙上的商店名稱，卻會透露送禮者在何處購買禮物。對於接受禮物的人來說，這是評估送禮者情意輕重的關鍵指標之一。

日本人在送禮時，經常會刻意貶低自己所送禮物的價值，這一點和特羅布里恩群島當地居民的情形類似。雖然實際上送禮者的禮物往往十分貴重，但是或多或少都會謙稱自己送的東西沒什麼價值。我們可以把這種類型的行爲，詮釋成另一種包裝方式，也就是講求禮儀的「社會性包裝」（social wrapping）。我在自己著述的《包裝文化：日本及其他社會的禮儀、贈與及權力》（“Wrapping Culture: Politeness, Presentation and Power in Japan and Other Societies”, 1993）一書中強調，人類學家的重要工作之一，就是要超越社會性欺騙（deception）行爲的假象，以探討背後所隱藏的更深層意涵。我們再舉一個日本的實例：如果你受邀至日本友人家裡用餐，主人在迎接你的時候，通常會以很抱歉的語氣說：「沒有什麼可以招待你」，然而事實上，整個餐桌上卻擺滿了豐盛的菜餚。

另一方面，倘若你受邀到墨西人家裡作客，主人通常會說：「把這兒當作自己的家。」雖然主人口中這麼說，但是當你開始卸下背包時，你會發現墨西哥人幾乎都會坐立難安，顯得心神不寧的樣子。此外，如果你誇讚墨西哥人家裡的某樣東西，雖然言語之中沒有任何索取的意思，不過，墨西哥人卻會回答：「聽候差遣，任你處置」，即使是衣服也不例外。前述的當地慣例與習俗，都是在田野調查的過程中才逐漸明白與理解。許多人在從事研究工作的初期階段，很有可能都會冒犯當地的許多社交規矩，但是通常由於自己是外人的身分，因此可以受到當地居民的容忍，至少在剛開始的時候是如此。諸如此類的社會性欺騙（deception）行爲，往往背後具有深厚而重要的意涵，就像我先前提到的幾個日本的相關實例一樣。由此可知，溝通時的言外之意，可能比言語上的交流來得重要許多。

隨著整個世界跨文化的互動，在社會、經濟以及政治方面的頻率愈來愈高，因此瞭解與其他文化的人如何溝通，是一件相當有意義的事。身爲一名曾到日本研究的人類學家，我個人的觀察發現是日本人到國外時，都會非常注重當地社會的習俗與慣例，反觀外國人到日本參訪的時候，卻沒有付出相等的心力。由於日本人覺得自己的某些特質相當獨特（許多人的確有類似的看法，日本人對於自己與眾不同的特質，感到有些困窘），因此就會殫精竭慮，特別注意其他人怎麼做。

我的英國同胞就不會那麼客氣了。英國人到國外進行商務旅遊時，往往覺得只要有禮貌地打聲招呼就夠了。至於令人感到勞民傷財又耗費時間的事情，舉凡當地銷售量的分佈狀況，或是當地可能影響行銷策略的某些價值觀等，倘若要英國人詳加調查與深入研究，很有可能就會認爲，這些都是文化相對論等觀念在作祟，一點實質意義也沒有。學習人類學知識的優點之一，就是讓人願意花時間研究當地的獨特之處，以便有更豐盛的收穫。

形式上的禮貌性問候，可能有很多不同的表現方式，就像禮物的情形一樣，也有許多層包裝或多重意義。我在本章剛開始時提到，日本朋友建議我去拜訪其他人時，務必帶個小禮物，比如毛巾之類的東西。在這種情況下，雖然表面上只不過是個微不足道的小禮物而已，不過事實上也「應該」只送個小禮物即可，畢竟過於貴重的禮物，可能讓接受禮物的人有不必要或不想要的負擔(詳見 Hendry, 1995）。換句話說，贈送禮物的目的，就是爲了開啓人際關係的門，但是如果做得太過火，很有可能就會引起反效果。我也提到許多外國人到日本參訪時，沒有注意到送禮的小細節，因而與鄰居形同陌路。言盡於此，我就不多說了。

References

Baumann, Gerd (1992) 'Ritual implicates others: rereading Durkheim in a plural society', in D. de Coppet, *Understanding Rituals* (London: Routledge).
Chagnon, Napoleon (1993) *Yanomamö: The Fierce People* (New York: Holt, Rinehart & Winston).
Hendry, Joy (1993) *Wrapping Culture: Politeness, Presentation and Power in Japan and Other Societies* (Oxford: Clarendon).
Malinowski, Bronislaw (1922) *Argonauts of the Western Pacific* (London: Routledge & Kegan Paul).
Mauss, Marcel (1970) *The Gift*, trans. I. Cunnison (London: Cohen & West).
Parry, Jonathan (1986) 'The gift, the Indian gift and "the Indian gift"', *Man*, **21**: 453–73.
Raheja, Gloria, G. (1988) *The Poison in the Gift* (Chicago: University of Chicago Press).
Sahlins, Marshall (1974) 'On the Sociology of Primitive Exchange', in Michael Banton (ed.), *The Relevance of Models in Social Anthropology* (London: Tavistock).
Thomas, Nicholas (1991) *Entangled Objects: Exchange, Material Culture, and Colonialism in the Pacific* (Cambridge, Mass.: Harvard University Press).
Veblen, Thorstein (1899) *The Theory of the Leisure Class* (New York: Macmillan).
Weiner, Annette, B. (1992) *Inalienable Possessions: The Paradox of Keeping-While-Giving* (Berkeley, Los Angeles and Oxford: University of California Press).

Further Reading

Hendry, Joy (1995) 'The Ritual of the Revolving Towel', in Jan van Bremen and D. P. Martinez (eds), *Ceremony and Ritual in Japan* (London: Routledge), pp. 210–26.
Parry, J. and M. Bloch (1989) *Money and the Morality of Exchange* (Cambridge University Press).
Riches, D. (1975) 'Cash, Credit and Gambling in a Modern Eskimo Economy: speculations on origins of spheres of economic exchange', *Man*, **10**: 21–33.

Films

The Feast (Timothy Asch and Napoleon Chagnon, 1970) is a classic 28-minute film, a combination of stills with explanation, and moving pictures without, about exchange of goods, feasts and warfare among the Yanomamö people of the Venezuelan–Brazilian borderlands.

The Kawelka: Ongka's Big Moka (Charlie Nairn and Andrew Strathern, 1974) is a Granada 'Disappearing World' documentary about assembling pigs and other goods for a feast which forms part of a long-term exchange system among the Kawelka of New Guinea.

Trobriand Cricket (Gary Kildea and Jerry Leach, 1975) is an amusing film about the introduction and adaptation of cricket to these same people.

The Trobriand Islanders (David Wasan, 1990), a 'Disappearing World' film, made with the help of anthropologist Annette Weiner, focuses on the female exchanges which complement the more famous *kula* practises. See *Off the Verandah* (p. 33 above) for more detail about the *kula*.

第 4 章

儀式的巡禮

鞋子與空洞的儀式

儀式（Ritual）的舉行，經常被視爲是「空洞的」（empty），或是沒有意義的。甚至有些人會刻意迴避繁文縟節的儀式，例如：舉行婚禮時，講求簡單與「不要小題大作」（without any fuss）；或是限定只有家人可以參加喪禮，而且「婉拒別人送花」（no flower please）；此外，也有些基督教的教堂設計得很簡單，而神職人員不必穿著聖袍，甚至也不用參加某些公開場合的活動等。如前所述的例子，在在表現出許多人對於儀式的抗拒心態，認爲各種儀式都是華而不實的活動，既浪費資源又耗費時間。諸如此類的看法，有點像是在說：爲了拯救樹木，我們不可以用紙來包裝禮物。不過，我們不妨從更貼近的角度，來審視「儀式」究竟是什麼。

我們在第一章中談到，瞭解某個社會的分類系統，不僅是人類學領域的重要議題，而且有助於我們認識不同地方看待世界的分類方式。而在第二章中有關褻瀆與禁忌的概念，也可以讓我們釐清各種分類範疇之間的灰色地帶。在任何社會中的灰色地帶，又稱為間隙地帶（interstitial places），常常都會令人聯想到某些場合或情況，並且帶有危險的意味。有鑑於此，許多社會往往舉行某種特別的儀式，以消弭隨著褻瀆或禁忌而來的危險。由此可知，檢視儀式的舉行，對於某個社會的分類系統可以有較深入的認識。

在說明儀式的概念之前，我們先簡要地回顧前述有關日本人對於鞋子的看法。在日本社會中，規定進入任何人的家裡以前，一定要先脫下鞋子。日本人脫鞋子的地點，通常是在玄關或門廊，也就是把家劃分為內部與外部的地方。對於日本人來說，玄關或門廊等地方，就是內外世界的間隙地帶。也就是說，脫鞋子的動作十分重要，可以突顯出內外世界的劃分方式。由於日本社會對於脫鞋的習慣相當堅持，因此脫鞋的儀式性行為，具有若干程度的強制性。實際上，我們發現日本人在玄關或門廊等空間，除了穿鞋與脫鞋的動作之外，還伴隨許多其他的儀式性行為。

日本人有關脫鞋與穿鞋的儀式規定，舉凡有人要進出大門時，必須分別使用特定的問候語或字眼，而待在房子裡面的人，也必須以特定的話語來回應等。舉例來說：抵達家門的人所使用的詞語，日文字面上的意思就是「現在」（now），而待在家裡的人，回應時的用語則是「歡迎」（welcome）。此外，要出門時說的話是「我去再回來」（I go and come back）。日本人到別人家裡拜訪，在進門時都會大聲說「我打擾了」（I make disturbance），而離開時則會說「我失禮了」（I make rudeness）。前述有關問候語的規定，已經成爲進出大門時的部分既定儀式，而且也是父母認爲應該要訓練子女的事項，因此家裡有稚齡小孩的媽媽，不管有沒有其他大人在家回應，出門或進門時也都會大聲說出這些問候語。

除此之外，有關日本人回家或出門的慣例，還有許多其他的儀式。舉例來說：回到家裡時要立刻換衣服；有些母親還會要求孩子，一回到家要先去洗手漱口；而丈夫下班後抵達家門時，則可能會直接先去洗澡。另外，也有些人回到家時會脫下工作服，並換上日式衣服。諸如此類的行爲，都是儀式的一部分。日本人歡迎客人的儀式，也包括鞠躬的姿勢。我第一次從事田野調查的國家就是日本，而我個人認爲日本人鞠躬的歡迎儀式，就像是一場精緻的表演，不僅整個人都跪在地上，而且頭幾乎碰觸到地板，而客人也會對此作出相同的回應。等雙方都互相鞠躬致意之後，才可以從鋪有蓆子的地板上爬起來。

儀式的定義

從問候儀式的角度來說，任何社會的人，不管在進出何種場合時，或多或少都會有某種形式的問候動作，而且順便調整一下自己的穿著。爲什麼我們可以把這些類型的問候稱爲一種儀式呢？首先，讓我們探討人類學中所謂的儀式究竟是什麼意思。事實上，「儀式」有各式各樣的定義，其中有些定義，只侷限在描述有關宗教本質的行爲（例如 Lewis, 1980）。不過近年來，大多數的人類學家都採取廣義的定義，把世俗活動（如問候行爲）也納入儀式的定義中。舉例來說：

- 儀式是社會所規定的行為。社會中的個人，對自己的行為幾乎沒有其他選擇的餘地。

如果我們要檢驗某個行爲類型，是否可以稱得上是儀式，可以試著改變或忽視這項行爲，然後觀察結果有何不同。誠如我們在前一章所提及，對於他人的問候視而不見，可說是最令人感到不悅的事。此外，到別人家裡拜訪時，如果進門時連聲招呼也不打，則是非常粗魯無禮的舉動。以日本爲例，訪客到別人家裡拜訪時，必須適時地說些客套話；而倘若小孩回到家時沒有立刻先洗手，也會被大人催促著到洗手間；另外，雖然丈夫出門的時間很短暫，但卻可能依照慣例，認爲回家後最好還是馬上去洗個澡。在這樣的定義下，禮物交換也可以視爲一種儀式，而某些世俗的特殊時刻，例如慶生會等，也可以算是某種形式的儀式。

慶生會，特別是爲小朋友舉辦的慶生活動，如果沒有氣球、卡片、禮物、蛋糕、蠟燭、特別的生日歌曲或是遊戲等儀式，實在很難稱得上是慶生會。某些地區舉行慶生會時，還會配合其他的慣例，例如：準備一些小禮物，讓參與慶生會的人可以帶回家，或是圍成一圈切蛋糕，還有壽星在拆開一件件生日禮物時，身邊的人會發出一連串的「哇」與「啊」等讚嘆聲。父母在爲孩子舉辦慶生會時，假如沒有把這些繁瑣的細節都準備好，可能還會遭到孩子的責難，而前來參加慶生的小客人，也都會嘰嘰喳喳抱怨個不停。

儀式還有另一個較爲嚴格的定義，有些採取此定義的人類學家認爲：

> 儀式是在不同場合下的行為規定，並非僅是形式上的例行公事，而且與神靈或神秘力量的信仰有關。（Turner, 1967, p.19）

即使是宗教性的儀式，由於有些人可能是基於社會性的理由而參與宗教儀式，因此我們在探討儀式的例行程序時，有必要把有關宗教的信仰區分開來。舉例來說：在舉行宗教性喪禮時，除了死者最親近的人之外，也有部分人士的參加原因，是爲了對死者表達敬意，不僅穿著黑色或其他深色衣服，而且在必要時也會參與宗教性活動。換句話說，參加喪禮的某些人，有時只是爲了對死者家屬表達慰問之意，但卻未必具有上帝或其他神祇的信仰，也不必然和死者有很深的情誼。

舉行婚禮，或是爲新生兒命名的儀式，也是類似的情形，亦即每個參加的人對於宗教性活動的本質，也或多或少都會有不同的看法。誠如人類學家愛德蒙•李區（Edmund Leach）（1969）的意見指出，在英格蘭教堂舉行的婚禮型態，並非新娘個人信仰的展現，而是透露出有關社會關係的訊息。也就是說，社會人類學家的研究議題，是以社會因素為重心所在，因此我們在探討儀式活動時，必須把個人信仰與社會因素區分開來。

生命儀禮（Rites of Passage）

在人類學領域中，以儀式為主題的研究可說是百家爭鳴，相關的詮釋理論也不勝枚舉，其中經得起時間考驗，而且也值得後人進一步探討的經典案例，就是由法國人阿諾・范・季內（Arnold van Gennep）所從事的研究工作。《生命儀禮》（"Rites of Passage"）是他在 1909 年所寫的一本書，英譯本則是在 1960 年時出版。阿諾・范・季內在書中也談到所謂的「原始」（primitive）社會，雖然該書大部分內容都在針對小規模社會加以探討，不過事實上，他所提出來的理論卻適用於世界上任何一個社會。阿諾・范・季內對於儀式的概念，比較類似我們前述的第二種定義，亦即宗教性的儀式，但是也可以運用在第一種定義上。

阿諾・范・季內所說的**生命儀禮**（Rites of Passage），指的是「以更廣泛的角度或社會觀點來看待，從一個世界過渡到另一個世界的過程」。以本書所採用的術語來說，也就是在某個社會中，從一種分類範疇過渡到另一種分類範疇的過程，或是一個人從一個社會階層轉移到另一個階層的過程。生命儀禮的變遷，可以分成四種主要型態：

⑴一個人從某種身分轉變成另一種身分的過程，例如：婚姻，以及加入新的社會或宗教團體等。

⑵從一個地方遷移到另一個地方的過程，例如：轉換地址或領域等。

⑶從一個狀況過渡到另一個狀況的過程，例如：從事新工作或進入新學校等。

⑷隨著時間的遷徙，整個社會族群從某段時期進入另一段時期，例如：過新年時或是新的統治者就任等。

雖然我們可能常常參與某種形式的儀式，但是如果能夠靜下心來，想想生命中的某些時刻或是自己身邊的人，就會發現某些人事物，可以準確地呼應前述的類型，舉例來說：

▷出生、結婚、死亡

▷命名禮（christening）、堅信禮（confirmation）、成年禮（bar mitzvah）

▷轉學、換工作或搬家

▷離開

▷重返

▷生日、週年、畢業

▷四季更換、新年

我們用不同的方式，把這些時刻加以儀式化（ritualize），其中衍生的相關要素可能是：

▷盛裝打扮

▷寫卡片

▷贈送禮物

▷舉行宴會

▷準備與享用特殊的食物

▷做決定

▷嚴酷的考驗

阿諾・范・季內發現，世界各地有關生命儀禮的實例，在程序上都有某種重複的特殊模式，即使是相隔遙遠的兩個地區，彼此之間絕對不可能互相影響，也會有類似的情形發生。阿諾・范・季內認爲，第一種生命儀禮的類型，是與舊階層或是舊分類範疇脫離的儀式，而且通常是以象徵性的死亡來表現。此外，第二種生命儀禮的類型，則是與新階層或是新分類範疇結合的儀式，通常是以象徵性的重生來表現。然而，最令人訝異的是，一系列的生命儀禮之間，通常都是由某個過渡時期加以區分，而參與者在過渡時期中，並不屬於任何一個分類範疇。

阿諾・范・季內把生命儀禮的儀式區分爲：

▷分離（Separate）或臨界狀態前（Preliminal）的儀式

▷過渡（Transition）或臨界狀態（Liminal）的儀式

▷結合（Incorporation）或臨界狀態後（Postliminal）的儀式

前述的三種程序，在生命儀禮中的重要性並非相同，必須根據不同儀禮的性質而權衡輕重，例如：喪禮中較爲重視有關分離的儀式。阿諾・范・季內所要強調的重點，是世界各地的生命儀禮，都具有共通的架構或特質。此外，如果過渡時期的儀式時間特別漫長，例如：訂婚後到結婚前的婚約，或是懷孕期間等較爲漫長的過渡時間，則過渡的儀式本身，可能就同時包含分離到結合等三種類型的儀式。除此之外，阿諾・范・季內也提到其他種類的儀式，例如：婚姻中的傳宗接代，或是孩子出生時的保護措施等，也都可能附加在生命儀禮的儀式過程裡。我們接著將要以阿諾・范・季內所舉的幾個實例，說明生命儀禮的不同類型。

地域性的生命儀禮

阿諾・范・季內在《生命儀禮》一書中，舉例說明各種生命儀禮的類型，其中大部分是有關小規模社會裡的實例。阿諾・范・季內指出，在小規模社會裡的各式各樣行爲，背後都具有魔法或宗教等概念。我們接下來將探討幾個世俗化生命儀禮的實例，由於《生命儀禮》一書，至今仍然受到許多人熱烈歡迎與閱讀，並且不斷地再版，所以多數的讀者，或許對這些實例早就已經耳熟能詳。根據阿諾・范・季內的說法，生命儀禮的原型（prototype），就是一種地域性的遷移，例如：從某個社會性空間轉移到另一個空間。在遷徙過程中的過渡區域，並不屬於遷徙前或遷徙後的任何空間，而是某種「無人的中間地帶」（no-man's land in the middle）。

阿諾・范・季內所提出的生命儀禮類型，指的是針對部落之間或居住地區之間的遷移行爲，不過，有關國際之間的遷移也可以適用，也就是關於繁文縟節的官僚儀禮。舉例來說：倘若我們要出國，一開始時必須先拿到護照，而申請護照的手續，有時不僅很繁瑣，而且過程也很冗長耗時。而大多數的國家，也規定外國人必須取得簽證才能入境，諸如此類的事項或手續，都屬於官僚政治類型的儀式。另一方面，假如我們待在國外的期間會很漫長，此時親朋好友可能就會爲我們舉辦一場惜別會，並且送我們一些小禮物或祝福的卡片。當道別的時刻來臨，在機場、碼頭或是車站等場合，也可以見到即將遠行的人與親友，彼此親吻、擁抱，或是握手與互道珍重等舉動，另外，親友還會一再叮嚀即將遠行的人，務必在抵達目的地時打電話回來報平安。

在機場時，旅客必須出示護照與簽證，以及通過行李安全檢查門等，方能穿越重重的有形關卡，順利登上飛機。在到達目的地之前的這段時間，旅客所處的空間即爲一個過渡地帶（zone of transition）。如果有親友在目的地等候，那麼離別時的歡送儀式，在旅客抵達目的地時將會重複上演。雖然儘管旅客已經疲憊不堪，但是倘若拒絕歡迎儀式，就會被視爲是無禮而不友善的。旅客在抵達目的地時，打通電話報平安，是爲了讓親人知道自己已經安全穿越過渡地帶，平安順利進入另一個社會的世界。儘管旅客抵達的世界可能比原先的世界更加危險莫測，不過至少還是一個世界，而不是一個中間地帶。

除此之外，阿諾・范・季內也探討進出入門的生命儀禮等議題，而前述的日本例子也可以呼應他的理論。日式房屋的門口擺放著鞋子，顯然就是某種形式的過渡地帶。猶太人也有類似的儀式，規定在進入房子之前，必須先觸摸門柱上的聖經章句（mezuzah）。進入教堂或廟宇，意味著從世俗到聖堂，因此也有某種型態的儀式。諸如此類的儀式，目的都是爲了避免褻瀆，包括：鞠躬敬禮、用聖水淨身、在胸前畫十字、脫掉鞋子或取下頭巾等，有時甚至降低音量等等。由此可知，進出入門的動作與行爲，從更廣泛的觀點來看待，也可以算是從一個世界過渡到另一個世界的過程。

如前所述的生命儀禮，也可以說是一種安全措施，保護即將被人進入的世界。以國家型態來說，檢查護照就是爲了避免有人不法偷渡。以進入教堂的儀式來說，則是爲了避免世人褻瀆了教堂的聖潔。進入住屋或社群的儀式，有時也可以消弭潛在的危險，以免陌生人潛入而造成威脅。阿諾・范・季內對於生命儀禮的描述，是把社會比喻爲有許多房間和走道的房屋（1960, p.26），而在社會中遷移的地域性生命儀禮，就像是在房屋內遷移或進入不同的房間。房間的比喻，也可以視爲空間形式的生命儀禮模型。

懷孕與分娩的生命儀禮

世界各地的不同社會，通常都會以舉行儀式的方式，迎接新生命來到世間。然而，某些儀式也會對即將生產的母親造成威脅。例如：在某些社會裡，懷孕有身的女人，往往被視爲是不潔的，必須遠離公共區域，並搬到特殊的小屋居住，直到分娩爲止。也就是說，女人在懷孕期間是屬於過渡期的生命儀禮，必須從正常的生活遷移到另一個社會世界，因此有身孕的女人，必須在前往小屋以前參加分離儀式，而在小屋的那段期間，則屬於過渡儀式，最後生下小孩以後，才可以重新回到社會。至於來到世間的新生兒，也必須歷經與母親分離的儀式，以及與新世界結合的儀式。

雖然世界各地的大多數社會中，很少爲即將生產的母親舉行正式的分離儀式，不過，在英文中形容大腹便便的孕婦時所使用的分娩（confinement）一詞，的確也具有「監禁」的意思，大抵意味著懷有身孕的女人，在懷孕期間最好不要過度涉入外在世界。此外，幾乎所有的社會裡，孕婦的一般活動，或多或少都會受到不同的限制，例如：我們在第二章中提及飲食方面的規定。當然，也包括遠離菸酒或毒品，以及醫療措施等的限制。另一方面，許多人都會爲孕婦在分娩前的過渡時期，提供特別的照護。例如：假使身邊有個孕婦，體貼細心的人通常就會主動幫她提重物。另外，也有人會爲孕婦特別準備某些食物。如果有女人罹患高血壓或是其他嚴重疾病，在懷孕期間很有可能就會被送到醫院，完全與社會隔離。

很多日本女性在懷孕期間，都會穿上孕婦專用的特殊托腹帶。孕婦第一次穿上孕婦裝的場合，通常是在宣佈新生命即將來臨的宴會中。日本人會特別選在「狗日」（day of the dog, 譯注：農曆的戌日，狗在十二地支中以「戌」代表）當天舉行宴會和宣佈喜訊。根據中國農曆的說法，狗在戌日這天分娩會格外順利，因此日本人選在戌日舉行宴會，有期許孕婦順利產子的味道。孕婦常常會回到娘家生產，而且產後仍待在娘家一個月，然後就會回到自己的家裡，並帶著新生兒到當地的神社，祈求神明的保護。此外，日本人有時也會舉辦一場宴會，來歡迎母親與孩子重返社群生活。

在大多數的社會裡，面對新生命的誕生，都會有某種形式的慶祝活動。舉例來說：基督教信徒會在教堂裡為新生兒命名，同時也有將孩子呈現給上帝的意味。在英格蘭的教堂，通常還會為母親舉行一種稱作「潔淨禮」（churching）的儀式，不僅表示母親產後平安的謝恩禮拜，而且也具有母親可以重新恢復正常生活的意涵。在命名禮中，牧師從母親手中接過嬰兒，而在整個儀式的過程中，大多數時間嬰兒都由牧師抱著，隨後可能還會移交到教父或教母的懷中。在某些地方的社會，有些分離儀式與剪斷臍帶有關，而且有些人認為臍帶對未來有若干程度的重要意義，因此還會把剪下來的臍帶埋在特殊地點。

在南美洲的社會裡，嬰兒的父親也和母親一樣，必須經歷一系列的儀式，以確認父親的身分。父親在所謂**假分娩**（couvade）的儀式中，也要渡過一段隔離的時期。我們可以把假分娩的儀式與所謂的產前課程加以比較。在英國等地，父親通常與懷孕的伴侶一起參加產前課程。藉由產前課程的訓練，父親能夠在生產過程中提供一臂之力。產前課程有時會要求父親做出承諾，不僅要承擔起當父親的責任，而且要與孕婦一起做呼吸與放鬆的練習。在某些國家，許多人認爲父親在生產過程中扮演著重要的角色。父親陪伴孕婦生產的情形，如今在英國已經有儀式化的趨向，因此倘若父親不能在孕婦分娩時到場陪伴，醫護人員可能就會建議產婦找其他人來擔任「分娩伴侶」（birthing partner）。

父親在陪伴孕婦生產時所扮演的角色，主要是提供孕婦心理上的支持與安全感，反而與純粹醫學上的安全考量沒有太大的關聯。在醫院仍未成爲最適於生產的場合之前，很多孕婦在生產時都由其他的女人在旁陪伴。雖然生產過程中都會請產婆來協助，但是親密的支持力量，往往來自於產婦的同性親友。近年來，父親在陪伴產婦分娩時所扮演的角色，反映出核心家庭（nuclear family）的重要性與孤立性，也打破過去把男人排除在分娩活動之外的性別分際。

啟蒙的生命儀禮

在童年時期所舉行的各種儀式，都是爲了彰顯某些時期的重要性，包括：每年的生日、第一次的出遊、第一次剪頭髮、第一次掉牙齒、第一天上學等等。在某些社會裡，以生理上的改變（例如：割禮或穿耳洞等）作爲生命儀禮的基礎。不同時期的儀式，反映出當地對於生命歷程的分類系統。舉例來說：有些社會則以**年齡層**作爲分類的標準，同一個時期出生的孩子，將被歸類爲同一個族群。此外，有些社會則以個人爲基礎。不管是哪一種分類方式，皆以儀式來標示不同時期之間的演變。

最能清楚呈現生命儀禮概念的例子之一，就是許多社會裡將青少年生理上的成長變化，視爲是個人從兒童轉變爲成人的過渡階段。有關這方面的生命儀禮，也會包括分離或其他過渡時期的儀式。以非洲地區的某些部落來說，例如：肯亞與坦尚尼亞邊境的馬賽人（Masai）或尙比亞的德布人（Ndembu）等，年輕人在某段時期必須到叢林裡獨自生活。待在叢林的期間，年輕人將被當成已經死去。年輕人在前往叢林之前，以及從叢林返回時，都會舉行特殊的儀式，並且以生理上的樣貌，來反映年輕人正在經歷轉變的過程。例如：馬賽人在叢林中獨自生活時，都會蓄長髮而不加以整理，但是離開叢林返家時，就必須把蓬頭垢面重新整理一下，除了剃光頭髮之外，還要以光亮的紅褐色來彩繪頭部，以作爲自己已經重返社會的表示。另外，德布人則在女孩的胸部開始發育成熟時舉行儀式，不僅限制女孩不准離開村落，而且選擇在炙熱潮濕的日子，讓女孩以氈布裹身，躺在樹下保持靜止狀態一整天，而其他人則在女孩身邊進行著各種儀式性的活動（詳見第五章）。

諸如此類的成年禮，都有類似前述的磨練，有時甚至包括殘害身體之類的行爲。與性特徵成熟時期有關的生命儀禮，通常與性器官息息相關，例如：割禮或割除陰蒂（clitoridectomy）之類的習俗。在某些社會裡，則在臉上刻痕留下永遠的傷疤，以表示自己是某個宗族或血統的成員。當孩子經歷過生命儀禮的磨難後，就代表自己已經進入成年期，而永遠留在身體上的疤痕，也意味著自己從此將進入新的生命階段。

成年禮有時也會涉及特別的教育，例如：讓男孩進入男人專屬的小屋內，觀看儀式性的物品，同時教導男孩有關部落的知識。教導的知識內容，通常是婦女或孩童無從得知的。相同的情形，女孩也可能被傳授有關女人生活的奧秘等。某些社會認爲年輕人無法瞭解社會的規定與限制，可能會做出各種不道德的反社會行爲，因此在年輕人的過渡時期，也就是準備跨越兒童與成年兩個分類範疇的時候，即使不需要到叢林裡獨自生活，也會要年輕人到特殊的場所，學習各種成年活動及社會規範。

許多社會對於大學生所舉行的一些活動，顯然都會有較大的包容態度，例如：英國所謂的「惡作劇週」（rag week 譯注：大學生以一週的時間，在鎮上極盡能事地到處惡作劇，或是由大學高年級生戲弄新生一週，最後則以一場熱熱鬧鬧的遊行結束）活動，就是一個顯著的例子。過去幾年來，在英國地區盛行的「駕車亂兜風」（joy-riding）活動，顯然也受到社會大眾的寬容。「駕車亂兜風」指的是年約十二歲的孩子偷竊別人的昂貴車子，然後在鄉間瘋狂地行駛後棄車而去。車主報警處理後，通常會在數天後找回愛車，但就算逮捕到了偷車的孩子，警方往往也只是給孩子一些口頭警告之後就放人。孩子因爲年紀輕而未受控告，也不必償付車主的損失，由此可知，英國社會對於孩子的行爲頗爲容忍。

前述有關英國的實例，是否代表兒童與成年之間的過渡階段，仍然有待商榷。然而，如果社會認爲青少年沒有能力爲自己的所作所爲負責，而父母也不必爲孩子的行爲負責，那麼就法律制度而言，青少年似乎是介於兒童與成年之間的分類範疇。雖然青少年可能仍然與家人住在一起，但是在很年輕時就學會偷竊的技巧以及駕駛車子的能力，讓青少年有處於危險與考驗的機會，相較於其他地方的社會，以制度化的方式要求年輕人承受磨練，從廣義的教育觀點來說，英國社會對於青少年行爲的包容態度顯然並不適當。

猶太教信徒至今仍然嚴格遵守規定，對青少年舉行成年禮，不過英國、澳洲或美國等地的社會，沒有舉行類似成年禮的習俗，因此近幾年來，這些地區的許多青少年，流行在自己身上的不同部位穿洞，這是當地社會兒童與成年之間過渡時期的有趣現象。以往，英國有些人會以廿一歲生日或「成年日」（coming-of-age）來區別兒童期與成人期，但由於法律規定的改變，使得年滿十八歲的人就可以擁有成年人的權利，所以兒童與成年之間的界限就變得相當模糊，而且也沒有界定明確的程序或步驟。許多人或許可以感受得到成年的特殊意味，但是假若父母未能在孩子即將成年時做點特別的事情，就會讓即將成年的孩子覺得有些失望。不過，即使父母對孩子極盡取悅之能事，處於即將成年的青少年仍然不太容易滿足，因此可能轉而藉由穿洞或刺青的方式，作爲一種磨難的象徵，以表示自己已經脫離父母，今後可以獨立自主了。

某些與外界隔絕的社會或是神秘的宗教團體，也會遵循生命儀禮的原則，舉行不同形式的啓蒙儀式，例如：神職人員的就任，或是國王的登基等。首先，舉行分離儀式來脫離過去的生活，接著在過渡時期接受訓練或教育，最後則舉行結合儀式，表示以新的角色重生。舉例來說：在某些社會裡，當皇帝駕崩時，而繼承者尚未登基的這段期間，由於反社會的勢力往往會趁機崛起，因此在繼承者尚未佈局完成以前，通常會採取保密的措施，暫時封鎖皇帝死亡的消息，以便明快地安排繼任事宜，並杜絕混亂的情形發生。

結婚的生命儀禮

在大多數的社會中，婚禮都是重要的過渡時期，而且某些社會甚至將婚禮配合成年禮來舉行，也就是說，在成年禮中的分離儀式結束後，隨之而來的就是舉行婚禮。在某些社會裡，由於訂婚被視爲是過渡時期的起始點，因此訂婚到結婚前的時間也會拉得很長。無論如何，雖然在細節上可能會有所差異，但是多數社會都將婚禮視爲一個過程，同時具有分離、過渡與結合等三種儀式。

舉例來說：即將要結婚的墨西哥女人，為了表示即將告別單身生活，通常都會舉行一場宴會，當地稱為「處女告別晚會」（despedida de soltera）。同齡的朋友將會盛裝參加，聚在一起飲酒作樂與吃東西，並且為準新娘演出為人妻的樣子，整個聚會充滿歡笑與戲謔的意味。此外，美國人為即將結婚的女孩所舉辦的宴會，稱作「送禮會」（shower），也扮演類似告別單身生活的角色。有關告別單身生活的儀式，使得新娘可以脫離過去的生活，並迎接嶄新的未來。另一方面，即將結婚的男人也有類似的活動，例如：通稱的「雄鹿宴會」（stag party）等。在前述諸如此類的場合中，每個人顯然都會喝得酩酊大醉。

根據我在日本社會的研究，日本新娘子在準備離開故鄉遠嫁到異地時，也會舉辦某些分離儀式。同齡朋友將會為準新娘舉行宴會，而且參加的人沒有性別的限制。準新娘在宴會中會向眾人展示她的訂婚禮物、婚紗或是即將帶到新居的傢俱等。朋友或鄰居不僅會爭相目睹新娘展示的東西，並且還會送些禮金給新娘。在結婚日的早上，新娘會與親屬共進惜別早餐，接著要在家裡供奉的祖先牌位前告別與祈求平安。離去以後，家人要把新娘以前用過的碗打碎，就好像新娘這個人已經不存在了一樣。

日本新娘通常在鮮豔的和服底下穿著白色的衣服，據說穿著白色衣服的習俗，象徵新娘為新生活而保持純潔，同時也意味著新娘不僅像是一具屍體，已經在過去的生活中死去，而且也像是一個新生兒，重生般地迎接新生命。

新娘必須經過一連串的儀式，直到婚禮結束後，才能與新的家庭或新的社群結合，敬拜夫家的祖先與當地的神祇，以及引見給夫家的鄰居認識。根據瓦特・愛德華（Walter Edwards）所著述的書，有關日本的婚禮習俗，新娘與新郎以儀式化的方式共飲清酒（sake），並與宴會中的其他人隔離。共飲清酒可說是整個婚禮中的重頭戲：

> 根據民族誌的記載，日本在戰前與戰後初期的家庭婚禮中，共飲清酒通常是在一個隔離的房間內進行，例如：在一扇屏風後面。在當時日本的神道式婚禮中，雖然沒有強制規定新郎與新娘不能有肢體上的接觸，不過最好還是要盡量避免，因此清酒只能透過媒人（nakodo）或其他人來幫忙倒酒。在媒人的作陪下，新郎與新娘坐在祭祀祖先的廳堂內正中央，並與其他人區隔開來。（1989, pp.107-8）

在世界很多地方，新婚夫婦習慣在婚禮後相偕去度蜜月。度蜜月的慣例，也可以視為是兩人共組一個新家庭之前的過渡期。許多前來祝賀的親朋好友，在婚禮結束後就會離開，不過在離去之前，也可能會舉行各種儀式，例如：丟擲五彩碎紙，或是把鞋子綁在新人的車上等。有些儀式更是誇張，比如我的哥哥在婚禮上就被一群老朋友綁手綁腳地架走，並隨手叫了一輛路過的箱型車，把他載往格拉斯哥的路邊。婚禮結束後的儀式，也可說是一種過渡期的儀式，而且舉行儀式的方式沒有任何規則可循。經過這段過渡時期後，新人才算是真正已經結了婚，並且被公認為一對夫妻。在整個結婚的生命儀禮結束之前，兩人新婚的樂趣似乎是永無止盡的。

最近幾年來，有些國家的婚姻制度出現許多突破慣例的情形，值得我們特別加以注意。舉例來說：許多情侶不必舉行任何儀式，就可以住在一起，而當雙方不合的時候，也能夠輕易地分手。有些人即使舉行婚禮，卻認為數年以後可能還會離婚，因此對於整個婚禮儀式的態度，覺得既空洞又不切實際。雖然如此，有關婚姻的儀式絕對不可能消失，許多人仍然樂於投注大筆的金錢在婚禮上。根據我一個學生的說法，近來也有人開始為短期婚姻進行所謂的「牽手儀式」（hand-binding ceremony）。另一方面，媒體上也時常報導各種有關離婚儀式的討論。

喪葬的生命儀禮

雖然在喪葬的生命儀禮中，有關分離的儀式所佔的比例相當高，但是同樣也會有舉行送別死者前往來世，以及生者對死者致意等過渡時期的儀式。舉例來說：在基督教的喪禮中，親友撒一些泥土在死者墓穴的慣例，是在對死者表達告別的意思，而日本人拿一小撮香灰放在香爐裡的習俗，也是相同的道理。在羅馬天主教或是加勒比黑人（Afro-Caribbean）的社群裡都會舉行守夜禮，以較為繁複的儀式對死者作最後的告別。除此之外，某些地方也會將死者置放在一間開放的屋子裡，以便死者的親朋好友前來表達弔唁之意。

人們在服喪期間或多或少都會改變生活方式，並且盡量遠離慶祝或歡樂等活動。此外，人們也會定期到死者的墓前致意。日本人會在門前貼上告示，不僅表示此戶人家正在辦喪事，同時也明確表明這戶人家目前正處於不潔的狀態。日本人在服喪期間禁止吃葷，而且對於死者的祭祀食物也有特殊的規定。日本人各式各樣的喪禮儀式，可以明顯表示死者靈魂目前所處的發展階段。喪禮通常是以集會的方式舉行，不僅對於在喪禮中提供協助的人表達感激之意，而且也會重新定義家族成員之間的社會關係。除此之外，在某些國家中，喪偶的寡婦必須在餘生持續穿著黑色的衣服，不過在大多數的情況下，寡婦在服喪期結束後都會重返正常的社會生活。

節日與時間性的生命儀禮

最後，我們將探討在大多數社會裡的時間性生命儀禮。就像前述地域性的生命儀禮可以反映家庭、村落或國家等的空間分類方式，時間性生命儀禮也可以反映出某些社會的時間分類方式。在某些社會中，有些生命儀禮會隨著自然界的循環而定期舉行，例如：地球的運轉或月亮的陰晴圓缺等。也就是說，根據不同地區的當地氣候，可以在一年之中劃分出各式各樣的節日。舉例來說：在大部分的農業社會裡，都有個慶祝豐收的節日。此外，在某些冬天較為寒冷的國家中，也會有個預告春天即將來臨的節日。

以歐洲為例，每年夏天都會有段假期依照慣例舉行某些儀式。特別是在法國或義大利等國家，都會舉辦長期而重要的活動來打破日常生活作息的常規。舉例來說：法國每到這段時期，高速公路上幾乎沒有任何的車輛，因爲所有的人都前往南方享受大海與陽光。此外，政府機關在這段時期顯然也無事可做，更確切地說，法國任何城市的公家機關皆是如此。

每個星期中固定有某段時間不用工作，是世界上許多地方的休假型態。諸如此類有關假日的分類系統，源自於聖經中上帝創造世界的故事，至於其他地方的休假，分類的方式則有所不同。月亮陰晴圓缺的週期，也就是陰曆的一個月，是眾所週知較爲普遍的假日區隔方式。特別是在人類開始運用電力之前，許多人都會配合滿月時的光芒來進行某些活動或儀式。除此之外，由於赤道附近地區冬天與夏天的氣候十分類似，因此當地的季節通常是以雨季或乾季來作爲區分，或是根據某些能夠影響當地氣候的其他變數等來作爲假日的分類方式。

英國社會裡，每年在聖誕節到新年這段期間，都會依照慣例舉行許多活動，爲期約兩個星期的時間。倘若再加上先前的準備時間，則整個假期可能長達四個星期左右。耶誕與新年節日，嚴格說來是爲了慶祝耶穌基督的誕生，不過，早期基督徒之所以選擇這段時間作爲節日並舉行宗教儀式，其實是爲了結合北歐地區在冬天最冷時以休息或舉行宴會的方式進行休養生息的習俗。除此之外，英國社會裡其他信仰的信徒，也會在冬天時休假以擺脫日常生活作息，例如：猶太人的光明節（Hanukah）與印度人的排燈節（Diwali）等節日。

不同地區節日之間的差異，事實上並非始於今日。舉例來說：長久以來，蘇格蘭人在冬季舉行慶祝活動的時間，就與英格蘭人不同。無論是否為基督徒，蘇格蘭人都較為注重新年的除夕夜（Hogmanay），而不是聖誕節的平安夜。我是個在英格蘭地區被扶養長大的蘇格蘭人，從小我就知道蘇格蘭人與英格蘭人對於節日的看法有所不同。誠如人類學家溫哲納（Van Gennep）所言，英格蘭地區蘇格蘭人新年除夕夜派對的程序：首先是向即將消逝的一年演唱「友誼萬歲」（Auld Lang Syne），然後在跨年的關鍵時刻聆聽大笨鍾（Big Ben）的鐘聲，接著則彼此祝福，並且伴隨握手、擁抱或親吻等動作來一起迎接新年的到來。

在蘇格蘭人的新年除夕夜派對中，蘇格蘭人都會跳熱情狂放的八人舞蹈（Eightsome Reel），舞伴以踢腳後跟等方式，來表達蘇格蘭人彼此之間親密無間和患難與共的情感，就像是親朋好友一樣。我認識某些英格蘭人，也會選擇在新年除夕夜舉辦傳統的蘇格蘭式慶祝派對，而且還會穿上蘇格蘭男用短裙或服飾排成一列跳舞，不過卻顯得有些格格不入。雖然這些英格蘭人平常每個星期都會練習複雜的蘇格蘭舞蹈，並且舉辦蘇格蘭式的新年除夕夜（Hogmanay）派對，但是誠如溫哲納（Van Gennep）所言，外人雖然可以學習蘇格蘭的舞蹈，但卻無法表現出蘇格蘭人親密無間和患難與共的情感（見相片 4.1）。

相片 4.1 ▶▶英格蘭地區舉辦新年除夕夜（Hogmanay）跳蘇格蘭舞蹈的情形（相片提供者：Joy Hendry）。

對我來說，蘇格蘭八人舞蹈（Eightsome Reel）熱情狂放的特點十分具有意義，不僅可以表達新年除夕夜（Hogmanay）的特色，而且也可以代表我成長的過程。由於所有的蘇格蘭人都同意，一個人必須喝醉酒才能把蘇格蘭舞蹈的韻味表現出來，因此蘇格蘭人認為舞蹈中熱情狂放的特質，不但是節日中關鍵時刻的重要特色，同時也是處於過度階段的年輕人進入成年期之前的啓蒙儀式。除此之外，基督教嘉年華會中的狂歡節（Mardi Gras），也是一個絕佳的實例，通常是從復活節前四十天的四旬齋（Lent）開始進行，直到復活節（Easter）為止，算是一個過渡時期相當長的生命儀禮。

Edmund Leach（1961）曾經撰寫過一篇標題爲「Time and False Noses」的短文，審視人們在參加典禮或節日等生命儀禮時穿著打扮的方式，有時非常整齊漂亮，但有時卻又十分異乎尋常。他同時也提及人們在這些場合中，有時候甚至扮演與自己平常完全相反的角色，舉例來說：男人會裝扮成女人，國王會打扮成乞丐等等。Edmund Leach 的論點指出，生命儀禮可以藉由「正式」（formality）或「化裝舞會」（masquerade）的方式來表現，而兩種類型正好處於節日性生命儀禮的兩個極端。另一方面，「角色逆轉」（Role reversal）則是擺脫日常生活作息時過渡時期的特色。

在英國社會裡，在聖誕節期間演出默劇（pantomimes）的習俗，就是角色逆轉現象的絕佳實例。默劇中「名媛淑女」的角色，通常是由體型豐滿的男士扮演，而男主角往往是喬裝成乞丐的王子，則經常由年輕女性來擔任。由於劇中通常也會有女孩扮演的「公主」或是其他女性角色，因此在談情說愛的場景中，雖然劇中象徵的是男與女的角色，但是看起來卻彷彿同性發生戀愛的情形。誠如 Edmund Leach 的建議，默劇或嘉年華會等宗教節日的娛樂價值，是研究我們所處的世界或儀式，甚至是宗教等的題材之一。

人類學家從事有關儀式的戲劇、媒體以及其他形式的表演等研究工作，這一點都不令人感到意外（請參閱章末延伸閱讀 Hughes-Freeland, 1988）。對於觀眾來說，表演活動具有擺脫日常生活作息的意義。就像是其他儀式一樣，各種類型的表演活動也具有脫離「現實生活」的場景與歷程，在時間性的生命儀禮中有休息或中斷的意涵。而對於演員來說，戲劇或媒體則提供一段可以擺脫社會生活常規的時期，而且無論是儀式或戲劇，演員都要承擔扮演各式各樣類型角色的任務。

我最近從事有關主題遊樂園的研究調查，同時探討每個人在生活失衡時可以進入幻想世界等議題。人們至少在資金充足的情況下，可以去主題樂園渡個假。任何個人都可以選擇不同的方式，來打破自己日常生活作息的常規與所扮演的角色，並且讓自己從「現實生活」的存在中脫離出來。根據我的研究，日本有些主題樂園可以營造出彷彿置身在其他國家的經驗，讓遊客只要花費一天的時間，就能夠暢遊加拿大、西班牙、德國或是荷蘭等地的風光景致。有些主題遊樂園甚至會請專人穿著或演出具有各國特色風格的服飾或表演等。

除了日本之外，如今許多其他國家也都有以文化爲主題的遊樂園，例如：位於雅加達附近的印尼小人國樂園（Tamam Mini Indonesia Indah），以及台灣、新加坡或中國大陸等，其中深圳有一個名爲世界之窗（Windows of the World）的全球文化遊樂園。在夏威夷也有一個波里尼西亞文化中心（Polynesian Culture Center），相當受到歡迎。此外，其他地方的主題遊樂園，甚至提供回溯歷史的旅程，有時甚至保存某些古蹟建築物。例如：北美洲的殖民地威廉斯堡（Colonial Williamsburg）與上加拿大村（Upper Canada Village），澳洲的疏芬山淘金區（Sovereign Hill），以及瑞典的砍森露天博物館（Skansen）等，這些遊樂園都可以讓遊客暫時回到過去的時光。另一方面，茱麗安巴安斯（Julian Barnes）所著述的小說《英格蘭，英格蘭》（"England, England"），則描述有關未來的現象。

任何地方的儀式，都可以確認某個社會的分類範疇，而且或多或少與自然界四季的循環、月亮的陰晴圓缺或是人體的生理現象有關，不過無論如何，儀式都會與特定社會的文化或秩序息息相關。各式各樣的可能性，提供許多選擇的項目，似乎與先前有關儀式的初始定義矛盾。雖然如此，在不穩定與充滿變化的世界中，有關儀式的探討卻可以促使我們尋求自己文化上的認同，特別是對於那些認爲傳統儀式相當空洞的人來說。

References

Coppet, D. de (1992) *Understanding Rituals* (London: Routledge).
Edwards, Walter (1989) *Modern Japan Through Its Weddings* (Stanford: Stanford University Press).
Gennep, Arnold van (1960) *Rites of Passage* (London: Routledge & Kegan Paul).
Leach, Edmund (1969) 'Virgin Birth', in *Genesis as Myth and other Essays* (London: Cape).
Leach, E. R. (1961) 'Two Essays Concerning the Symbolic Representation of Time: (ii) Time and False Noses', in *Rethinking Anthropology* (London: Athlone Press).
Lewis, Gilbert (1980) *Day of Shining Red: An Essay on Understanding Ritual* (Cambridge University Press).
Turner, Victor (1967) *The Forest of Symbols: Aspects of Ndembu Ritual* (Cornell University Press).

Further Reading

Cannadine, David and Simon Price (1987) *Rituals of Royalty: Power and Ceremonial in Traditional Societies* (Cambridge University Press).
Hendry, Joy (1986) *Marriage in Changing Japan* (Tokyo: Tuttle).
Hughes-Freeland, Felicia (1998) *Ritual, Performance and Media* (London: Routledge).
Huntington, Richard and Peter Metcalf (1979) *Celebrations of Death* (Cambridge University Press).
La Fontaine, Jean (1985) *Initiation* (Harmondsworth: Penguin).
Turner, Victor (1969) *The Ritual Process* (London: Routledge & Kegan Paul).

Novel

Barnes, Julian (1998) *England, England* (London: Jonathan Cape).

Films

Masai Manhood (Chris Curling and Melissa Llewelyn-Davies, 1975), another classic 'Disappearing World' film about initiation among these pastoral people of East Africa, also demonstrates cattle values, male–female relations and the power and influence of the elders. There is a companion film called *Masai Women*, made by the same team.

Osôshiki ('Funeral, Japanese-style'), an Itani Junichiro feature film, is an irreverent but interesting depiction of events surrounding death in modern Japan.

第 5 章

社會：一系列的象徵

什麼是象徵（symbol）？

我們在前一章中探討有關儀式的議題，有助於我們瞭解某些社會的分類系統。此外，我們也提及阿諾・范・季內（Arnold van Gennep）關於儀式的模式，同時我們也以各種實例來說明，世界各地的生命儀禮中都可以找到類似的模式。阿諾・范・季內所提出的模式，是從整體的觀點來了解各式各樣的儀式行爲，因此我們在此章中將試著從實際層面來詮釋儀式化的活動。其中，最簡單的方法就是檢視與儀式有關的物質、人的固定行爲模式或是穿著方式等。換句話說，我們將把儀式行爲劃分爲較小的單位，例如：服裝、卡片、禮物及食物等等，諸如此類的東西，皆可當作或詮釋爲**象徵**（symbols）。象徵可說是儀式的最小單元，我們可以藉由探討象徵的概念而獲得更多的訊息。

無庸置疑，象徵是個很龐雜的主題，幾乎可以涵蓋所有的領域，例如：文學、藝術、宗教、心理學等，當然也包括人類學在內。不同學門對於象徵的概念，都有不同的詮釋方式。也就是說，形形色色的象徵，隨著領域的不同，解釋也會截然有別。舉例來說：心理學或精神病學的領域，由於涉及人類行爲的情感面向，因此大多數的象徵都與個人或感覺有關。然而，對於社會人類學家來說，注意力的焦點則放在某個特定社會族群成員之間共有的「公共象徵」（public symbols）上。所謂的公共象徵，不僅可以表達整個族群的意識形態，而且在某個社會或是道德制度中使用時，所有的成員也都可以輕易地理解。不過同一個象徵，對另一個社會的族群來說，所代表的意義可能就會有所不同。

即使是在日常生活的基本層次，象徵也跟人類的行爲息息相關。運用象徵的能力（包括語言），就是人的行爲與動物之所以會有差異的原因之一。我們在先前的章節中，已經舉出有關問候與禮品交換等具有象徵意味的實例，由此可知，如果我們沒有將表達方式定義清楚，就無法呈現社會關係的真實面貌。在人類學的領域中，我們特別關心的議題，是不同地方的社會之間，如何以各種不同的方式來詮釋象徵，或是在同一個社會中的不同族群之間，對於象徵的理解有何差異。有鑑於此，人類學家所從事的研究工作，大多數針對社會生活中溝通所具有的象徵意涵。

「簡明牛津字典」（Concise Oxford Dictionary）裡對於象徵的定義是：

- 某件事物受到大眾的公認，自然而然就會讓人想起代表

> 或意味某種具有類似特性的事情，或是令人聯想到某種想法或事實。

雖然不同的社會之間，某些象徵也會具有類似的特性，但是如前所述的定義，顯然較適用於某個特定的社會。其中所謂「大眾的公認」，指的當然是某個特定社會範圍內的成員而言，或是共用某種語言的族群。除此之外，前述定義的「自然而然」一詞，也可以反映出一個有趣的現象，那就是我們在使用象徵時，往往沒有意識到象徵的相對性（relativity）。一個人認爲再自然不過的象徵意義，對別人來說卻可能會覺得非常彆扭。

符號（sign）的概念有點類似象徵，不過相較而言，符號比較可以直接呈現某種易於描述的事物。另一方面，象徵則具有較爲廣泛的詮釋空間，通常也比符號含有較多的語意內容（semantic content）與意義。有關符號與象徵之間的差異，雖然容格（Jung）的說明與夢境的分析有關，但是卻有助於我們瞭解：

> 符號本身總是少於符號所呈現的概念，然而象徵本身，卻總是超乎象徵直接顯示的意義。（1964, p.55）

舉例來說，交通號誌是一種符號，紅色代表停止，綠色則代表通行。儘管紅色或綠色所呈現的概念，難以稱得上很自然，但是卻幾乎已經成爲全世界共通的符號。然而從象徵的角度來看，穿著紅色與綠色的衣服，就有較爲複雜的詮釋空間，具有許多的可能性，例如：可能會使人聯想到聖誕節，或是想起歐洲的旗幟等。此外，在英文中有句諺語說：「只有愛爾蘭的皇后才能穿戴紅色與綠色」。愛爾蘭皇后？由此可知，穿著紅色與綠色的衣服，也有可能遭受別人的批評。

由於公共象徵是特定社會裡的成員所共有的，因此人類學家在從事研究工作時，也必須學習認識研究對象所使用的象徵。有形的象徵，代表著無形的社會機制，誠如我們在先前章節中提及的禮物。人類學家以象徵作爲研究與探討的議題，並藉此瞭解不同的社會。在所有的社會中，象徵必須以系統化的方式來使用，否則社會成員就會像是外來者一樣，第一次置身在某個完全陌生的社會裡，完全無法理解象徵所代表的意義。社會的整個概念，就是由一系列共用的象徵組合而成，事實上，這種看法並不爲過。以下就讓我們來檢視幾個有關象徵的實例。

身體的象徵

在西方社會中，每個人都傾向於認爲自己是獨一無二的，不僅以衣服或飾品來表現個性，而且也選擇最適合自己的髮型。儘管如此，西方人仍然是透過社會的象徵來表現自己。例如：對於服飾的選擇性，也只限於社會所能夠接受的範圍之內。即使是最大膽的穿著打扮，也必須遮掩身體的某些部位。在英國社會裡，彩繪自己的身體，然後一絲不掛地走在街頭，除非彩繪的技巧出神入化，就好像真的有穿上衣服，否則將會立即遭到逮捕。不過，在其他地方，人體彩繪有時反而是最適合某些正式場合的打扮。

在象徵性的溝通上，身體的裝扮具有相當廣泛的可能性，其中有些是亙古不變的，有些則只是暫時性的。即使是在同一個社會裡，不同的族群在詮釋裝扮所傳達的訊息時，也會有所差異。在某些社會中，比較不強調個人主義的意識形態，於是許多人就會與鄰居有十分相似的穿著打扮。有些人可能願意以外貌來表現自己對某個族群的忠誠，也有些人較爲關心自己的穿著打扮，是否符合某個特殊性質的場合。除此以外，穿著打扮也可以暗示自己社會地位的高低。

以墨西哥的鄉間市場爲例，由於當地居民所組成的社群，相對而言較爲封閉，仍然習慣以族群的色系與風格來穿著打扮，沒有以服飾來彰顯自己的個性，因此我們可以根據穿著，輕易地分辨出誰是當地居民。不過，如今有些墨西哥人，已經逐漸融入較大的社群，成爲較大社群的一份子，所以衣著也逐漸與世界潮流接軌，並且也會以品味或品質互相評價。換句話說，在一個國際化的城市裡，除非有人戴上象徵墨西哥的寬邊氈帽（sombrero），否則不大容易認得出誰是墨西哥人。

在某些社會的城市裡，我們也可以根據衣著或髮型，輕易地辨識出各種不同宗教信仰的人。以耶路撒冷來說，正統猶太教的信徒，都會戴上帽子與穿著黑色的衣服，以象徵自己對信仰的忠誠。至於來自美國教會的神職人員，則選擇戴高帽的方式，以便與耶路撒冷當地的其他基督教團體有所區分。來自宗教紀律嚴明的遊客，一旦來到耶路撒冷聖地，可能也會穿著能夠代表自己宗教信仰的衣服。不管是哪一種情況，每個來到耶路撒冷的人，都會表現出自己是某個宗教的成員。此外，路邊的小販，爲了用適當的語言與遊客交談及販賣商品，都會善於以遊客的外貌，來判斷遊客的國籍。

我們在早上起床時，都不大會意識到自己選擇了代表自己民族性的穿著，因此有關服裝的特徵是相當細微的。許多人可能會以衣著來表現自己的個性，但是從外來者的角度來看，當地居民所選擇的穿著，仍舊會與當地社會的某個族群或地區有關。舉例來說：雖然很多人都會穿著的牛仔褲，是一種不分性別，而且又很普遍的衣著，但是每個人搭配的鞋子卻不同，有的人是穿涼鞋，有些人則穿高跟鞋，有時甚至是馬汀大夫鞋（Dr. Martens）或是帆布鞋等。此外，有些人故意讓牛仔褲縮水，有些人則是刻意製造褪色的效果，有些人則是標榜名牌，還有些人甚至在牛仔褲上裝飾花稍的補丁，或是故意把褲子弄得破破爛爛的。除此之外，穿牛仔褲的人有可能是搭配體面的襯衫或首飾，不過也有可能只是穿著毫無特色的寬鬆 T 恤。

有關衣服諸如此類的差異性表示，雖然我們通常會以別人對自己的看法來決定穿著，但是事實上，我們未必是有意識地想到關於服裝的細節。雖然幾乎沒有人注意到自己在工作時，爲了符合某個分類範疇而刻意地打扮自己，但是世界各地仍然有許多人在上班時的裝扮，是以兩件式

（或三件式）的西裝爲主。領帶就是一個充滿象徵意味的穿著，特別是在英國地區。從傳統的面向來說，領帶的選擇可以表現出自己隸屬於某個社團、學校或學院的身分。另一方面，從裝飾的角度來看，領帶也可以用來評價一個人的品味或鑑賞力。此外，也很少有人爲了反抗整個體制而完全摒棄領帶的使用。長條形的領結在某些特殊的場合，也會有形形色色的變化，其中當然也包括繫領結的方式。在美國某些地方慣用的繫領結方式，英國人卻認爲那是用來綁鞋帶的。

在某個特定的族群中，外來者經常會接收到許多不同的訊息。以頭飾爲例，雖然兩個人都是蘇格蘭人，但是一個人戴著獵鹿帽（deer-stalker），另一個人則戴著前端突起的格子帽，無論外人怎麼看，兩個人還是有所不同。就像英格蘭的高頂帽（top hat）與圓頂帽（bowler），兩者也會有所差別。戴著無邊便帽（skull cap）的人，幾乎就是在告訴別人自己是個猶太人。在一個猶太人的社群中，有關帽子諸如此類的小東西，可能都會謹慎小心地放在家裡珍藏好。頭飾一類的物品，通常是由女人負責爲家裡的男人縫製而成，因此女人在這方面有較大的揮灑空間。另一方面，猶太女人很有可能會以縫製帽子的手藝來彼此評量較勁。（Baizerman, 1991）。

珠寶或其他的飾物等，也具有高度的象徵性。我們在機場的商店裡，經常可以見到一些其他國家的珠寶，既光彩耀眼又十分珍貴，這是財富在國際性方面的清楚呈現，就像是設計師的領巾或皮包一樣。在西非的福拉尼人（Fulani），女性通常以錢幣來裝飾頭髮，也具有類似的作用。由於貝拉人（Bella）曾經是福拉尼人的奴役，因此也有類似的做法，只不過裝飾頭髮的錢幣，改用釦子取而代之。此外，在肯亞的朗迪耶族人（Rendille），當地的女人會在手臂上用條紋來裝飾，以表示自己已婚的身分，就像許多其他地方的情形一樣，已婚的男女都會有戴上婚戒的習慣。不過，朗迪耶女人除了以條紋來表示自己已婚之外，還會以其他的裝飾方式，來表示自己在婚後生兒育女的情況，例如：在第一個兒子誕生以後，當地的女人就會把巨大的雞冠花戴在頭上。

在新幾內亞高地的瓦奇人（Wahgi），男性通常用當地的鳥類羽毛，製成美麗誇張的頭飾，並且以當地人所珍視的豬油來塗抹肌膚。瓦奇人的展現形式（見相片 5.1）經常會出現在某些特殊的場合，不僅象徵政治與軍事的力量，而且也代表自己在社群裡的地位。邁克·歐漢倫（Michael O'Hanlon）以專書《肌膚的研究：瓦奇人的裝飾、展示與社會》（“Reading Skin: Adornment, Display and Society among the Wahgi”）來探討有關這方面的議題，其中提及象徵所具有的溝通意涵如下：

在一個充滿騷亂的社會環境中，變動不安的聯盟關係與持續不斷的衝突對立，使得瓦奇人認為眩人耳目的裝扮，不僅能夠恫嚇其他部族，而且也可以避免自己受到敵人的攻擊。瓦奇人的觀念以為，展現於外的面貌，就是內在道德投射到外界的表現，所以從道德層面來說，為了突顯自己的道德情操，外在的裝扮就必須以強而有力的風格與特色來展現。在競爭衝突不斷的瓦奇人社會裡，如果有人可以藉由外在的裝扮，對其他部族的軍事侵略造成直接的影響力，就會受人讚揚。（1989, pp.124-5）

相片 5.1 ▸▸新幾內亞的瓦奇人在慶典中盛裝打扮（照片提供者：Michael O'Hanlon, Pitt Rivers Museum, Oxford）。

在波里尼西亞，當地居民以刺青的方式，來表示自己對於某個社會與角色忠貞不移的態度（請參閱 Gell, 1993）。在日本社會裡，有些幫派份子全身上下，都會覆滿鮮豔的刺青，並以日本豐富的宗教或神話故事等，來作爲造型的藝術圖案，不過大多時候，幫派分子都會把刺青隱藏在衣服之下，畢竟社會上大多數人仍然認爲，刺青的圖案是令人覺得恐懼而不適的。在身上刺青的過程中，生理上感到痛苦的時間往往會超過一年以上，因此刺青也象徵自己對地下社會生活永遠無悔的承諾。幫派分子只有在特殊的場合或時刻，才會展露自己身上的刺青，以作爲強而有力的忠誠宣示。

頭髮也是另一種可以宣示象徵性意義的有力媒介，只是持續的時間可能比較短暫。舉例來說：在某些地方的社會，認爲剃光頭髮是啓蒙儀式裡的慣例之一。誠如我們在上一章中提到的馬賽人，頭髮留得很長而不加以整理，也是生命儀禮的一部分。某些地方對於髮型有特殊的習俗，例如：規定男人兩側及後邊的頭髮不能太長等，於是有些男人就會故意把頭髮留長，以表達自己反對主流觀念的意見。男人以蓄長髮來反抗社會習俗的現象，首度在英國地區出現時，當時雷蒙德・費爾斯（Raymond Firth）正在波里尼西亞的帝柯比亞島（Tikpopia）上從事研究工作（1973, p.272），他注意到英國與帝柯比亞島兩地有關頭髮的習俗規定，恰好形成有趣的對比。雷蒙德・費爾斯前往該島進行田野工作前，當時英國男性留的是短髮，而女性則通常留長髮，不過帝柯比亞島的情形卻正好相反。雷蒙德・費爾斯在島上的時期，帝柯比亞人受到外界的影響，當地男人也開始像西方人一樣把頭髮剪短。當雷蒙德・費爾斯回到英國時，很驚訝地發現到英國本土，反而開始出現相反的情況，至少他的男學生裡，有些人已經開始在留長頭髮了。

自從那個時候開始，英國年輕人的髮型，開始歷經幾個不同的階段，通常每個階段的流行髮型，都會選擇與上一代截然不同的風格。雷蒙德・費爾斯發現蓄長髮的「披頭族」（beatnik），與上一代的「泰迪族男女」（teddy boys and girls）迥然不同，因爲泰迪族男女不僅會抹髮油，而且還會特別在前額留一綹捲髮。披頭族的髮型，後來又受到新出現的短髮「摩登派」（mods）挑戰。不僅如此，在同一段時期，除了摩登派之外，還有風格迥異又不修邊幅的「搖滾族」（rocker）。接著，「光頭族」（skin-heads）和「古惑仔族」（bovver-boys）以駭人的短髮造型出現，最後還演變成驚世駭俗的「龐克族」（punks）。龐克族以雞冠花般誇張的髮型，來展現動物或「原始」（primitive）的意涵，以及表達拒絕接受父母或老一輩社會觀的態度。

根據我一個學生在課堂上的描述，他過去之所以選擇成爲龐克族的一員，就是爲了「與眾不同」。然而，他後來卻對此感到相當失望，因爲有天晚上他到一間俱樂部去玩，進去之後發現整屋子的人都和他一模一樣。我這位學生說：「我好像只是一隻盲從的應聲蟲而已」。有鑑於此，他決定改變策略，尋求獨特的自我表現方式，不僅剪短頭髮，而且穿上西裝，然後再去同一家俱樂部。結果，他在那裡真的變得與眾不同，十分特別，特別到被人痛毆一頓。

在十九世紀時的日本，許多人都會以髮型來彰顯自己的社會地位。當時，日本兒童在不同的年紀，也會有不同的髮型規定，而第一次剪頭髮，則是兒童時期啓蒙儀式的一部分。除了武士階級（samurai）以外，一般人都不能在頭上繫頂髻。未婚的女人可以不用把頭髮紮起來，但是已婚婦女就必須在頭部後方束一個圓形的髮髻。在電影《珍珠》（Shinju）一片中，一對相戀的日本男女，由於受到社會禮教的反對而無法在一起，因此兩人後來決定私奔殉情。這對情侶在死前把頭髮剪掉，具有反抗社會的象徵意味。

頭髮、權力與性之間的關係，一直受到相當廣泛的注意。例如：

> 波里尼西亞在基督降世之前的時期，當地人將頭（ulu）視為「馬納」（mana）。在波里尼西亞的薩摩亞人（Samoan）語言中，頭（ulu）通常指的是「頭部」或是「頭髮」。由此可知，除了頭部是「馬納」之外，頭髮也被視為「馬納」。由於「馬納」經常被聯想為自然世界所必須的生命活力，意思近似於繁衍的能力，因此薩摩亞人首領的頭髮，必須由特別的侍者來修剪。在薩摩亞人尚未與外界接觸之前，女性只有在懷孕時才能把頭髮留長。也就是說，當地居民認為頭髮的象徵意涵，與懷孕或分娩狀態息息相關。

（Mageo, 1994, p.410）

有些人類學家提出關於頭髮象徵的理論，其中某些人甚至建立有關頭髮的一般性概念。瑪吉歐（Mageo）（1994）所著述的論文，檢視她花八年的時間所蒐集到的薩摩亞人資料，其中特別有趣的是她發現到，薩摩亞人和帝柯比亞島的當地居民一樣，受到殖民地統治的影響，薩摩亞人在殖民時期的頭髮樣式，開始有相當大的轉變。由於基督教的道德觀，對於當地居民的影響極爲深遠，所以當地社會原本認爲頭髮所具有的正面象徵意義，比如代表生命活力的繁衍能力等，後來都被賦予負面的縱慾形象。另一方面，瑪吉歐也針對公共與私人象徵的重疊等議題加以探討。

關係的象徵

我們已經知道，關係（relationship）是以各種不同的象徵形式來表達，特別是我們在第三章中所提到的禮物交換。接下來我們要強調的重點，就是禮物在贈送給別人時，不僅要配合特殊的場合，而且也要適當地加以包裝。也就是說，整個禮物所呈現的樣貌，代表了送禮者與受禮者之間的關係。先前我們曾經提及，倘若雙方要使彼此之間的關係發展順利，送禮者就必須要考慮到受禮人的文化背景，以及收到禮物時的感受，以免因爲誤解而造成無法彌補的問題。

在某個特定的社會中，象徵是社會所有成員都能夠理解的意義。人類學家所扮演的另一個角色，就是檢視交換行爲在當地所具有的象徵性意義。舉例來說：日本人即使對於關係淺薄的外國人，也會慷慨地贈送精美的禮品，這是眾所皆知的事。然而，很少有外國人會意識到送禮在日本社會的重要性。收到日本人送的禮物時，如果回禮者只考慮到禮品的等值性，或是不惜成本要超越對方禮品的價值，可能就會把禮物交換變相成是一種物質競賽，這是很不恰當的做法。

透過禮品的交換，雙方可以微妙地改變彼此之間的關係。一份突如其來的禮物，可能象徵送禮者極欲強化雙方關係的意願，但也有可能是爲了讓彼此之間一系列的交換行爲畫下句點，甚至也有可能是爲了某些難以言明的情況表達關心之意。倘若有人收到的禮物是不能放太久的食品，可能也會以避免浪費作爲理由，轉贈給左右鄰居或是工作上的同事，不過事實上，贈禮的目的或許只是爲了讓彼此之間的關係更加熟稔。當雙方的關係過於親近時，贈送一份普普通通的禮物，或是價值顯然較預期來得低廉的禮品，可能都會在彼此之間造成距離，或是含有拒絕對方的象徵意味。另一方面，退回禮物的行爲，表面上看來，似乎是一個很清楚的象徵性意義，但是仍然要配合特定的社會環境與背景，才能正確詮釋退回禮物所包含的意涵。

問候也是表達關係的另一種重要方式。然而，在某些社會中，也可以用問候的方式，來操縱人與人之間的溝通品質。握手顯然已經成爲同意或和解的國際通用象徵，因此某些重要協商的結果，最後可能都會以雙方是否握手來加以確認，例如：我們在國際新聞報導中，經常可以見到許多人握手的照片。雖然歐洲各地的風俗習慣有所差異，但是握手卻都具有表達善意的象徵性意涵。在某些國家裡，握手是家庭中每日必行的儀式之一，不過，另外有些國家卻只在特定的聚會或場合時才會握手，例如：在授勳或是頒獎時。許多人以握手的方式，來確認一項新的商議結果。此外，假如雙方在紛爭之後，願意重建良好的關係，也會以握手的方式來表示。

然而，在某些情況下，握手可能是一種過於冷淡的問候方式，因此在歐洲大陸就以不同形式的親吻來表達問候。親吻的行爲通常會涉及雙唇，不過有時候只是做個雙唇噘起的動作，或是輕觸雙頰而已。特別是歐洲女性之間，在公開場合表達問候時都會採取親吻的方式。在某些社交圈裡，親吻任何一邊的臉頰是問候的必要形式，除了某些極度的親法派（Francophile）以外，整個歐洲大陸都盛行親吻的問候形式，而且遠勝於英國地區。波蘭人以親吻來表達問候時，通常都會親吻三次。在比較親密的關係中，親吻的形式也會隨著各地文化的不同而有所差異。有關親吻的問候方式，對於某些讀者來說，可能會覺得相當訝異，例如：在日本尚未現代化之前，在公開場合親吻甚至會被人聯想到色情。

在西方社會裡，親吻與擁抱是表達親密的象徵，不過男性之間卻並不常常這樣做，我們在第二章中已經討論過這方面的議題。儘管如此，在中東地區，男人之間親吻或擁抱可能比握手來得更加普遍，甚至在公開場合也不例外。在以色列前總理拉賓（Yitzhak Rabin）與巴勒斯坦解放軍領袖阿拉法特（Yasser Arafat）在 1993 年的歷史性會晤前夕，各方紛紛揣測兩人見面時將如何表達問候。很多人猜測他們將會互相擁抱，但結果並非如此。最後，他們兩人見面時是以握手互相致意。當全世界都對歷史性的這一刻感到歡欣鼓舞時，當地人卻心知肚明，知道握手的問候方式顯然表示雙方的關係相當冷淡。

在日本社會裡，通常是以鞠躬來表達問候之意，不過，鞠躬的方式卻大有學問。以站立的姿態來說，鞠躬的角度可以表現出尊重的程度。此外，兩人鞠躬時的角度，也暗示著雙方的相對地位。地位較低的人，通常要等對方先把頭抬起來以後才能起身。也就是說，如果雙方都刻意表達對於彼此的高度尊重，可能就會出現相當滑稽的情況，沒有人願意先起身站好。在鋪著榻榻米的和式房間內，日本人習慣坐在地板上，而且在鞠躬行禮時，頭部都會幾乎接觸到地板。據說日本在武士時代的時候，萬一行禮的對象是不懷好意的敵人，爲了避免讓對方有機可趁，鞠躬時視線不可以離開對方，以免錯失防禦的優勢地位。

象徵當然也可以用來表達敵意或殘暴的行爲。舉例來說：武士會以佩帶雙劍的方式，來表現出自己毫無弱點，敵人沒有任何襲擊的機會。另一方面，佩劍也可以展現自己的社會地位。在日本現代化以前，武士可以直接用佩劍將頑強的違抗者斬首，而且事後不需要受到任何懲罰。在美國的社會裡，攜帶槍械的行爲顯然較其他地區爲人所接受。在歐洲有所謂紳士的黎明之戰（gentlemen's duel at dawn），這是長久以來已經儀式化的活動，後來演變成一種解決紛爭的象徵。幸好，武士的盔甲已經變成博物館或城堡中的展示品，否則就會成爲殘暴行爲的象徵。此外，鋼盔或胸甲也經常具有忠誠的象徵性意義。

族群的象徵與詮釋

在衝突與戰爭中，有許多族群象徵的情形發生，相關的社會族群皆會牽涉其中，難以脫身。旗幟通常代表國家或是特定的族群。此外，許多人在戰役中，也會以穿著打扮的方式，向敵人宣示自己的訴求。戰服有很多種不同的形式，軍服或是過去的盔甲戰袍就是最有力的象徵工具，可以集結衆人的意志，爲達成目標而戮力殺敵。諸如此類的象徵，顯然將個人納入社會族群的從屬之下，置個人的疑慮於身外，以謀求更深遠的廣大利益。在穿著軍服的情況下，可以從事殘忍的暴力行爲。然而，一旦卸下軍服，回歸一般生活，類似的暴力行爲不但爲人所唾棄，而且也可能會遭受到逮捕或監禁。

國歌或軍歌，往往可以用來凝聚衆人的參與感。至於口號，不管是鼓吹戰鬥或倡導和平，也都是用來激起熱忱的一種修辭法。雖然「反武」（Ban-the-bomb）在世界各地有不同的淵源與詮釋，但卻是近年來頗爲著名而且相當有力的象徵。人類學家所從事的研究工作，就是藉由分析社會族群所使用的語言和隨身用具，以便找出某些重要的象徵性意義，如此一來，就可以進一步了解個人或族群的意識形態，以及象徵與社會生活其他層面的關係。

英國的安東尼・柯恩（Anthony Cohen）所編纂的《象徵的疆界》（“Symbolising Boundaries”）是一本相當實用的書，檢視某些社群中用以表達或辨識差異性的象徵系統，包括：得芬文郡（Devon）社會裡的男人與女人、約克夏（Yorkshire）與巴特西（Battersea）的居家型態、路易斯（Lewis）地區的鄰里關係、北愛爾蘭天主教徒與新教徒之間的比較等等。此外，書中有某些論文，也審視與說明各種差異之間的模稜兩可與複雜性。該書的第二個部分，接著討論在較爲廣大的社會中，要如何區分某些族群的機制，例如：在成人世界中的青少年、在英國北方城市的郊區居民，以及格拉斯威京人（Glaswegians）在國外所描繪的形象等。

安東尼・柯恩提到象徵在複雜社會中的適應性（malleability），這是一個很有趣的概念：

> 我們在這裡可以確認的是象徵的效用，在於以一種族群成員可以了解的共通形式來呈現。此外，在不同族群之間的象徵，也會因地制宜，而不會始終具有相同的意義。就這方面來說，象徵具有適應環境的韌性。由此可知，象徵只是一種媒介，個人或族群可以在不損及個體性的情況

下，來體驗與表達自己對於某個社會的情感或忠誠。（1986, p.9）

象徵的人類學詮釋

有關象徵的主題，已經有很多的相關討論。人類學家始終爭論不休的議題之一，就是外來者是否應該深入其他社會，詮釋當地的象徵所包含的意義。誠如安東尼・柯恩所說：

民族誌學家所面臨的困難，就是象徵不僅是被詮釋的對象而已，無論任何地方的象徵皆是如此。倘若我們詮釋某種行為的象徵性意義，事實上只不過是一種臆測與評斷。我們通常只能透過某些似是而非的概念，或是理論上的巧合等，來證明詮釋的對與錯。當然，詮釋象徵意義的危險，不在於把想像力當作詮釋的「資源」（rcsourcc），而是詮釋出來的象徵意義，只是想像力建構而得的結果。雖然我曾經提及小農場、狂飲作樂或是墳墓等，具有重要的象徵性意義，但是對誰重要？對我們應該描述的研究對象重要？還是對我們自己重要？（1986, p.7）

維克托・特納（Victor Turner）是在象徵方面有卓越貢獻的人類學家之一。在《象徵森林》（“The Forrest of Symbols”）一書中，維克托・特納指出儀式性象徵的結構與特徵，可以從資料的三種層面來加以推論：

(1)外在形式或顯著的特徵

(2)專家或外行人所提供的詮釋

(3)人類學家所發現的重要背景（contexts）（1967, p. 20）

第三種層面的資料最具爭議性，往往超過第二個層面的資料，有時甚至互相矛盾或造成衝突。不同的人類學家，很有可能在第三個層次上有不同的意見，本書在一開始時就已經對此加以探討。維克托・特納強調，把一系列的象徵置放在整個背景中是很重要的，而所謂的背景包括：象徵所出現的某些儀式，其他不同的儀式，以及象徵的表現形式等。除此之外，背景還包括由儀式所組合而成的較大社會，舉凡階級、血緣或世代等皆是。維克托・特納指出，由於外來者將某些觀念、價值觀與規範等，視爲是表達或具有象徵性意義的原則，所以相較於與主體有關的參與者，外來者要發現背景的存在顯然比較容易。

我們在前一章中曾經提及德布族女孩的青春期儀式，必須在樹下靜靜地躺一整天。維克托・特納指出，德布族女孩是躺在一種稱爲「穆迪」（mudyi）的樹木下。倘若剝開穆迪樹的樹皮，就會滲出水珠狀的乳色液體。對德布族的女人來說，穆迪樹的乳色液體，具有女人乳汁的象徵性意義，因此乳色液體就是最重要的「顯著特徵」。維克托・特納進一步解釋，穆迪樹也可以象徵母親與孩子之間的關係，而整個德布族本身，包括男人，也都是以女人與女人之間代代相傳的穆迪樹儀式作爲象徵。此外，維克托・特納在觀察有關穆迪樹的儀式時，注意到儀式不僅象徵進入青春期的女兒即將與母親分離，而且也象徵女人將要與男人分離，甚至是某些族群的女人將要與其他人分離。

對維克托・特納來說，前述的象徵性意義都是顯而易見的。首先，躺在樹下一動也不動的女孩，雖然身邊有跳舞的女人圍繞著，但是她的母親卻不在舞者之列。也就是說，母親不能參加女兒某些重要的儀式。其次，整個儀式的過程中，男人都不可以參與，完全是由女性來主導儀式的進行。第三，當女孩的母親爲參加儀式的人帶來食物時，據說第一個拿到食物的人，她的出生地將會是進行儀式的女孩日後會嫁去的地方。德布人顯然不覺得其中有什麼不合理的地方，不過維克托・特納指出，除非我們是相對而言較爲客觀的外來者，否則很難從更寬廣的知識層面，發現其中的不合理之處。

由於在英國社會裡有許多的基督徒，因此人類學家在研究基督教的信仰時，難免都會將基督教與其他宗教信仰互相比較。愛德蒙・李區（Edmund Leach）（1969）以人類學的觀點來探討基督教時，曾經激怒許多的英國人，我們在第七章中將會進一步探討愛德蒙・李區所著述的《創世紀神話》（“Genesis as Myth”）與《處女懷胎》（“Virgin Birth”）等論文。愛德蒙・李區撰寫論文的目的，是出於學術上的嚴肅意圖，然而他把基督教的儀式，置放在基督徒視爲「異教」（pagan）的社會背景之中，無疑觸犯了基督教的分類系統，而且也挑戰基督教的種種禁忌。對於某些已經有宗教信仰的人來說，一旦決定與許諾以某種形式來表達對於信仰的忠誠，似乎就很難再退後一步，接受其他形式的宗教儀式。

許多具有宗教信仰的人，也未必了解自己的所有行爲。在許多年以前，約翰・畢提（John Beattie）就在一篇有關儀式的精采文章中指出，基督教裡領受聖餐的人，可能根本就不了解聖餐（Eucharist，或 Holy Communion）所代表的真正意義。雖然如此，並不代表聖餐本身不具有任何意義（1966, p.67）。即使是所謂的專家或學者，也未必對儀式活動有相同的解釋，聖餐就是一個很好的例子。新教徒的牧師指出，麵包與酒代表或象徵耶穌基督的血與肉，而羅馬天主教徒的牧師則認爲，麵包與酒將會「變成」（become）耶穌基督的血與肉。兩種截然不同的觀點，信徒或參與儀式的人很難做出客觀的分析。

在日本社會裡，也可以見到類似的問題。第二次世界大戰後，當地的宗教信仰「神道」（Shinto）遭受許多人的詆毀，理由是神道的信仰不僅與神性政權（divine emperor）息息相關，而且也是造成日本發動戰爭的導火線之一。另一方面，佛教卻未受到戰爭的影響。戰後數年間，日本人只把佛教視爲宗教，至於神道的活動，則傾向於認爲是「迷信」（superstition）。由於神道在某些程度上，已經被人揭開神秘的面紗，所以有關神道的研究，要比佛教來得簡單些。神秘的色彩，可以爲宗教信仰憑添一些令人敬畏的要素。由此可知，倘若具有宗教信仰的人，沒有打破自己的分類系統，就很難對宗教的神秘要素加以探討。某些宗教信仰的神秘面紗，通常都會與某些禁忌有關

（誠如第二章所述）。

另一方面，世俗的儀式，顯然就沒有像宗教信仰一樣神聖而不可侵犯。在英國社會裡，許多人對於生命儀禮中的某些事物，反倒顯得相當好奇，例如：蛋糕或是服裝等。西門・查斯禮（Simon Charsley）在格拉斯哥所從事的研究工作，檢視蘇格蘭人在婚禮中準備蛋糕的意義與目的。雖然在結婚這種重要的日子裡，蛋糕顯然是儀式中的重要特徵，但是事實上，蛋糕似乎不具有任何象徵性的意義。西門・查斯禮對此感到相當失望，於是自己推論出一些耐人尋味的想法。西門・查斯禮指出，令人印象深刻的白色婚禮蛋糕，象徵身穿白紗的新娘，而「切蛋糕」的動作是「用刀刺入」蛋糕的中心，則意味著「處女的白色外殼」已經破裂了（1987, p.106）。

西門・查斯禮在其著述的論文中，大多探討人類學家有多少空間，可以超越參與者的解釋而自行詮釋，誠如維克托・特納（Victor Turner）所提出的建議。西門・查斯禮前述有關婚禮蛋糕的象徵性意義，可能會有讓人曲解的有趣情形發生。舉例來說：倘若有對情侶打算結婚，而且考慮在婚禮上準備白色蛋糕，但是卻聽到其他人提及西門・查斯禮對婚禮蛋糕的詮釋。這對情侶在知道蛋糕的象徵性意義後，認爲蛋糕的象徵意涵，對於新娘來說很不公平，因此決定乾脆在婚禮上不準備蛋糕。西門・查斯禮對此提出一個有趣的問題：是否只有在對象徵性意義一無所知的情形下，儀式才有可能繼續進行？西門・查斯禮的答案是否定的，並且指出前述的情侶之所以不在婚禮上準備蛋糕，並非是因爲新娘的貞操或是失去貞操等觀念的緣故，而是因爲蛋糕所揭露的象徵意涵，使得男女之間的關係處於不平等的地位。

許多人都會相當重視自己的婚禮，有時甚至連自己子女的婚禮也會加倍關心，這是十分有趣的現象。有些人認爲事情就是應該要「適當地」處理，因此全心全意要以「對的」方式來做事，然而卻沒有謹慎檢視自己的詮釋，是否就是正確的象徵性意義。在書局或報攤上擺設的各式各樣婚禮雜誌，都會提供相關建議給即將結婚的新人，而許多人也都樂於接受這些關於婚禮規範的資訊。根據西門・查斯禮的調查研究，婚禮蛋糕之所以沒有被拒於門外，其實是因爲蛋糕可以象徵新人的私人關係，例如：有些人在婚禮蛋糕上，用糖霜雕刻出一家人坐在沙發上和樂融融的模樣，蛋糕上的一家人除了新郎與新娘以外，還包括雙方前次婚姻所生的子女。此外，由於我的英國友人曾經在日本工作過，因此在婚禮上就選擇以武士刀來切蛋糕。

當我們在探討有關象徵的觀念時，也應該將某些非主流的另類觀點列入考慮。在任何社會裡都有許多潛在的概念，可以構成另類觀點的基礎。只要其他人能夠理解，或是在某些親朋好友的族群中可以傳達清楚的訊息，則另類觀點再怎麼另類也無妨。不過，如果所做的事情另類到沒有人可以了解真正的意思是什麼，則就溝通的效能來說是徒勞無功的。我們在第一章時提到溝通的基本工具，就是涂爾幹（Durkheim）所謂的**集體表象**（collective representations）。集體表象包括「一系列的象徵」。本章之所以採用「社會：一系列的象徵」作爲章名，是因爲象徵就是社會人類學最基本的主題之一。

References

Baizerman, Suzanne (1991) 'The *Kippa Sruga* and the Social Construction of Gender', in Ruth Barnes and Joanne B. Eicher, *Dress and Gender: Making and Meaning* (Oxford: Berg).

Beattie, John (1966) 'Ritual and Social Change', *Man*, **1**: 60–74.

Charsley, Simon (1987) 'Interpretation and Custom: The Case of the Wedding Cake', *Man*, **22**: 93–110.

Cohen, Anthony (1986) *Symbolising Boundaries: Identity and Diversity in British Cultures* (Manchester University Press).

Firth, Raymond (1973) *Symbols, Public and Private* (London: Allen & Unwin).

Gell, Alfred (1993) *Wrapping in Images* (Oxford: Clarendon Press).

Jung, Carl G. (ed.) (1964) *Man and his Symbols* (London: Aldus).

Leach, Edmund (1969) *Genesis as Myth and other Essays* (London: Cape).

Mageo, Jeanette Marie (1994) 'Hairdos and don'ts: hair symbolism and sexual history in Samoa', *Man*, **29**: 407–432.

O'Hanlon, Michael (1989) *Reading the Skin: Adornment, Display and Society among the Wahgi* (London: British Museum Publications).

Turner, Victor (1967) *The Forest of Symbols: Aspects of Ndembu Ritual* (Cornell University Press).

Further Reading

Douglas, Mary (1975) *Implicit Meanings* (London: Routledge & Kegan Paul).

Eicher, Joanne B. (ed.) (1995) *Dress and Ethnicity* (Oxford: Berg).

Firth, Raymond (1937) *We, the Tikopia* (London: Allen & Unwin).

Needham, Rodney (1979) *Symbolic Classification* (Santa Monica, Calif: Goodyear).

第 6 章

美與美的獎賞：財富與戰利品

觀看與價值

當我們對某個社會的物品或象徵加以詮釋時，其中一個有趣的層面，就是有關美學的議題。近幾年來，藝術與美學已經成爲人類學領域中蓬勃發展的分支。有關藝術與美學的研究日益增多，其中最重要的原因，就是本章的標題所揭示的意思。也就是說，某些人認爲是藝術的東西，其他人反而當作是可以販售的**商品**（commodity）。「藝術」的世界，如今已經成爲**全球性**（global）的關注話題。我們在第一章開頭時曾經提及紀念品以及「觀看世界」的各種方式，而且簡介不同地方的社會對於世界的看法。雖然美學的價值是有目共睹的，但顯然並非獨一無二的，有鑑於此，我們將在本章中結合價值的概念，重新探討有關「觀看」（seeing）的議題。

如今我們所處的世界，民族之間的界限逐漸消除，因此有許多識貨的人，藉由藝術品的交易來維生，不過，也有許多人對此一竅不通，甚至因此而受到鄙視。然而事實上，藝術品的價值，完全取決於該物在藝術世界中的相對定位。換句話說，某些人可以用操縱的方式來提昇藝術品的價值，並從別人身上獲取利益。早期所謂「原始」（primitive）社會或原住民藝術的價值，不僅受到世人重視的程度日益增加，而且近幾年來，許多原住民藝術家也開始加入戰局，對藝術品市場造成有趣的影響。

研究物品價值的主要目的，就是爲了對人及其觀點有更深入的瞭解。不過，值得注意的是，有關物品價值的探討，可能只是某個特定角度下的詮釋結果而已。當自己的東西被其他人使用時，無論使用的人是人類學家或是歷史學家，只要東西有被人誤用或誤解的情形發生，或多或少都會覺得難過。另一方面，倘若有人發現自己的作品具有價值時，特別是經濟上或政治上的利益等價值，可能也會受到影響，並對其他人的需求做出回應。從外來者的眼光來看，或許會認爲當地居民爲了迎合市場需求，使得原本純粹的藝術形式有日漸墮落的趨勢。舉例來說：在民族誌學裡有關日本陶藝工人的研究，就是一個典型的實例。當陶藝作品被外界視爲是日本「民俗藝術」（folk art）的象徵後，日本當地的陶藝工匠也開始配合市場的需要，逐漸改變作品的風格（Moeran, 1984）。

藝術與靈界或超自然界的關係，也是人類學家很感興趣的主題。由於藝術作品與宇宙論（cosmological）的背景息息相關，因此我們在本章中將試著探討兩者之間的關係。實際上，相同的物品，在不同背景下的詮釋也會有所差異。例如：澳洲的原住民藝術就是一個極佳的例子。在澳洲的許多原住民社群中，認爲藝術作品的價值，最好是保持神秘的狀態，否則就會失去與超自然力量的聯繫，所以澳洲當地的藝術家或是某些族群的成員，雖然對於藝術作品所隱含的超自然意義相當熟稔，但是在對外地來的遊客解釋時卻語多保留。

另一方面，觀光客對於自己所購買東西的神秘價值，有時也會感到相當好奇。雖然當地的藝術家對於遊客的這些行徑無法理解，但是卻多少可以意識得到事情沒有那麼簡單，那些想要這些藝術品的觀光客，絕對不會只是拿來當作紀念品而已。在許多年以前，科克船長（Captain Cook）發現某些島嶼原住民的繪畫作品，充滿特殊的田園風味，而船員對於當地生活的描述，也讓人覺得彷彿就置身在伊甸園一樣。諸如此類有關天堂生活的想像，相當符合當時盧梭所謂「高貴的野蠻人」（noble savage）等概念。換句話說，某些原住民的藝術作品，可能帶有神秘的靈性治療色彩，因此對於想要尋求慰藉的人相當具有吸引力，特別是那些生活在高科技社會凡事講求效率的人。

生活藝術

人類學家在研究有關藝術的議題時，不會只侷限在某些可以進行買賣交易的物品。在大多數社會裡，許多人對於自己所擁有的裝飾品，都會賦予美學上的價值，並且願意在某些展示活動之前，花費數天的時間來準備。我們在前一章中曾提到身體的裝飾所具有的象徵性意義。然而事實上，身體上的裝扮也與美學方面的鑑賞息息相關。舉例來說：蘇丹南部的努巴人（Nuba），就是一個很典型的實例，值得我們深入探討。當地的年輕男女，每天都會花很多時間裝扮自己，並且在身體上塗滿油脂，好讓自己看起來既光滑又發亮。特別是十五到廿歲之間的年輕男孩，更是經常在身體上繪出充滿魅力的花樣。

根據人類學家費理斯（J. C. Faris）（1971）的研究發現，前述有關努巴人裝扮自己的實例，純粹只是美學方面的活動，而且可以藉此表現出適婚年齡者的身體非常健康，而且十分美麗。在很多社會裡，當然都會賦予身體各種理想的美學價值觀，不過，研究藝術史的專家學者，往往忽略身體所具有的美學價值。在《海灘遊俠》(Bay Watch)之類的電視影集中，劇中俊男美女散發出來的光芒，顯然掩蔽了故事本身的情節。換句話說，適婚年齡者的身體，無論是生理或性徵，都處於身體發展的巔峰狀態。在希臘神話中的青春（ephebism）一詞，意味著對於青年身體的嚮往與欣賞之意。此外，所謂完美身體的定義或概念，不同地方的文化也會有所差異。

紋身也是身體裝飾的形式之一，而且可以永久維持不變，雖然要投注的時間與心力較多，但是卻可能帶來長時期的政治性利益。我們在前一章中也提及有關刺青的議題。在某些社會裡，男人是以階級來決定彼此之間的地位高低，然而在其他社會裡，卻選擇以忍受痛苦的刺青方式，要求男人展現自己的男子氣概（macho）。除此之外，刺青也具有美學上的吸引力。誠如我們先前所提到的實例，雖然日本人身上的刺青通常會令人感到不忍卒睹，不過，由於刺青的圖案就像版畫等藝術品一樣，而且與神話故事的啓示有關，因此反而成爲日本文化的象徵之一。如今，世界上有許多從事刺青的藝術家，爲了幫客戶紋繪出更有特色的刺青圖案，都會汲取日本刺青或其他類似文化的經驗。

我們在日常生活中也可以見到有關美學鑑賞的實例。傑瑞米·庫特（Jeremy Coote）（Coote and Shelton, 1992）指出，尼羅河流域的努爾人（Nuer）和丁卡人（Dinka），對於自己所豢養的家畜，無論是在色彩、明暗、形狀與圖案等方面，都會相當重視藝術方面的問題（見相片 6.1）。在當地原住民所使用的語言裡，有相當數量的詞彙是用來描述或區別動物身上的記號。相較於其他地方的畜牧業者，當地居民彼此之間的對話，聽起來反而比較像是古董買賣商或是品酒專家，正在對古董或酒品頭論足一樣。當地居民所使用的某些字彙，雖然可以譯爲英文「雜色馬」（piebald）或「更賽種乳牛」（guernsey）等意思，但是對於努爾人與丁卡人來說，卻是表示某種美學價值的評斷。

相片 ▸▸6.1 丁卡人的家畜。本章將探討丁卡人對於家畜美學特質的相關看法。

在生活藝術的領域中，另一個令人感到有趣的類型，就是有關園藝與景觀的藝術，因此我們將回溯歐洲以往關於這方面議題的傳統。園藝本身就是一部有關文化影響力、美學鑑賞與創造的歷史。在英國社會裡，某些源自於遠東地區的象徵，其實就是最佳的實例。舉例來說：英國人珍愛的許多花卉作物，事實上大多數來自於中國，而受人喜愛的喬木或灌木等樹木，則是日本庭園的最大特色。歐洲地區在十九世紀時，許多較爲富裕的家族，都會建立所謂的日式庭園，而西元 1993 年在英國成立的「日式庭園學會」（Japanese Garden Society），目的之一就是爲了發掘與保存十九世紀時興建的日式庭園。

許多人受到日本式庭園的吸引，並非總是來自於對日本文化的興趣。換句話說，愛好者深深著迷的主要原因，就是因爲日式庭園所具有的美學特質，涉及某些靈性的面向，因此才會具有令人無法抗拒的無形魅力。日本人的庭園藝術，不僅提供一種創造「佈景」（scene）的方法，而且也創作出縮小的「景觀」（landscape）形式，這是歐洲人幾世紀以來十分嚮往的境界。不管是在小小的空間裡，或是郊區的大片土地上，還是在繪畫裡的三度空間，景觀的創作始終是東方在藝術世界中的重要部份，同時也是文化上相互作用的極致表現。値得注意的是，不同地方的社會，描繪與體會世界的方式當然也會截然不同。

在澳洲（或是與澳洲有類似歷史的其他國家），我們可以見到當地的幾個美術館，都會收藏當地居民描繪澳洲景觀的藝術作品。藝術品的創作者，無論是在澳洲生長的歐洲人後裔，還是當地的原住民，我們都不難發現到，早期與晚期藝術作品的風格有相當大的轉變。這是因爲近幾年來，許多藝術家都是在澳洲土生土長，因此在觀察自己的生長環境時，就比較不會受到歐洲傳統的影響。

在前述的實例中，原住民對於相同景色的描繪風格，有相當強烈的對比情形發生。

霍華・莫斐（Howard Morphy）所著述的《先人的聯繫》（“Ancestral Connection”, 1994）一書，特別針對這

方面的議題加以探討。霍華・莫斐指出，當地社會的分類系統，就是環境景觀以平面方式呈現的基礎。也就是說，景觀圖畫就像是地圖一樣，不僅能夠可以說明文化上的某些特定形式，甚至也可以回溯到西方古典及文藝復興時期的文化。在《景觀人類學》（“The Anthropology of Landscape，Hirsch and O'Hanlon”, 1995）中收錄的研究報告，列舉有關景觀概念的各種另類思考。該書的編者認爲景觀的概念，就是當下前景（foreground）關於「地方」（place）的真實情形，以及背景（background）關於「空間」（space）的可能情形，兩種觀念之間的關係。

> 景觀的發展模式，就是把日常生活的「前景」（foreground）（真實情形）和潛在的「背景」（background）（可能情形）加以連結的程序（process）。景觀的形式，不僅可以不受時間限制，而且也可以使某種理想化的情況固定不動，例如：在繪畫中呈現的景觀。雖然如此，在人類世界的社會關係中，即使可以達到某種理想化的情況，但卻都只有一瞬間而已。（Hirsch and O'Hanlon, 1995, p.22）

某篇探討祕魯亞馬遜河流域比羅人（Piro）的研究報告指出，由於雨林地區的地平線，永遠都不會從觀察者的視線中消失，所以相較於親屬關係以及過去的相關活動，環繞在村落週邊的草木型態是可以「被看見的」（seen）的景觀：

> 我們很難把亞馬遜河流域視為一種景觀。不過，由於舉目所見到處都是草木，因此從觀察者到地平線之間的土

地永遠不會憑空消失。（Gow, 1995, p.43）

對班喬烏魯班巴河（Bajo Urubamba）當地的原住民來說，當地的環境就是生活的空間（space）。原住民在生活空間中，不僅可以看見其他人的活動，而且也能透過敘述的方式來了解其他人的意圖。（出處同上 p. 59）。

以澳洲爲例，當地的原住民與祖先之間的連結十分密切，因此親屬關係的概念，與地方（place）及空間（space）等觀念息息相關。此外，有關親屬關係的看法，也與時間或生死等觀念有關。另一篇有關雨林地區的論文，則是以巴布紐幾內亞的原住民爲研究對象。該文指出，當地原住民認識景觀的重要方式，就是透過聲音。對他們來說，景觀是一種「發出聲音」（articulation）的形式，因此「蒙蔽」（hiddenness）就是「聽不到」（inaudibility），而非「看不見」（invisibility）的意思。

藝術是觀看世界的門徑

每個社會裡的任何物品，都有可能成爲人類學家關注的焦點所在。所有的物品，都具有一系列值得深入調查與討論的現象，不僅如此，其中可能還蘊藏許多豐富的資源，可以藉此了解使用與製造這些物品的人。當地人對於物品的詮釋與評價，就是人類學家了解該地分類系統的絕佳方式。分類系統正是人們思考與表達形式的基礎。庫特（Coote）與修爾頓（Shelton）在他們所編著的有關藝術與美學人類學的書裡，在序言中指出，「分析者在闡述一個社會的世界觀時，該社會裡的藝術是有利的出發點。」（1992, p.5）

在同一本書中，羅斯・伯登（Ross Bowden）研究巴布紐幾內亞賽匹克河（Sepik River）夸瑪族（Kwoma）的藝術與建築，可說是一個絕佳的例子。羅斯・伯登也曾以夸瑪人的雕塑爲主題，撰寫過一本精采絕倫的書（1983）。羅斯・伯登指出，當地的原住民，無論是在藝術、建築或是雕塑等方面，都在物品上展現複雜高超的雕刻與繪畫技巧，因此使得觀光客的印象非常深刻。我們通常將這類藝術作品，視爲所謂原始部落的藝術縮影，並且在西方世界的知名博物館中展出。對夸瑪人自己而言，這些物品卻有不同的價值，例如：政治性、精神性或象徵性等價值。換句話說，物品也可以提供我們一扇具有啓發性的窗戶，讓我們了解不同地方的人「看待世界」的方式，也就是所謂的**集體表象**（collective representations）。

舉例來說：羅斯・伯登認爲夸瑪人舉行儀式的房屋，裝飾十分華麗，在視覺上所形成的對比，暗示著夸瑪社會結構裡的男性與女性角色。這些房子都座落在村落的中心點，而社群中的男性成員，通常在此進行非正式的社交活動或舉行儀式。房子的地理位置，呼應了男人在宗族組織裡處於結構性核心地位的觀念。村落是由一群彼此相關的男人所組成，而且終其一生都會在村落中生活。至於女人，則是隨著婚姻狀態而進入或遷出村落。在離婚現象頗爲普遍的社會裡，女人的遷徙則是再尋常不過的事情。

相對於上述的情況，夸瑪族男人與妻兒共居的住家，則散佈於村落週邊的林地，彼此比鄰而居。除非是和丈夫有關的團體，否則女人並不像男性般地組成團體。此外，女人通常被排除於舉行儀式的房屋之外。羅斯•伯登指出，夸瑪族女人在村落中處於地理性的邊緣位置，表示女人在結構上也處於「邊緣」位置，這是身爲妻子的女人與族群建立聯結的方式，而非建構自己的住宅或社會核心的方式。有趣的是，夸瑪族女人身上所刻劃的精緻疤痕，也是她們展現藝術的形式之一（Williamson, 1979），因此當夸瑪族女人遷徙時，身上的藝術作品自然也會隨著到處移動。

另一方面，舉行儀式的房屋建造方式，也表現出夸瑪社會所崇尙與追求的男子氣概。男人渴望在戰爭中成爲殺敵的英雄，而且也以多子多孫及建造廣大的家園等爲榮。男人殺戮的攻擊性，以及在繁衍與園藝上的多產能力，也反映在舉行儀式的房屋建築上。房屋裡的脊柱與橫樑等木材，雕刻與繪畫都十分精美，通常是選用夸瑪傳說中代表豐沛活力與陽剛味十足的樹木。傳說中，這種樹木生長在森林裡，只要女人或女孩踏過這種數木的根，就會立即懷孕，而且如果踩到樹根的女孩尙未到達性成熟的階段，則可能會在分娩時死亡。

夸瑪族建築物裡的雕刻或樑柱，既華麗又壯觀（見相片 6.2），而且也描繪出夸瑪族有關耕種文化的神話傳說。耕種活動是創造夸瑪文化的重要角色，例如：產量豐富的西穀米（sago），不僅是夸瑪人賴以維生的植物，而且也是夸瑪社會結構中的重要交易活動。此外，夸瑪族建築物裡的天花板上，也有數以千計的樹皮繪畫（bark painting），描繪著代表各種氏族的植物與動物，根據夸瑪人的說法，學問淵博的人走進屋裡，可以立刻從裡面所展示的繪畫，辨識出這個社群是由哪些氏族所組成。

藝術與地位：藝術的地位

我們在詮釋物品時，不僅必須結合該物所處的社會背景，而且也要瞭解該物如何展現權力，以及物品與階級的關係等等，這是民族誌研究中一個重要的觀念。在前述的夸瑪部落裡，耶拿（Yena）雕塑作品所展現的精神世界，可以確保後代子孫與庭園綿延茂盛，同時也是道德與法律制度的基礎。夸瑪族男人認爲舉行儀式的屋子與靈性世界有關，可以保護不會任意攻訐他人的人，因此在屋子裡時，都會不屑談論有關社交關係的話題，不過，他們對於能夠增進社群利益的意見，例如社群的延續或是權威等話題，卻保持相當支持的態度。另一方面，夸瑪人認爲男人展現在雕刻或繪畫方面的技能，也是直接源自於超自然世界的力量。

相片 6.2 ▸▸ 1973 年在班衛斯村莊裡名為 Wayipanal 的夸瑪族男人專用的儀式屋，天花板上以雕塑及樹皮繪畫裝飾。繪畫的內容是代表氏族的圖騰，照片中的雕塑描繪的是氏族的精靈。（照片提供者：Ross Bowden）

在其他地區，特別是非洲，面具是傳達祖先或神靈意旨的人所使用的工具。面具的功能，也可以把所扮演的權威角色與扮演的人分開。此外，人在傳達神的意旨時所發出的聲音，通常也要有所改變。某些具有藝術風格的物品，只能由具有特殊社會地位的人來使用。在世界上的某些地方，儀式性的物品在成人禮中扮演重要的角色，由於這些物品通常都具有美麗而精緻的雕刻，所以往往被歸納在藝術作品之列。安東尼・弗區（Anthony Forge）（1970）針對巴布紐幾內內亞的阿貝蘭人（Abelam）所從事的研究指出，創傷性啓蒙儀式的程序在接近尾聲時，儀式性的物品就會開始發揮作用，而且在整個儀式中具有舉足輕重的地位。倘若有人知道如何進行這類儀式，或是有能力創造這些藝術物品，不但意味著這個人與超自然世界之間的關係非比尋常，而且也表示這個人的政治地位將會十分穩固。

我們在下一個部分，將會回頭進一步檢視藝術作品在特定背景下的意義。世俗性藝術的地位，事實上也相當重要。我們在本章的開頭中提到，在國際化的社會中，許多人藉著掌握對藝術品的知識，以及懂得如何辨識藝術品的真僞與價值，也可以獲取相當的地位或是財富。此外，有權有勢的人也可以發揮影響力，決定物品的藝術價值，甚至決定物品是否可以納入藝術品之列。1995 年在倫敦的維多利亞與亞伯特博物館（Victoria and Albert Museum）的展覽中，園藝用的手套是吸引最多人潮的展覽之一。無論製作手套的藝術家多麼大聲疾呼，並不足以使園藝手套成爲藝術品。也就是說，手套要成為藝術品，尚需其他機構團體成員的認同。在這個例子中，參觀欣賞的人似乎也默認相同的看法，但是有時候不免也會覺得納悶，為什麼這種稀鬆平常的用品也可以晉身藝術品之列？

實際上，雖然許多人藉由藝術品的擁有而獲得地位，但是卻不需要了解藝術為什麼會有這麼高的價值。藝術品的收藏，在歐洲的家庭裡是很稀鬆平常的事情。有時藝術品也是家族遺產的表現，即使未必仍然保有原本的價值。近幾年來，公司行號也颳起一股購置畫作的風潮，把繪畫作品擺放在走廊或是管理者的辦公室裡，以作為氣質涵養或經濟實力的表現。雖然公司收藏許多藝術品，但並不表示員工就會了解藝術品的美學與意義，事實上有時只是為了證明公司可以進入高級藝術的菁英世界，並藉此獲得相關的聲望。

由此可知，原住民在展示具有顯著意義的物品時，其實也是為了表現自己的威望，而不是為了物品本身的某些深刻涵義，這一點都不令人感到意外。以美洲西北地區的印地安人為例，誠如我們在第三章中提到的瓜基烏圖人（Kwakiutl）、特林吉人（Tlingit）及海達人（Haida），原住民的精緻圖騰柱（Totem pole）上，都會描繪動物或民間傳說裡的人物（見相片 6.3）。雖然這些物品具有若干象徵性的意義，而且也具有相當特別的風格，但是擁有這些圖騰的人，卻比較關心圖騰所代表的地位，而不是內容所描繪的故事：

照片 6.3 ▸▸ 海達族的圖騰柱。原位於英屬哥倫比亞的夏洛特皇后島（Queen Charlotte Islands, British Columbia），後由 Edwards B. Tylor 取得，現保存於牛津皮特河博物館（Pitt Rivers Museum）。（攝影：Joy Hendry，經皮特河博物館同意拍攝）

> 一件物品所具有的訊息，與其本身的形象之間，並不一定都會互相配合，有時只不過是一種「地位的象徵」。圖騰柱、住屋的支柱或是大多數的面具等，事實上都是擁有該物的主人，作為自己社會地位的象徵。即使是當地原住民也未必能夠精確地解釋藝術作品在圖像上的訊息，不過，他們肯定知道作品所具有的重要社會意義。一個人所擁有的藝術作品質量，就是他個人在社會階層所處地位的公開陳述。誠如我們所知道的，西北海岸（Northwest Coast）社會裡的原住民也相當關心自己在社會上的相對地位，因此有必要透過藝術品來傳達某些象徵訊息。（Anderson, 1989）

由此可知，不管是公司企業裡的藝術品，還是圖騰柱等，圖像本身都不會顯得特別重要，畢竟能否擁有這項物品，才是關鍵所在。

在一個國際性的背景下，許多人對於美學的價值，都會有先入為主的成見，並且以此為標準，評斷不同國家或社會的身分地位。對於美感有著高度發展的社會，可能就會被當作是文明化的指標（index of civilization）。長久以來，東方與西方之間的互相影響，可以清楚說明有關這方面的議題，舉例來說：中國的陶瓷藝術以及土耳其的地毯等傳到歐洲的過程，就是某個社會在評斷另一個社會具有何種藝術地位的絕佳例子。當然，這是一個頗受爭議又見仁見智的問題。另一方面，現今的日本，雖然有許多各式各樣具有日本特色的藝術形式，不過，其中有不少的藝術類型，最初的發展都是來自於中國。

有些日本作家宣稱自己的國家優於其他國家，因爲相較於日本，其他國家的藝術發展似乎顯得微不足道或是過於簡單。的確，一片葉子，或是一束捲起來的紙，看起來簡簡單單，但在日本卻可能被視爲是最高貴的美學成就。我們先前曾經提及，日本人對於贈送禮物或發表意見的包裝與呈現方式，而且重視的程度遠高過任何其他地方的文化。即使只是爲了最稀鬆平常的理由而包裝物品，日本人也不會輕忽大意。謹慎細心的作風，使得日本躍上晶片科技的舞台與領導地位。換句話說，對於美學品質的鑑賞與評鑑，正是提昇日本文化的推手。

日本人中田岩男（**Nukada Iwao**）以包裝爲主題撰文指出，起初爲了實際需要，日常生活到處都可以見到將物品加以包裝的行爲，例如：從田裡將食物安全地提回家，或是在冬天裡爲了保暖而包裹身體等。然後，隨著超自然與宗教概念的發展，包裝的形式也漸漸汲取各種有關神聖的意涵，世界各地都有類似的例子。根據中田岩男的看法，第三和第四個階段是藝術與禮儀的發展時期，包裝形式不僅開始具有美學特質，而且也成爲表現美麗的媒介，同時還使得包裝的人可以藉此進一步傳達關懷與感激心意。也就是說，包裝的方式，可以傳達自己的身分，不僅如此，包裝所隱含的美好價值，也可以讓接受者體會送禮者的心意。

日本人相當重視這種微妙的溝通方式，而且也不會只侷限在物質文化上的溝通。舉例來說：日本人在對話中的用詞遣字，就具有高度的美學色彩，甚至連日常生活裡的對話、衣著或是室內設計等，也都不例外。當然，並非只有日本人關心這些事情，只不過由於日本的藝術成就受到西方世界的認同，甚至已經到全世界人盡皆知的地步，因此某些技術發展較為落後的社會，很有可能就會因而被忽略掉。由此可知，我們往往看不見存在於不同社會深層背後的差異性，以致於有忽略或誤解的情形發生。

藝術與意義

我們在第三章中曾經舉出一些實例，說明透過禮品的包裝，可以傳達某些意義。值得注意的是，日本人包裝禮物的概念，可能與很多西方國家不同。在某些正式的送禮場合中，外面的包裝可能比裡面的禮物還要重要。我認識一些日本人，他們收到禮物後甚至不打開就先擱置在一旁，日後有需要送禮的時候，再把東西拿出來轉送給別人。包裝並非只是「純粹的裝飾」，也不是拆掉之後就可以丟掉，而是在送禮行為中扮演傳達訊息的媒介角色。

雖然對於置身事外的局外人來說，包裝只不過是裝飾物而已，然而事實上，卻傳達某些意味深長的訊息。我們在前一章中曾經提到邁克・歐漢倫（Michael O'Hanlon）（1989）的研究，巴布紐幾內亞高地的瓦奇人的身體包裝，情形就像日本人一樣。瓦奇人身上的裝飾品，也是扮演傳達訊息的媒介角色，而美麗的頭飾，則可以呈現穿戴者的政治實力。另外，以豬油來塗抹皮膚，則直接表達健康與繁衍能力的象徵性意義。另一方面，邁克・歐漢倫也探討巴布紐幾內亞人關於藝術技能未曾言明的言外之意。(1992)。

> 除了邁克・歐漢倫之外，還有許多人提到巴布紐幾內亞人，不過，重心則擺在身體裝扮儀式裡的競爭因素。正如有些人以炫耀的方式排列與展示禮物，藉此表現自己的財富多寡，巴布紐幾內亞人之所以戴頭飾，原因之一就是為了吸引觀眾的目光，以達懾服人心的目的。他們把身體裝飾成高大理想的體魄，以作為全體成員集體健康與興旺的展現。此外，在特羅布里恩島，當地居民的獨木舟船舷（canoe board），也具有競爭的意味在內：

在特羅布里恩島上，庫拉人（Kula）獨木舟船舷的功能，在於使貿易對手感到目眩神迷，在意識不清的情況下與獨木舟主人進行交易，如此一來，獨木舟的主人就可以獲取更多的利益。獨木舟船舷的設計，源自於特羅布里恩神話中的飛行獨木舟，象徵著逸脫（slipperiness）、流動的水與智慧等，有助於吸引珍貴的物品，而這也正是航海冒險的目的。由此可知，藝術作品的形式與內容，有時也可以具有魔術與美學的效果。（Coote and Shelton, 1992, p.9）

特羅布里恩人的獨木舟船舷，本質上也和前述公司行號收藏藝術品一樣，具有競爭的成分在內。此外，在其他較為複雜的社會裡，有關身體的藝術也是結構性社會區隔的指標或反映。我們在先前的章節中提到的髮型或身體裝飾等，就是絕佳的實例。在某些錯綜複雜的社會中，每個人不一定都有相同的品味。舉例來說：龐克族的身體藝術，和受到社會普遍接受的品味相去甚遠，因此成為龐克族的一員，表示自己對於社會的一種反抗。相同的情形，如果社會中有某些人支持某一種藝術形式，其他人可能會藉由貶低這種藝術來劃清彼此的界線。流行音樂就是一個明顯的例子，可以清楚說明這一點。

社會裡的某個族群，藉由喜愛或追求某些事物的方式，來表達他們所共享的觀念。「品味」的概念，就是這種現象的基礎，而且也是表現價值的方式。某個族群所認同的價值，卻可能受到不同族群的質疑。遭受質疑的價值，最近也成為人類學研究的重要議題之一。在較小規模的社會裡，品味似乎是各個世代、性別或經濟等族群所共享的價值觀。至於在較為繁複的社會中，各種品味、教育程度與社會階層之間的界線，通常都會衍生許多分歧的意見，不過，不同性別的人對於藝術品味的看法，似乎沒有太大的差異，這是相當有趣的現象。

美學

在藝術或裝飾的領域中，很難從溝通特質的觀點加以探討。面對同一個物品，為什麼某個社會族群認為很有品味，但是另一個族群，卻視為粗俗不雅？這不是一個三言兩語就可以解釋清楚的問題。事實上，我們或許可以從教養與教育的觀點來解釋。身處於某個價值系統中的個人，學習辨識珍貴物品的方法。許多人可以從自己所崇拜或仰慕的人身上獲得勇氣，例如：龐克族或其他具有反叛意味的族群，都會刻意藐視既有的價值，創造令人感到震驚的事物。在這些情況中，意義被鑲嵌在藝術之中。在藝術中所牽涉的意義或特質，就是我們所謂的「美學」(aesthetic)。在人類學領域中，美學是個頗受爭議的議題。

我們可以將美學分為兩部分加以探討。首先，美學的整體概念受到文化的限制，就像品味的概念一樣。換句話說，美學鑑賞本身，其實也是特定社會下的產物，只適用於該社會的背景環境。倘若有人將自己的美學觀念，強加於其他社會，可能就會發現別人的評斷有本末倒置的感覺。有些人甚至認為，有關美學的觀念，其實只是藝術世界中的一種信念，就像某些宗教裡的神學理論一樣。在庫特（Coote）與修爾頓（Shelton）編著的書中，有一篇歐爾發・蓋爾（Alfred Gell）的研究報告，也提到類似的看法。歐爾發・蓋爾進而指出，藝術已經變成一種宗教，劇場、圖書館或美術館就是聖堂，而畫家和詩人就像是牧師和主教。

第二個看法是，儘管每個社會都有不同的詮釋或評定方法，但美學的觀念確實存在於任何的社會裡。抱持這種看法的人認為，人類具有評鑑美醜的能力，而且是以感官經驗去體會物品的物理特質，例如：形式與材質等。在文化的知識系統中，評鑑美醜的能力，與物品的非物質性觀點有關。霍華・莫斐（Howard Morphy）（1994）在介紹藝術人類學時，曾經舉例說明一種有關美學的效應，亦即閃爍與明亮的光彩，可能被賦予高度的美學評價，但是三個不同的社會，對此卻有不同的詮釋。

根據霍華・莫斐親自研究三個種族的研究發現，第一個實例是澳洲北部的尤古人（Yolngu），他們將繪畫裡的平行線影技法（cross-hatching technique）所產生的閃亮效果，詮釋成祖先的力量，也就是說，光芒是先人在藝術作品中，爲了彰顯自己的存在而發出的。在尤古社會生活裡的神話傳說與詩歌裡，都不斷地傳頌這種光亮的價值。第二個實例是瓦奇人，他們也珍愛這種閃亮效果，但是卻以在身體上裝扮的方式來表達。換句話說，身體上閃閃發亮的效果，代表健康與繁衍的能力，以及全族的力量與氣魄。霍華・莫斐的第三個例子，則是非洲獅子山國（Sierra Leone）的曼帝族（Mende），他們在黑色的面具上製造光亮的效果，特別是在儀式性的舞蹈中，以藉此表現出女性的健美。

在霍華・莫斐所研究的幾個民族中，「閃亮」本身是爲了特定的目的而選用的美學特質。在其他地方的人，反而可能會刻意降低光亮的程度，例如：當女性在臉上撲粉時，就會特別避開鼻部，或是在沖印相片時，爲了避免相片反光，而選擇某種特殊材質的相紙。英國人對於光彩的評價，曾經歷經相當大的變化，而且反映在經濟與政治層面的價值觀上。雖然光亮平滑的木頭，仍然是古董傢俱店裡的寵兒，但是喜愛較為便宜松木的人也愈來愈多。這是因為松木不僅容易保養，而且也相當具有效益。以往，在銅製或銀製飾品以及光亮木材的全盛時期，由於這些東西需要有人經常擦拭與維護，才能保持品質，所以擁有這些傢俱的主人，顯然必須具有相當的經濟實力。過去被視為次級品而被剝下表皮的木材，現在卻是洛陽紙貴般地難求，這真的是相當有趣的現象！

藝術的定義

在我們要釐清美學（aesthetics）概念的定義之前，有必要先定義「藝術」（art）的概念，畢竟美學只是藝術的一部分而已。我們在本章中已經多次提及美學及藝術這兩個字彙，不過，我們都沒有停下腳步來，詳細界定藝術與美學的定義。部分的原因是，倘若我們能夠先了解前述的一些議題，對於定義將會事半功倍。本書稍後引述的很多書籍，都處理過定義的問題，有助於讀者了解藝術與美學所呈現的概念。雖然如此，對於定義的追尋，最終仍無法脫離文化的限制，也就是說，我們在一開始時就避免涉入定義的問題，或許是個比較好的決定。我們在下一章中，幾乎也會花費許多的時間與精力在「宗教」的定義上。讀者將會發現到，定義的確是件吃力不討好的繁重工作。

我們將會遭遇到的主要難題，就是在英語裡有關藝術概念的議題，始終爭議不斷，而且持續在變動著。由此可知，倘若我們要透過總結的方式，用三言兩語來下定義，不是一件容易的事。霍華・莫斐（Howard Morphy）（1994）指出，在十九世紀時西方對藝術的定義涉及強烈的文明觀，「原始藝術」（primitive art）幾乎等同於文明的反義字。即使是現在，霍華・莫斐認爲歐洲有關藝術定義的三個觀點，仍然脫離不了強烈的歐洲觀點。首先是制度性（institutional）的觀點，某件物品是否屬於藝術的分類範疇，判斷的標準是根據該物被放置的地點。假若該物是放在美術館或博物館內展示，就是屬於「高雅藝術」（fine art），否則就屬於「民間藝術」（folk art）或「民俗技藝」（craft）。其次，則是以物品的特徵與美學之間的關係來定義，而且也包括技巧和語義學（semantics）等特質。最後，霍華・莫斐認爲藝術家自己的「企圖」（intent）也佔有相當重要的地位：

> 藝術品，就是製造者「企圖」使其成為藝術作品的東西。在大多數的物品中，企圖不如功能性或制度性的項目重要，舉例來說：如果一隻船不能航行，那麼光是有造船的企圖，還是無法讓船順利航行。不過，就藝術品而言，由於藝術的分類範疇，總是有相當大的空間可以克服範疇之間的藩籬，因此個人相對上擁有較大的自由。（1994, p.652）

霍華・莫斐的看法，使我們處於一種兩難的困境：從美術館裡展示的藝術品來看，幾乎任何事物都可以跟藝術扯上關係，但也可以說，好像沒有任何事物可以被歸類爲藝術。

在所有的社會裡，高雅的藝術、工藝品或是人工製品之間，並沒有顯著的差異，而且有些差異也往往是過去西方霸權的產物，因此這些物品之間的界限已經愈加模糊，愈來愈難以界定清楚。我們在先前提及的園藝手套，是在某次有趣的展覽中的展示物品，該展覽以日本的「工作室技藝」（Studio Crafts）爲主題，展出千奇百怪又具有功能性的工藝品（或者我們也可以稱作「傳統」工藝品）。在這次展覽中，也有許多抽象的「現代」藝術建築的展示，十分戲劇化，其中一項名爲「The M25」的陡峭上升斜坡，可能是根據倫敦窒礙難行的外環道路而特別設計的吧。如前所述，長久以來，日本人十分著迷於簡單事物所呈現的美感，從最世俗化的物品到貴族階級的創作品皆是如此。「如何包裝五個蛋」（How to Wrap Five Eggs）（Oka, 1967）是一本在許多國家都很暢銷的書，該書也清楚表示日本人喜愛簡單形式的觀點。

藝術家的企圖（intent）始終是個難題。萊登（Layton）（1991）在藝術人類學導論中指出，物品在美學上的定義，或許在於該物有令人感到愉悅的特質，而非該物的實用價值。萊登探討古希臘哲學中有關美的形式等特性，而且認爲藝術所具有的能力，的確有助於擴展我們對於週遭世界的認知，以及引發情感層面的回應。在西方世界中，研究藝術的歷史學家，尋求藝術成就中所具有的創新特質，並且將創新的發展結合過去的特定歷史時期。歷史學家研究途徑的假設前提，就是藝術家的創造力等觀念。

雖然某些其他社會的物品，外界認爲是一種藝術品，但是該社會的人卻沒有相同的看法，因此前述歷史學家的說法，對於這些社會而言，並非必要的條件。在某些社會裡，包括先前提及的澳洲原住民，或是巴布紐幾內亞賽匹克河的夸瑪人，每個人都具有繪畫及雕刻的創造能力。事實上，當地原住民認爲繪畫及雕刻的技巧，並非只是少數幾個人的天賦異稟，而是靈性世界透過人類而展現出來的。原住民產品的靈感都是源自於靈性世界，他們只不過是遵循靈性世界的指示，讓產品以較佳的方式完成。由此可知，原住民起初根本就沒有任何有關藝術的概念。舉例來說：倘若夸瑪人的房子過於老舊，就會完全燒毀，然後再重建。此外，夸瑪人也將過時破舊的雕刻品，轉售給外界的遊客，結果這些雕刻品如今被謹慎小心地保存在西方世界的美術館裡。對於夸瑪人來說，這些保存在美術館裡的雕刻品，都是他們以前祖先的作品，顯然早就已經過時而失去價值了。

在西方世界裡，模仿藝術作品被認爲是學習的過程，但是假如將別人的藝術成果據爲己有，就變成是一種僞造的行爲。當然，過去任何藝術學派的興起，現在都只會認定是由某個人所創始的。此外，在過去的某些時期，藝術與宗教之間的聯繫，顯然也比今日來得密切。雖然某些西方人也會認爲自己的藝術天份是來自於上帝，不過他們呈現心靈世界的「藝術」，在西方人的認知中仍然不會被歸類爲藝術。在下一個章節中，我們將把注意力的焦點，轉移到所謂的「宗教」議題上。

References

Anderson, R. L. (1989) *Art in Small-Scale Societies* (Englewood Cliffs, NJ: Prentice-Hall).

Bowden, Ross (1983) *Yena: art and ceremony in a Sepik society* (Oxford: Pitt Rivers Museum).

Bowden, Ross (1992) 'Art, Architecture, and Collective Representations in a New Guinea Society', in Jeremy Coote and Anthony Shelton (eds), *Anthropology, Art and Aesthetics* (Oxford: Clarendon) pp. 67–93.

Coote, Jeremy and Anthony Shelton (eds) (1992) *Anthropology, Art, and Aesthetics* (Oxford: Clarendon).

Faris, J. C. (1971) *Nuba Personal Art* (London: Duckworth).

Forge, Anthony (1970) 'Learning to see in New Guinea', in Philip Mayer (ed.), *Socialization: The Approach from Social Anthropology* (London: Tavistock).

Gell, Alfred (1992) 'The Technology of Enchantment and the Enchantment of Technology', in Jeremy Coote and Anthony Shelton (eds), *Anthropology, Art, and Aesthetics* (Oxford: Clarendon), pp. 40–63.

Gow, Peter (1995) 'Land, People and Paper in Western Amazonia', in Eric Hirsch and Michael O'Hanlon (eds), *The Anthropology of Landscape: Perspectives in Place and Space* (Oxford: Clarendon), pp. 43–62.

Hirsch, Eric and Michael O'Hanlon (eds) (1995) *The Anthropology of Landscape: Perspectives in Place and Space* (Oxford: Clarendon).

Layton, Robert (1991) *The Anthropology of Art* (Cambridge University Press).

Moeran, Brian (1984) *Lost Innocence* (Berkeley, Los Angeles and London: University of California Press).

Morphy, Howard (1994) 'The Anthropology of Art', in Tim Ingold (ed.), *Companion Encyclopedia of Anthropology* (London, Routledge).

Nukada Iwao (1977) *Tsutsumi* [Wrapping] (Tokyo: Hosei Daigaku Shuppansha; in Japanese).

O'Hanlon, Michael (1989) *Reading the Skin: Adornment, Display and Society among the Wahgi* (London: British Museum Publications).

O'Hanlon, Michael (1992) 'Unstable images and second skins: artifacts, exegesis and assessments in the New Guinea Highlands', *Man* (N.S.) 27: 587–608.

Oka, Hideyuki (1967) *How to Wrap Five Eggs: Japanese Design in Traditional Packaging* (New York: Weatherhill; Tokyo: Bijutsu Shuppansha).

Williamson, Margaret Holmes (1979) 'Cicatrisation of Women among the Kwoma', *Mankind*, 12: 35–41.

Further Reading

Banks, Marcus and Howard Morphy (1997) *Rethinking Visual Anthropology* (New Haven, Conn. and London: Yale University Press).

Moeran, Brian (1997) *Folk Art Potters of Japan: Beyond an Anthropology of Aesthetics* (Richmond: Curzon).

Morphy, Howard (1991) *Ancestral Connections* (Chicago University Press).

Novels

Ishiguro, Kazuo, *An Artist of the Floating World* (Harlow: Faber, 1986), is a novel which illustrates the relationships between Japanese artists in the turbulence of pre-Second World War Japan.

Films

The Wodaabe (Leslie Woodhead and Mette Bovin, 1988), a film in the Granada 'Disappearing World' series, is about the nomadic lives of a Fulani people of Nigeria who are described as 'obsessed with male beauty'. A part of the film is devoted to the extraordinary facial decorations they apply.

Parts of the 'Strangers Abroad' film on Sir Walter Baldwin Spencer (see Chapter 2) is about Australian Aboriginal art and its meaning.

第 7 章

宇宙論㈠：宗教、魔法與神話

宗教、科學與宇宙論

我們在前面的章節中，簡介人類學家觀察和瞭解某個特定社會時所使用的方法，以及說明人類學家對於社會中的分類系統、價值觀與社會關係，如何從事研究工作。我們也在第六章中，開始提及有關物品及其意義等頗受爭議的概念。本書在前言時曾經探討人類學家的一個重要工作，就是把研究工作上的發現轉譯成自己的語言和分類系統，如此一來，才有可能將自己的調查發現，與其他人類學者在其他地方的研究結果互相比較，提出一項可供對照的描述和解釋。

人類學家在分析和轉譯時，通常會依據自己所處社會對於範疇的界定，而把研究的結果區分成宗教、政治、經濟、以及其他主題等重要的範疇。然而當人類學家試著把研究對象的分類範疇，轉移到自己清楚定義的概念下時，很快地就會遭遇到難題，這是因爲人類學家必須對當地各式各樣的觀點，提出合理的解釋。我們在接下來的章節中將探討這些難題和解釋，並提出一些分析性的概念，這些觀念都將有助於我們瞭解其他人的不同觀點。

我們在本章與下一章中要探討的議題是人類學家所謂的**宇宙觀**（cosmology）。換句話說，宇宙觀就是人們對於自己生存和居住的世界，所抱持的各式各樣觀點和解釋，包括：世界的形成、人類的誕生等概念，生往何處來、死往何處去的觀念，以及有關這個世界的超自然現象等問題。我們在前幾章中都著重於活人的社會關係，然而在所有的文化中，對於超越生命世界的存在、或是那些完全無從觸及的地方與事情等，幾乎都具有某些既定的觀念。這些觀念與人們對於生命本身的解釋有關。

我們要探討的主題是**宗教**，但是如同我們所知道的，倘若我們要從世界上的一些理論及實際活動中，找出宗教一個有效和共通的定義，那幾乎是不可能的任務。我們將在本章中審視有關宗教的定義問題，而在下一章中則將探討一些原住民的觀念與實際情況。此外，我們也將談及**科學**這個議題，很多讀者可能會認爲科學是前述所有問題的最終解答。有關科學的定義，最爲簡短的就是「知識的集合體」（a body of knowledge），再加上觀察、實驗、歸納等的限制條件。不過，我們仍然必須先對這個觀念加以審視和釐清。

定義與差異

許多人都曾經試圖定義「宗教」這個字。泰勒（Edward Burnett Tylor）是牛津大學第一位擔任社會人類學教授的人，他曾經試著爲宗教提出一個相當概括性的定義：宗教是「對神靈（spiritual beings）的信仰」（1913, p.8）。然而，我們很快地就可以發現這個定義是有問題的，因爲很多人積極投入、虔誠信仰的宗教活動，並不涉及神靈的存在。舉例來說：佛教徒對於如何達到超越靈魂的狀態較有興趣，而超越靈魂狀態的達成，並不需要上帝或諸神的介入。事實上，在斯里蘭卡有個佛學專家經常跟別人說，有兩個僧人明確地告訴過他：所謂的「宗教」，跟神一點關係都沒有（Gombrich 1971, p.46）。

在猶太教和基督教傳統中長大的讀者，對於這種說法可能會感到不可思議，但是對於佛教徒來說卻是很自然的。在斯里蘭卡的當地語言中，所謂的「宗教」被視爲是一條通往來世的道路，至於其他有關靈魂或神的概念，都只是世俗生活的一部分而已，彼此之間的定義是有所不同的。在斯里蘭卡有些神的名稱源自於印度教，不過就當地的佛教徒而言，這一系列有關神的信仰並不在所謂「宗教」的範疇之內。如同我們在第五章中所提及的，日本在第二次世界大戰之後，佛教再度被視爲「宗教」，至於當地有關神和靈魂的觀念則形成所謂的「神道」（Shinto），不過許多日本人都把神道的信仰斥爲「迷信」（superstition）。

泰勒（Tylor）前述有關宗教的定義，可能包括魔法（magic）與巫術（witchcraft）等概念。許多的「宗教」人士，認爲魔法和巫術並不屬於「宗教」的範疇，因此後來又有魔法—宗教信仰（magico-religious beliefs）的範疇出現，在這個範疇中則包括前述的所有情形、以及有關不潔（pollution）和禁忌等的觀念。不過，有些學者對於魔法存有偏見，認爲魔法與宗教之間有很大的差異，並試著找出兩者的區別（請參閱延伸閱讀 Tambiah, 1990，本書是一個斯里蘭卡人類學家的觀點，對此議題的歷史有很詳盡的分析）。傅雷則爵士（Sir James Frazer）在他的十二冊巨著《金枝》（“The Golden Bough”）中，針對這些議題提出他的見解，並指出魔法和宗教之間的差異：

> 【魔法】的本質是不需要透過神靈或個人的介入，一件事情必定會在另外一件事情之後發生，也就是說，魔法和現代科學的基本概念是一樣的。魔法整個系統的基礎，在於信任大自然的秩序及一致性，雖然表面上看來，有關魔法的信念隱而不露，但實際上卻是穩固而真實存在的。（1922, p.49）

相反地，

> 【宗教】是救贖和撫慰的力量，這股力量凌駕在人類的能力之上，讓人類可以控制和主導大自然與生活的進展。根據前述的定義，宗教包含兩個基本的元素：理論的與實際的，亦即超越人類力量的信仰，以及撫慰或滿足人心的企圖。（出處同上., p.50）

傅雷則爵士舉出許多的實例，說明魔法所具有兩個基本原則：第一個原則就是「同類相生」(like produces like)，因此試圖創造某種效果的法師，可能就會先模擬他想要製造的效果，例如：用針戳刺類似或代表受害者的人形模型。這是傅雷則爵士所謂的順勢律（homeopathic）或模擬魔法（imitative magic）。魔法的第二個原則是接觸魔法（contagious），指的是「一旦事物彼此接觸，就會持續對相隔兩地的對方產生作用」，因此對屬於某個人的事物施行魔法，就能持續地對此人產生影響，即使該物已經不再附著於此人身上，仍然會發生作用，例如：對某人的頭髮或指甲等施法。

傅雷則爵士以當時盛行的進化論模式爲基礎，指出世界各地都會先後歷經「魔法時代」及「宗教時代」。魔法中弄虛作假的部分，隨著發現這項事實的有智之士愈來愈多，於是人們開始轉而尋求超自然的存在。這個改變的背後涉及一項假設：雖然大自然在某些程度上看來不斷地變化和捉摸不定，但是仍然會受到某種更強大力量的支配和影響。由於這項假設似乎違反了魔法的基礎概念，所以人們進一步地觀察後，發現事實並非如此，因而從「宗教時代」進入第三個「科學時代」，並且推翻前述兩個時代的假設。傅雷則爵士對於未來抱持樂觀的看法：

> 過去的思想演變史，提醒我們勿妄下結論地認為科學理論就是最好的，這是因為科學的理論還需要更有系統地整理。我們必須記住……科學的一般化，或是以所謂的自

然法則，都只不過是假設而已。這些假設之所以存在，就是為了解釋思想瞬息萬變和無常的特質，並且以有意義的方式來描述這個世界與宇宙。前述對於魔法、宗教與科學的分析，只是有關思想的理論。如同科學取代了魔法與宗教的位置，今後也有可能會出現更完善的假設理論。（出處同上，p.712,）

實際上，魔法與宗教似乎仍然繼續存在著，即使現今的世界是由科學思想所主宰，然而傅雷則爵士所謂的「有智之士」或是「有理性的人」，卻絕對不會把魔法與宗教完全排除摒棄。對此，馬林諾夫斯基（Malinowski）進一步地表示，科學思想與有關魔法的概念共存於所有的社會中。馬林諾夫斯基根據他在特羅布里恩島與當地「野蠻人」（savage）相處的經驗，在《魔法、科學與宗教》一書中指出，當地人對於魔法、宗教與科學的思想模式，不僅在認知上有所區分，而且提出許多合理的解釋和建立我們所謂科學的知識體系。

馬林諾夫斯基認爲科學與宗教、魔法之間的概念，有必要進一步地區分。當人們面對不確定的未來時，通常都會轉而投向魔法和宗教的領域。馬林諾夫斯基指出，當特羅布里恩島的居民在淺水湖釣魚時，認爲所處的環境大致上是很安全的，因此就不會求助於魔法的幫助。但是當他們出海捕魚的時候，由於大海受到天氣的影響，隨時都有可能會吞噬掉他們的生命，於是就會在出海前舉行宗教儀式，以預防可能會遭遇到的危險。除此之外，馬林諾夫斯基針對魔法可能會失效或不靈的議題提出看法：

> 如果我們認為野蠻人沒有意識到這一點，也沒有對此提出合理的解釋，那麼我們極有可能低估了他們的智力、思考邏輯與實際經驗。（1974, p.58）

馬林諾夫斯基針對傅雷則爵士有關魔法與宗教的概念，在兩個層次上進一步地闡述兩者之間的差異：

> **魔法**是一種具有實際價值的藝術，目的在於將來能夠達到預期中的明確目標。**宗教**則是一種自我修鍊的行為，過程本身就是目的的實現……。
>
> **魔法**……是直接透過宗族關係在世代之間的傳承…魔法始終被掌握在專家的手中…另一方面，**宗教**……則是大家的事情，每個人都可以主動參與，而且在地位上是平等的。（出處同上，pp.88-9）

根據馬林諾夫斯基的區分方式，我們將會遭遇到一個難題，在信奉羅馬天主教的國家中，宗教信仰的某些實踐層面和魔法是很相像的。舉例來說：把耶穌基督的血與肉轉換成麵包與酒，這是具有特定目的的行爲，而驅魔儀式的舉行也是相同的情形。這些活動都是由經過訓練的神職人員負責執行，換句話說，專家所扮演的角色，並非與他們的教徒站在「平等的」地位上。

涂爾幹（Durkheim）有關宗教的定義，類似於馬林諾夫斯基後半段的定義。不過，涂爾幹認爲宗教必須是一個道德共同體（community），然而就魔法而言，一般信徒充其量也只能算是委託人而已，他把有關宗教的定義整理如下：

> 宗教和神聖的事物有關，是信仰和實踐成為一體的系統。也就是說，宗教的事物必須有所區隔和限制—信仰與實踐結合成為單一的道德共同體，我們把此道德共同體稱為教會，而所有的信徒都要依附在教會之下。（1915, P.47）

雖然涂爾幹有關宗教的定義很有用，但是這個假設在實際上卻未必總是站得住腳。這是因爲涂爾幹假設全世界都接受神聖（sacred）與世俗（profane）範疇的分類方式，以及宗教是一個道德共同體的概念。事實上在某些社會中，神聖的事物幾乎充斥在生活中的所有範疇，而且在宗教活動中，有些追求救贖的苦行者或個人，可能也是以一種非常孤獨而隔離的方式來實踐，其中佛教就是一個很好的例子—對於佛教徒來說，追求涅槃（nirvana）意味著個人要離群索居和獨自生活，直到修行至涅盤境界的時候，才會重返世間幫助其他的人。

經過了這些年，我們發現許多思想家的理論，雖然在表面上看來有些相似，但是要找出宗教的共通定義，確實不是一件容易的事。在繼續討論宗教的起源等議題之前，我們將先審視這些勾勒出宗教定義的人，在研究有關「宗教」的現象時所採取的某些方法。

宗教的起源

在十九世紀時人們非常關心宗教的起源，而且試著從所謂的原始（primitive）社會，尋找宗教發展的軌跡。這種研究方法，反映出當時的科學觀，亦即對於宗教信仰採取明顯的否定態度。這些理論在本質上是以推論的方式進行，不過其中也有部分理論對於當時的思潮造成相當大的衝擊，而且對社會人類學產生很深遠的影響。伊凡普里查（Evans-Pritchard）在所著的《原始宗教的理論》（"Theories of Primitive Religion", 1965）一書中探討各式各樣的相關理論。這本書易於閱讀和理解，而且將理論區分爲心理學與社會學兩個範疇。

在心理學方面，特別值得注意的是史賓塞（Herbert Spencer）及泰勒（Edward Tylor）的理論，雖然他們的看法很類似，不過卻是各自推導出這樣的結論。他們認爲靈魂是由雙重自我（dual self）所衍生出來的概念。人在清醒的時候有一個自我，而在睡夢、恍惚狀態及死亡時也有另一個自我。史賓塞針對原始人類的思考方式進行推論，他認爲原始人是在睡覺時夢見已經死去的人，因此最早的超自然概念必定和鬼魂（ghosts）有關，而祭祀祖先的儀式則形成宗教的最初形態。有關鬼魂的觀念，接著勢必會進一步發展爲神（gods）的概念，也就是說，取悅亡者的奉獻，逐漸地變成討好神的祭祀與供品。

泰勒（Tylor）的理論也源自於雙重自我和作夢的觀念，不過比較著重在靈魂（soul）可以離開身體這方面。他指出原始人類不僅認爲人類有靈魂，而且動物也有靈魂，甚至於無生命物亦然。泰勒認爲這些想法形成了所謂泛靈論（animism）的原始宗教，而且他把這些靈魂（souls）定義爲神靈（spirits）。有關神靈的觀念，後來發展成宗教中可以掌控人類命運的神（gods）和造物主（God）。人類學家對於這類宗教的描述非常詳盡，雖然其中不乏有相異的見解，不過一般而言泛靈論仍然被視爲早期宗教的共通形式。

伊凡普里查（Evans-Pritchard）指出史賓塞及泰勒的看法，都只是臆測和想像原始人類的思考方式，因爲沒有任何的證據，可以顯示事實真如他們所說般地發展。雖然夢境可能會帶來有關靈魂或鬼魂的推論，不過我們無從確定，而且也找不到特別的理由，可以證實靈魂會發展成神的概念。除此之外，還有許多人都試著從「心理」層面來解釋宗教的現象，但是伊凡普里查對此完全加以駁斥，他認爲每個人的心理狀態都不一樣，不同時間下的心理狀態也有差異，因此我們不能從心裡層面來解釋、推論那些獨立存在於各種狀況的社會行爲：

> 個人在成人階段具有宗教情感之前，早就已經有宗教儀式與信仰的相關經驗。也就是說，個人從小就開始學習參與宗教儀式與接受信仰，因此不論成人之後具有哪種宗教情感，都很難被當作是宗教儀式、信仰的起源或解釋。宗教儀式是個人所生存的文化系統中的一部分，就像其他的文化一樣，宗教儀式也是從外部強加在個人身上。雖然宗教或許真的能夠滿足人的理智與情感，不過宗教還是社會的產物，並不是個人的理性或情感選擇。正因為如此，

> 所以涂爾幹（Durkheim）認為從心理層面來詮釋社會事實（social facts），結果必然是錯誤的。（1965, p.46）

伊凡普里查（Evans-Pritchard）接著討論社會學有關宗教的理論，其中最具創意的是涂爾幹（Durkheim）所著的《宗教生活的基本形態》（“The Elementary Forms of Religious Life”, 1915）一書，以上的引述也是出自該書的內容。涂爾幹認爲最簡單的宗教形式，是原始部落中對於圖騰的膜拜信仰。澳洲原住民與北美洲阿倫塔人（Arunta）的社會中，都有類似的宗教形態存在，他們不僅膜拜祖先，而且以圖騰的概念來象徵祖先。圖騰的神聖記號代表氏族（clan），至於膜拜的儀式除了表達對氏族的歸屬感之外，還表示氏族內的團結。對於族人來說，造物主（God）只是氏族本身神聖化的象徵。

涂爾幹（Durkheim）認爲當今各種宗教的所有元素，都可以在圖騰的膜拜信仰中發現。圖騰的膜拜信仰隨著時間的變遷而發展，因此其他宗教充其量也只是同一個概念的複雜版本而已。涂爾幹舉證歷歷地指出，任何宗教系統中的儀式，目的都是爲了集結群眾，並且在他們對神（gods）膜拜的同時，強化共同體的團結與向心力，而神是他們所處社會的象徵。神的概念從多神教發展到一神論，最後轉變成所謂的造物主（God）。雖然對神的膜拜是個人的行爲，不過卻是以超越個人的集體形式存在。社會本身與被膜拜的對象，都是促使人們對神膜拜的力量來源，而造物主也只是被神聖化的社會。

涂爾幹（Durkheim）認為愛國情操和宗教信仰一樣，在世俗生活中有相同的功能。在法國大革命時，人民對於祖國、自由與平等的概念極為狂熱，有鑑於此，涂爾幹希望人道主義（humanitarian）的價值觀能夠取代宗教性的價值觀。雖然伊凡普里查（Evans-Pritchard）認為涂爾幹的理論是「睿智而原創的」，但是他仍然表示涂爾幹的理論，又是另一個證據不足且不具代表性的民族誌研究（1965, p.64）。伊凡普里查針對**圖騰信仰**（totemism）的議題發表看法，雖然具備簡單工業技術的人，其宗教信仰相對地也會比較單純，不過這只是圖騰信仰的其中一種情形而已。他以澳洲的原住民族群為例，說明不同的族群之間會有相當大的差異，也就是說，圖騰的膜拜信仰，並不是所有使用簡單技術的族群都必定具備的特質。

誠如我們在前一章所提及的美洲西北部「圖騰」（totem）柱〔也是圖騰信仰（totemism）這個字的發源地〕，顯然就沒有圖騰信仰的功能。伊凡普里查強調，宗教起源的追尋，充其量也只不過是一種推測罷了。推導得出的結論，可能是對的，也可能是錯的。整個圖騰信仰的主題，轉移了人類學家的注意力，最後終於在 1960 年代由李維史陀（Lévi-Strauss）以非常堅定的語氣加以否定，他運用當時新興的**結構分析**（structural analysis）研究方法，認為這些有關宗教起源的理論，描述的其實是建構理論的人自己，而不是研究對象的真實情形。無論如何，如今圖騰信仰（totemism）這個字，在歐洲的使用率比泛靈論來得更少，而圖騰（totem）柱現在也可以眾望所歸地回到當初的發現地加拿大了。

宗教現象的解釋

人類學家最後終於從追尋宗教的起源，轉而嘗試在宗教的社會架構中，提出宗教現象的解釋。雖然涂爾幹（Durkheim）有關宗教演化論的假設遭遇到挫折，但是他所強調的**社會事實**（social fact），卻持續在各項研究中發揮影響力。他認爲研究者必須找出存在於個人之外的社會制約（social constraints），而非企圖進入個人的心智層面。宗教信仰與道德制度，把許多的制約強加在個人身上，因此個人在社會的制約之下逐漸地社會化，這就是人類學家應該加以注意的社會事實。

在社會背景中有關社會事實的詮釋，可以分成許多種形態，其中兩種就是後來所謂的「**功能性**」（functional）與「**結構性**」（structural）類型。雖然功能性與結構性兩種形態，彼此之間無法清楚地區分，而且結構性形態至少還可以在區分爲兩種不同的形式，不過稍後我們仍將分別舉例說明，並且試著解釋兩者之間的分類方式。我們也將簡要地審視宗教現象與道德體系的關係，有關這部分的議題在第九章中會再次提及。除此之外，我們還會探討社會面臨重大變革時，人們對於宗教某些不尋常的顯靈現象，有什麼反應和如何解釋。至於社會變遷所引起的其他反應，我們則在下一章中舉例說明。

功能性的解釋

在有關宗教的社會學解釋中，有人試著分析宗教儀式的功能，如何提高社會凝聚力、促進團結精神，以及支持社會結構等等，如前所述涂爾幹（Durkheim）的建議方法。此外，這些解釋也試著解釋宗教信仰和社會、政治制度之間的關係。爲了使民族誌的內容更加詳實，建立一個完備而連貫的體系，我們可以把宗教行爲當作整個社會事實的一部分來分析。我們將以芮克里夫·布朗（Radcliffe Brown）爲例，說明此一類型的研究方法。芮克里夫·布朗在安達曼島（Andaman）研究當地居民的宗教生活，這是他對此議題的廣泛研究裡，其中一個具體的實例。有關芮克里夫·布朗所從事的研究工作，就是後來所謂的**結構功能論**（structural functionalism）。

另一方面，馬林諾夫斯基（Malinowski）則將宗教、魔法和**神話**（mythology）等的相關議題，與人類的需求建立關係，並提供所謂本質上的功能性解釋。舉例來說：如前所述的特羅布里恩島當地居民，馬林諾夫斯基指出，由於出海捕魚的活動可能遭逢險境，因此人們對於厄運或其他不可知的因素等，總是鍥而不捨地想要加以控制，但是在相對較爲安全的淺水湖釣魚時，則比較沒有類似的情形發生。馬林諾夫斯基把特羅布里恩島當地居民的哀悼儀式，解釋爲重整群體的團結，挽回即將流失的向心力，以及重建社群內的士氣等。此外，哀悼儀式對喪親者也有安慰的功用。馬林諾夫斯基認爲人類學家的工作，在於爲社會的整體性與文化的延續性，揭示這些現象的功用與價值。

馬林諾夫斯基認爲神話（mythology）是一種法典的信仰，也是宗教儀式的規章，以及宣告儀式、祭典、社會與道德的規範。因此，當地居民有關人類起源的神話，事實上是對氏族（clan）階級制度的一種宣示；對於人類來說，死亡是強烈的失落感，所以有關死亡的神話，是人類與死亡之間的屏障，倘若沒有神話，人類將無法超越死亡（1974, p.138）。由於這些假設和聖經、可蘭經等宗教聖典的目的相同，因此，我們似乎也可以把聖經和可蘭經列入神話的範疇。這些說法聽起來可能褻瀆了宗教的神聖性，不過我們必須了解的是，「神話」（mythology）一字的英語用法帶有懷疑的意味，這對於那些相信神話的人來說，毋寧是非常不敬的。

根據前述的說法，其實我們也可以把科學視爲另一種類型的信仰。我們現在應該能夠體會十九世紀時達爾文提出進化論的情形了。當時，達爾文直接挑戰舊約聖經第一卷「創世紀」中有關人類起源的說法，舉世震驚，群情譁然。態度嚴肅的人，認爲自己必須從進化論或創世紀兩者之中，選擇自己願意「相信」的說法，這段期間可說是信心危機的一個轉捩點。在現今錯綜複雜的社會裡，人們必須與不同觀點的人在一起生活，每個人的宇宙論，包括科學、宗教，甚至於魔法等都會有所不同。舉例來說：日本人生病的時候，除了看醫生以外，可能也會求助於算命師，或是到廟裡祈求早日康復（Tierney, 1984）。

馬林諾夫斯基有關魔法、科學與宗教的區分，就某些程度而言，似乎是有點過猶不及的。誠如我們所看到的，馬林諾夫斯基的定義並非舉世皆適用。然而，倘若把科學、宗教和魔法都納入宇宙論的一部分，那將會是很有用的分類方式。誠如傅雷則爵士所說，科學、宗教與魔法都只是有關這個世界的理論，也都可以提供實際又具有功能的方式來解決問題。雖然我們比較相信科學對疾病或災難所提出的解釋，但是，在很多的情況下，科學只不過是信仰的類型之一，而非知識！畢竟對於絕大多數的我們而言，科學仍然是相當神秘莫測的。

即使是身爲科學家的人，也很清楚地知道世界上還有很多未解的謎題，而有些科學家的推論在經過時間的考驗後，也有可能發現事實並非如此。科學的知識是理論性的，雖然在現象發生的時候，科學的理論有助於人們對該現象的理解，但是隨著新知識不斷地發現，往往就會把舊的理論推翻掉。同樣地，醫生也知道自己開立的處方箋，具有心理層面的價值，有時在有益於病患的情況下，醫生可能也會提供病人沒有實質醫療價值的安慰劑（placebo）。東亞地區的醫生與病人相處的時間，或是關懷病人的心力，通常都較西方的醫生來得多，因爲他們認爲這是療程的重要部份。

最令人聞之色變的疾病，往往是無藥可醫的病症，或是人們完全不了解的疾病，例如：愛滋病或某些種類的癌症等。一旦被理性的「科學」診斷爲不治之症時，病人與其家屬通常會轉而向另類療法求助，只要他們發現有任何可能「奇蹟式」痊癒的一絲機會，再遠的地方也願意去。雖然我的一位朋友經過醫學診斷，判定爲癌症末期，不過她堅持不放棄，不斷地走訪牛津地區和墨西哥等地，爲的就是想要瞭解更多飲食的另類療法，經過了數年，如今她仍然與病症繼續在搏鬥著。人們對於這些情形，通常都會表現出支持的態度，舉例來說：某個社群願意捐錢，資助當地的一個孩子到地球的彼端，向著名的醫師求診。

結構主義者的研究途徑

迥異於所謂的結構功能論（即檢視特定社會中的構成要素，在維持社會結構上所扮演的功能性角色），另一個具有影響力的研究方法，是法國的人類學家李維史陀（Lévi-Strauss）所採取的**結構分析法**（structural analysis）。李維史陀對於人類心智所共有的組織能力比較感興趣，如前所述，我們已經提過他把結構分析法運用在圖騰信仰的議題上，不過他最大的貢獻，是有關神話分析的研究工作，包括兒歌、故事以及其他族群共有的神話素材。李維史陀發現世界各地的故事，在結構性上有著令人訝異的相似處。

學生在剛開始面對神話時，可能會覺得很矛盾。一方面，在神話故事裡，似乎任何事情都可能發生，沒有邏輯可循，也沒有連貫性。任何的主題、各式各樣的角色，以及所有可以想像得到的關係，都可能出現在神話故事中。所有的事情，在神話中似乎都是有可能發生的。另一方面，在世界各地的神話之間，呈現出許多的相似性，但是這與前述的任意性（arbitrariness）又互相矛盾。因此，問題就是：如果神話的內容是偶然形成的（contingent），那我們該如何解釋世界各地神話之間的相似性呢。（Lévi-Strauss, 1963, p.208）

李維史陀蒐集大量的故事，包括同一個故事的各種版本，並且把故事劃分成最小的元素，然後藉由元素之間的關係，來分析其中共通的結構。他的結論是，這些元素所形成的機制，可以調和某些重要且絕對的對立面，例如生與死、人與神、自然與文化等。這些分析通常都很冗長而複雜，無法用三言兩語就解釋清楚。爲了讓讀者能夠易於了解，我們將以李維史陀對於騙徒角色的討論爲例，說明爲什麼許多美洲原住民的神話故事，都會以烏鴉或狼來扮演這個角色：

只要我們能夠記得有關神話的思考方法，總是從互相對立的兩個事物來進行推論，那麼想要找到解答就會簡單多了。我們必須先假設兩個互相對立、沒有中介者（intermediary）的字彙，總是有被兩個同義詞所取代的傾向，而且這組新字彙之間有第三個字彙作為中介者。我們可以繼續使用相同的方法，推論出其他字彙的意義（出處同上，p. 224）。

藉由這樣的過程，李維史陀發現美洲原住民神話的中介結構（mediating structure）。最先發現的一組互相對立字彙，是有關生與死的觀念，可以被農業（生的那一端）和戰爭（死的那一端）所取代，而兩者之間的中介者是狩獵，這是因爲狩獵同時具有農業和戰爭的特質。相同的方式，我們可以繼續推論出其他組的字彙關係。舉例來說：用草食性動物來取代農業，肉食性動物來取代戰爭，則處於中介位置的就是食腐肉的動物（例如：無所不在的烏鴉和狼）。同樣地，食腐肉的動物也具有其他兩種動物的部分特質。由於烏鴉或狼在神話故事中所扮演的角色，實際上是在調和生與死兩個互相對立的概念，因此常常被認爲是行爲不光明磊落和曖昧不明的角色。

有關李維史陀在這方面的分析細節及其他觀點，可以在其所著的《結構人類學》（"Structural Anthropology"，1963）中一窺究竟。對於神話分析有興趣的讀者，在閱讀李維史陀其他更艱深的著述之前，也可以先行閱讀《結構人類學》此書。李維史陀所著述的書籍，書名都十分有趣，例如：《生食和熟食》（"The Raw and the Cooked"）、《從蜂蜜到灰燼》（"From Honey to Ashes"）等。另一個有關於神話的分析，也相當具有可讀性的是李維史陀在1976年的論文《阿斯帝沃的神話》（"Myth of Asdiwal"）。由於他所指出的對立性，在現實生活中是互相衝突而不可能加以調和的，所以在神話故事中的生物，大多是以反常或不合常理的角色出現，例如：怪獸、處女懷孕、或是具有人類形體、情感或性格的神等，誠如我們在第二章中所言，這也是禁忌、儀式或慣例的特點所在。

艾德蒙・李區（Edmund Leach）在其所著的《創世紀的神話》（"Genesis as Myth"）一書中，針對有關神話的議題以結構性分析法進行探討，並提出許多非常有趣的看法。我們在第五章中曾經提到《創世紀的神話》這本書，艾德蒙・李區在書中針對某些自相矛盾的論點加以探討和解釋，雖然基督徒彼此之間，不可以有亂倫的情形發生，但是他們卻顯然都是亞當與夏娃的後代。艾德蒙・李區指出聖經的一系列故事中，有許多近親相姦的例子。由於以色列的子民，認爲自己的地位優於鄰近的種族，所以相較之下，亞伯拉罕寧願選擇跟自己同父異母的妹妹結婚，在當時的情形下亂倫是頗爲合理的行爲。誠如李維史陀的某些研究分析，艾德蒙・李區在書中探討近親相姦所扮演的功能性角色，亦即如馬林諾夫斯基所說，功能性的角色是在爲特定社會的結構情形背書。

我們在從事宗教的研究工作時，結構分析法可以補充前述功能性〔亦稱工具性（instrumental）〕解釋的不足。我們之所以探索宗教儀式的功能，目的就是爲了要尋求這些功能的「意義」（meaning），也就是所謂的表達性（expressive）意義。表達性意義可以告訴我們社會中重要的分類範疇，或是如芮克里夫・布朗（Radcliffe-Brown）所說的「表達人類對生命與自然的基本概念」（1964, p.330）。在正規的結構模式中，我們不僅要重新確認分類系統，而且也要在互相對立的分類範疇之間，確認神話故事中反常或不合常理的生物所扮演的角色。

在**生命儀禮**（rites of passage）的狀況中，人們從一個範疇移動到另一個範疇。從儀式的**工具性**（instrumental）層面來說，生命儀禮的功能，包括認定一個人已經成年、成為某個族群的成員，或是人們從一個地區安全地遷徙到另一個地區等。而從**表達性**（expressive）的角度來看，人們則藉由生命儀禮的活動，把自己的人生劃分成幾個具有不同意義的階段，例如：不同的地點和時間，對人的意義都會有所不同。因此，以結構分析法的方式來探討宗教活動，可以了解宗教有關人或世界的分類方式。

如今有許多的研究，都證實宗教活動所扮演的結構性角色。我自己在墨西哥所從事的研究工作，發現墨西哥天主教所強調的聖家庭（Holy Family）信仰與現實生活中的墨西哥家庭之間，有著巧妙的相似性。有關聖家庭的信仰，認為瓜達魯佩聖母（the Virgin of Guadalupe）的地位高於上帝或耶穌之上。類似的情形，也反映在墨西哥的一般家庭的情形中，母親經常扮演支配性的角色。雖然有些墨西哥男人三妻四妾，擔任兩、三個不同核心家庭的父親角色，但無論如何，男人在家庭裡仍然只是個被邊緣化的角色。在任何的情況下，家庭穩定性的真正來源，都是負責養活孩子的母親，因此我們不難理解墨西哥人，不管男人或女人，為何祈禱的對象都是代表神聖力量來源的女神（也就是所謂的聖母）。

約翰・米德登（John Middleton）根據 1950 年代他在

烏干達／比屬剛果邊界所從事的田野調查工作，著述完成《盧格巴拉宗教》（“Lugbara Religion”, 1960）一書。這本書是一個很好的實例，可以說明民族誌的研究文獻，如何呈現宗教活動的表達性（expressive）意義。盧格巴拉人的宗教活動，是以祖先的祭祀爲主，而且也是世系（lineage）宗族在日常生活中不可或缺的一部分：

> 對亡者的膜拜與宗族權威的維持，兩者之間的關係十分密切。權威的行使與承認，和世系的發展緊密結合。年長者想要繼續保有權威，但年輕的一輩卻要求獨立，因而在神秘經驗與宗教儀式上，常常會有許多的衝突發生……我將以一個宗族的男性為例，說明他如何利用祭祀亡者的信仰，作為獲取和保有自身權威的工具。（Middleton, 1960, p.v）

《盧格巴拉宗教》該書的章節架構，首先是介紹盧格巴拉人的社會與政治生活等資料，然後是有關於亡者祭祀的物質與觀念，接著則是該書的重點——宗教儀式的行爲，可以置放在適當的架構中來理解。最後，約翰・米德登提到宗教概念對道德共同體的影響。總結該書整體的看法是，有關宗教的概念，可以反映出盧格巴拉人的社會生活，已經完全和宗教結合在一起。

宗教的道德制度

倘若我們仔細地檢視世界上的主要宗教，例如：基督教、猶太教、回教與印度教，就會發現這些宗教最重要的社會角色之一，是在生活中訂定應該遵循的道德規定。大多數宗教都有教義與典籍，而且清楚地陳述道德規範的內容。我們在第三章中提及的施恩不望報等概念，通常就屬於宗教典籍內的規定，而且也是**救贖論**（soteriology）或是救世理論的基礎原則。姑且不論救贖論的觀念實際上是否如此，但是我們仍然可以引用互惠的原則，來解釋宗教上所謂施恩不望報的行爲。也就是說，人們在社會中的言行舉止，必定和這些宗教對於世界與來生的解釋有關。

法律制度的建立，雖然如今多少都受到「人文主義」（humanism）的影響，不過大多數的西方國家，通常還是以猶太教和基督教的概念爲基礎。而在信仰回教的國家，多數的規範則源自於可蘭經。我們對於違反法律的罪犯，常常會訴諸於道德層面的制裁，即使有人逃過塵世法律的懲罰，或許也會擔心自己將來在天國或「其他地方」得到報應。至少在西元 1996 年以前，有關於「煉獄」（burning in hell）的觀念仍然深植人心。英國國教在 1996 年宣稱地獄並非如想像中殘酷可怕，也許是爲了減低人們對於未來命運的憂心。

並非所有的宗教傳統，都與道德規範有如此清楚的關聯。事實上，在某些較小規模的社會裡，道德價值與所謂的「宗教」概念，已經和社會生活的所有層面融合爲一體，道德、宗教與生活緊密結合，缺一不可。在這些社會中，人們把祖先視爲道德秩序的守護者，對於那些悖離道德或社會規範的人，祖先會以疾病或厄運來懲罰。然而由於人們在遭逢不幸或災難時，也有可能會以其他的方法來解釋自身的際遇，所以這些已經過世的祖先，並非總是掌控絕對的權力，也不是神聖而不可侵犯的。我們將在第八章中進一步討論這方面的議題。除此之外，如何強制執行社會規範，以及各式各樣機制的運作過程，我們則將在第九章中探討社會控制的議題時詳加討論。

異教團體（Cults）：宗教運動的延續

我們在本章的開頭部分，提及宗教的演化歷程，而且某些社會學家也認爲，現代化（modernization）將會促使宗教發生世俗化（secularization）的現象。雖然如此，宗教並沒有因而以更合理的方式來解釋世界。事實上，如今世界各地反而出現更多的新興宗教，人們可以選擇的宗教信仰愈來愈多。舉例來說：日本人可以在各式各樣的宗教信仰裡，尋找解決問題的方法。而且，某些日本的新興宗教團體，在英國還受到熱烈的歡迎。我在第三章中提及的日本朋友，曾經教導我拜訪鄰居時應該注意的禮節，在我離開日本後，不久就變成一位基督徒。而當我返抵英國時，卻又發現我的學生裡面竟然有兩三個日本佛教徒。

某些人類學家的觀點認爲，新興宗教的運動，往往是在社會變遷或動盪不安時興起。此外，很有趣的是，有些特別的**異教團體**（cults）會讓人有文化錯亂的現象發生。也就是說，一個人在接受不同宗教的信仰時，無論過程是多麼地平和，或多或少仍然會受到很深遠的影響，此時這個人所呈現的反應，可說是爲了適應新的宗教信仰所作的努力。我們以北美洲的平原印地安人（Plains Indians）盛行的「鬼舞」（ghost dance）爲例說明，當歐洲人來到美洲時，使得印地安人的土地與生計受到壓迫，因此舉行鬼舞的目的，就是希望透過舞蹈向祖先祈禱，以便把這些後來者從祖傳的土地上驅離，並且帶回以往常常獵捕到的水牛。

當人們面對外來的異教時，所引起的反應是相當令人詫異的。入侵者的屯墾區和當地人的居住地，有時兩者之間的距離十分遙遠，因此，當地居民大多是藉由口耳相傳而得知有關入侵者的資訊。異教團體（cults）的興起和成長，目的通常是爲了使當地居民有更高的生活水準，而異教的信仰內容，則可能透過類似先知角色的人，來宣揚和傳播道德重整的教義。在異教團體中，通常都會有一個具有超凡魅力的領袖人物，然而對領袖的狂熱崇拜，有時也會造成巨大的毀滅。舉例來說：在南美的某個地區，曾經有當地人集體跳下懸崖的實例發生，這是因爲他們相信，跳下懸崖是來世可以成爲白人的方法，而且使自己在來生也可以享有耳聞中白人的優勢。

在美拉尼西亞，也有一種稱爲「貨物崇拜」（cargo cults）的儀式，目的是爲了把白人所使用的各種物品吸引過來。有些電影或舞台劇也對此現象加以描繪。例如：在法國導演《賈克大地》（Jacques Tati）的電影中，刻劃當地人由於見到龐大的「巨鳥」爲附近屯墾區的白人帶來各式各樣的豐盛物資，所以也建造一座機場，希望吸引巨鳥能夠降落在他們的機場上。除此之外，還有一齣名爲《軍官歐拉與他的信徒》（Sergeant Ola and his Followers）的舞台劇。我們從劇名就可以知道，劇中必定有個魅力型的領袖人物。在這齣舞台劇中，雖然當地居民都是未受過教育的文盲，但是卻盛裝打扮地像白人一樣，並且花費許多的時間來模仿白人的活動、閱讀報紙和使用打字機等。

彼得・沃斯里（Peter Worsley）所著述的《號角響起》（"The Trumpet Shall Sound", 1970）一書，對於異教團體（cults）的主題有詳盡的探討。彼得・沃斯里在新幾內亞、斐濟、所羅門群島及新海布里底群島（New Hebrides）從事研究工作，他發現這些地方的異教團體，都具有某些相似性，其中之一是人們相信世界末日即將到來，一場大災難就要毀滅掉一切，不過祖先或神靈會重返人間，把人們從新的壓迫者手中解放出來，因此人們都要在世界末日前預先準備好。由於歐洲在即將進入西元 1000 年的時候，也曾經發生過類似的情形，所以彼得・沃斯里且把世界各地異教團體的活動，都稱爲「千年運動」（millenarian movements）。

彼得・沃斯里指出，異教團體的活動，當然不只在美拉尼西亞才發生，也不是僅出現在人類學歷史研究的田野工作報告裡，特別是當我們已經逐漸接近另一個千禧年的此刻，異教團體的活動很有可能更加活躍。西元 1995 年在東京地下鐵發生震驚世人的毒氣事件，以及 1993 年在德州瓦柯（Waco）發生的大衛教派集體自殺／謀殺慘劇等，這些實例都說明了世界末日的教義持續增強的力量。日本奧姆真理教被視爲是地下鐵死傷事件的元兇，也成爲教科書中最典型千禧年的宗教狂熱案例。伊恩・瑞德（Ian Reader）對奧姆真理教進行深入的研究，對於教主麻原彰幌（Asagara Shoko）做了以下描述：

> 他……因為頻繁而極端地發表預言而聲名大噪，他預言在本世紀終了之前將會出現天啟，多數的人類將被吞噬，腐敗的物質世界將被摧毀，而日本社會終將難逃滅亡的命運。他宣稱自己是救世主，幫助信徒脫離天啟的宿命，並且帶領他們摧毀舊世界、建立一個嶄新的理想精神世界。（1996, p.2）

彼得・沃斯里把美拉尼西亞的物質，置放在人類學和歷史學的架構中，以找出不同異教活動之間的共同點。異教團體的共同主題，往往是聚集較小的族群，以成爲團結的共同體，一同抵禦壓迫者的惡勢力。至於更美好的生活前景，當然也是一個有力的特色。除此之外，魅力型的領袖人物也是必要的條件。我們可以試著把這些異教團體的特點加以歸納，以找出某些普遍化的規律，這是在人類學領域上有待開發的主題，彼得・沃斯里的著作，可以作爲這方面議題研究的典範。我們將在下一章中檢視某些特定文化的實例，以增進我們對世界各地「魔法和宗教」現象的瞭解。

References

Durkheim, Emile (1915) *The Elementary Forms of the Religious Life*, trans. J. W. Swain (London: George Allen & Unwin).

Evans-Pritchard, E. E. (1965) *Theories of Primitive Religion* (Oxford: Clarendon).

Frazer, Sir James George (1922) *The Golden Bough; A Study in Magic and Religion*, abridged edn (London: Macmillan).

Gombrich, Richard (1971) *Precept and Practice: Traditional Buddhism in the Rural Highlands of Ceylon* (Oxford: Clarendon).

Leach, Edmund (1969) 'Genesis as Myth', in *Genesis as Myth and other Essays* (London: Cape).

Lévi-Strauss, Claude (1963) 'The Structural Study of Myth', in *Structural Anthropology* (Harmondsworth: Penguin).

Malinowski, Bronislaw (1974) *Magic, Science and Religion* (London: Free Press).

Middleton, John (1960) *Lugbara Religion: Ritual and Authority among an East African People* (London: Oxford University Press for the International African Institute).

Ohnuki-Tierney, Emiko (1984) *Illness and Culture in Contemporary Japan* (Cambridge University Press).

Radcliffe-Brown, A. R. (1964) *The Andaman Islanders* (New York: Free Press)

Reader, Ian (1996) *A Poisonous Cocktail: Aum Shinrikyo's Path to Violence* (Copenhagen: Nordic Institute for Asian Studies).

Tylor, Edward B. (1913) *Primitive Culture, Vol. 2*, (London: John Murray)

Worsley, Peter (1970) *The Trumpet Shall Sound: A Study of 'Cargo' Cults in Melanesia* (London: Paladin).

Further Reading

Burridge, Kenelm (1960) *Mambu: A Melanesian Millennium* (London: Methuen).

Lévi-Strauss, Claude (1967) 'The Myth of Asdiwal', in Edmund Leach (ed.), *The Structural Study of Myth and Totemism* (London: Tavistock).

Lindstrom, Lamont (1993) *Cargo Cult: Strange Stories of Desire from Melanesia and Beyond* (Honolulu: University of Hawaii Press).

Morris, Brian (1987) *Anthropological Studies of Religion: An Introductory Text* (Cambridge University Press).

Tambiah, Stanley Jeyaraja (1990) *Magic, science, religion, and the scope of rationality* (Cambridge University Press).

Novels

Endo, Shusaku, *Silence* (London: Peter Owen, 1976), tells the story of two European missionaries whose less than successful work in Japan finds them seeking some sign from God that their work is not in vain.

Hellerman, Tony, *Sacred Clowns* (Harmondsworth: Penguin 1993) is a murder mystery involving two native American detectives and a sacred festival.

Trollope, Joanna, *The Choir* (London: Black Swan, 1992) takes the reader into a fictional world of politics, scandal and social relations in a Church of England community.

Films

The Dervishes of Kurdistan (Brian Moser, André Singer and Ali Bulookbashi, 1973) illustrates some of the extraordinary feats people with strong faith are able to perform.

The Kalasha: Rites of Spring (John Sheppard and Peter Parkes, 1990) is another very good 'Disappearing World' film about a minority people living in the mountains of Pakistan who resist the surrounding Islamic influence.

第 8 章

宇宙論㈡：巫術、薩滿教與融合

宇宙論的原始種類

我們將在本章中詳細探討，過去幾年來人類學家特別感興趣的重要議題，以及他們與歐洲歷史學家之間的精采對話。第一個主題是巫術（witchcraft）與邪術（sorcery），這兩個字彙在英文中的意義十分有趣，不過我們仍然要先從非洲阿贊德人（Azande）對巫術與邪術的最初定義來開始探討。我們在前一章中提及的著名英國人類學家伊凡普里查（Edward Evans-Pritchard），選擇以非洲南蘇丹阿贊德人的部落爲研究對象。在與阿贊德人相處在一起的那段期間，伊凡普里查發現「曼古」（Mangu）是他們的語言中最常用的字，而這個字的意思就是「巫術」。由於巫術已經是阿贊德人日常生活中的一部分，所以身爲民族誌學者的伊凡普里查，即使對巫術感到不耐而非敬畏，也不得不正視巫術這個議題。

由於巫術是阿贊德人根深柢固的思考方式，因此伊凡普里查終於體認到，如果要了解阿贊德人的社會生活，就必須要先認識他們對於巫術的看法，於是選擇以巫術來作爲研究的主題。伊凡普里查從研究中發現，在阿贊德人眼中的道德世界，完全圍繞在巫術的觀念上，而不是由擁有最高力量的上帝（Supreme Being）或是祖先的鬼魂建構而成。伊凡普里查觀察阿贊德人使用巫術的情形，認爲巫術與貪婪、忌妒等負面字眼，具有相同或相近的意義：

> 巫師（witches）所扮演的角色，指的是那些作出悖離社會要求行為的人。那些可以稱作好公民的人——當然，也是社會中比較富裕和掌握權力的人，很少會被指控是巫師。至於那些和鄰居處得不好或是能力差勁的人，則最有可能被當作是巫師。（1976, p.52）

因此，有關巫術的研究工作，是瞭解阿贊德人的思考方式，以及辨認他們的政治制度與社會生活的重要關鍵。

伊凡普里查以阿贊德人爲研究對象，從事巫術的研究工作，並進而發展出有關巫術的理論，對於世界各地研究民族誌的許多人類學家，造成很深遠的影響。伊凡普里查所提出的巫術理論，是其他繼續深入研究的人類學家進行比較的基礎，其中有些人贊成他的看法，並提出更多普遍性的原則；但是也有些人提出修正或不同的分析方式。然而，不可否認的是，沒有人能夠輕視忽略他的研究結果。基於這個理由，我們也將從伊凡普里查的研究，及其衍生的理論開始著手。阿贊德人有關巫術的研究案例，對人有莫大的吸引力，更特別的是伊凡普里查的文筆極具親和力，易於閱讀和理解。對於巫術現象有進一步興趣的讀者，伊凡普里查的著作可說是最佳的入門書。值得注意的是有關巫術的概念，並非每個地方都具有相同的意義，某些地方的分類範疇，可能比較適合詮釋為靈魂附身（spirit possession）或薩滿教（shamanism）等等，我們將在本章的第二部分針對這些議題，以當地人的認知方式再作深入的討論。本章最後一部分要討論的現象是，雖然有些地方的觀念或信仰，源自於不同的宗教傳統，但是彼此之間卻能夠相安無事、和平共處。從歐洲人或中東人的觀點來看，這毋寧是個難以理解的情形，畢竟他們都經歷過無數次的宗教戰爭，面對過殺戮的慘烈場面。倘若有人願意聆聽，消弭戰爭和衝突，這也是人類學知識可以娓娓道來的話題。

術語

在伊凡普里查（Evans-Pritchard）的時代以前，**巫術**（witchcraft）與**邪術**（sorcery）兩個字彙的用法，彼此之間並沒有很清楚的區分，而且都是用來描述世界各地的人所具備的各種神秘力量。神秘力量的取得途徑，有人是與生俱來的，有人是後天的學習和訓練，還有人則是藉由某些儀式的啓蒙和傳授。至於神秘力量的使用，有些人是從身體發出的能力（有時甚至是無意識地發出），有人則是透過有意識地唸誦咒語。伊凡普里查在其經典名著《阿贊德人的巫術、預言與法術》（“Witchcraft, Oracles and Magic among the Azande”，1976）一書中，把巫術與邪術的概念，作個明確地區分。伊凡普里查根據邪術的種種特點，認爲邪術是屬於魔法（magic）中的邪惡類型。邪術與巫術之間的區別，包括下列幾個要素：

巫術（Witchcraft）

▷精神上的力量

▷通常是祖傳的

▷可能是無意識的

邪術（Sorcery）

▷爲邪惡的目的而使用符咒

▷任何人都可以學習

▷有意識的

巫術與邪術之間的差異，最初是伊凡普里查以阿贊德人的案例爲基礎而得，然而他們並非總是依據此一標準來判定誰是否爲巫師（witch）。阿贊德人的巫術（witchcraft），是根據性別而代代相傳的（亦即父親傳給兒子，母親傳給女兒）。他們認爲巫術的力量原本就存在於人體的腹部，但是可能十分模糊而難以分辨，而只有在生氣或忌妒時才會啓動這股力量，平常時則安靜地蟄伏在體內。每個人可能都不會意識到自己具有巫術的力量，直到這股力量真正爆發過以後，才會明白自己擁有巫術的能力。巫師一旦死亡，驗屍者將會確認巫師身上是否具備巫術的力量。不過，由於英國政府禁止死後驗屍的行爲，因此伊凡普里查並未親眼目睹阿贊德人如何進行剖屍檢驗的工作。

另一方面，邪術（Sorcery）則是一種可以透過刻意學習而得到的技能。由於邪術經常被定義爲惡意地使用符咒，因此我們把邪術又稱爲黑魔法（black magic），至於具有正面目的，而與黑魔法相對的則稱作白魔法（white magic）。任何人只要有興趣，都可以學習和施行邪術。然而，巫術的情形則和邪術相反，只有體內具有巫術潛能的人，才能夠啓動這股巫術的力量，而且經常是在不自覺的狀態下使用巫術。阿贊德人有關巫術與邪術的區別，不僅一般平民以這種方式來區分，而且連國王和王子亦是如此。雖然阿贊德的國王與王子本身不具有巫術的力量，而且也不會受到巫術的傷害，但是他們卻有可能遭受到邪術的威脅。

有關巫術與邪術的區別，伊凡普里查(Evans-Pritchard)所提出的辨識方法，可以適用於許多地方的文化，不過顯然不可能符合每一個社會的實際情況。有鑑於此，許多的專家學者也針對此一主題，鍥而不捨地進行更深入的研究和探討。舉例來說：約翰・米瑞德（John Middleton）和溫特（E. H. Winter）在共同著作的《東非的巫術與邪術》（"Witchcrafts and Sorcery in East Africa"）一書中指出，法術（wizardry）這個字泛指所有這一類的神秘力量，他們將法術定義爲：

> 相信自己所具有的潛能或力量，可以施加在其他人的身上，而且在面對他人的加害時，可以採取保護自己的行動，或是以其人之道，還治其人之身。（1963, p.3）

除此之外，瑪麗・道格拉斯（Mary Douglas）在其編輯的《巫術：認罪與指控》（“Witchcraft: Confession and Accusations”）（1970）一書中收錄勒維斯（I. M. Lewis）的論文。勒維斯在文中指出，如果我們站在指控者（accuser）的立場（而非被指控的人）來看待，則**神秘攻擊**（mystical attack）除了包括**巫術**（witchcraft）和**邪術**（Sorcery）之外，同時也包含**靈魂附身**（spirit possession）等情形。此外，神秘攻擊的方式，也可以區分為迂迴的（oblique）或直接的（direct）兩種類別。勒維斯認為，指控者鼓動群眾的力量對巫師進行迫害，反而使得巫師成為社會行為的最終犧牲者。在探討有關靈魂附身的議題之前，我們將進一步檢視伊凡普里查所提出的其他概念。

巫術與邪術信仰的角色

在伊凡普里查（Evans-Pritchard）勾勒出的巫術理論中，最具影響力的觀點是在阿贊德人的社會裡，所謂符合規範的行為與巫術角色之間的關係。我們在接下來的部分，將簡介伊凡普里查在這個議題上的研究。此外，我們也將提及其他有關於巫術與邪術的研究，以供讀者參考和相互比較。在巫術所扮演的角色中，最普遍的就是巫術對於不幸的事件如何提出解釋。

(1)巫術：對厄運提出解釋

在阿贊德人的日常生活中，任何不幸事件的發生原因，都可以歸咎於巫術。伊凡普里查強調，雖然阿贊德人也會觀察自然因素（如惡劣的氣候等）對人所造成的影響，但是當他們收成不好、生病或只是遺失一條魚時，卻都只會認爲是巫術在作祟的緣故。在伊凡普里查的研究報告中，最著名的實例就是，有座穀倉突然傾斜倒塌，並壓傷了在裡面吃午飯的人。事實上，這些受傷的人原本就知道，穀倉的柱子受到白蟻的蛀蝕早已搖搖欲墜，但是卻爲了貪圖涼快而在穀倉底下吃飯。然而，爲什麼穀倉偏偏在那個時刻倒塌和壓傷那些人呢？巫術，這就是阿贊德人的解釋。

伊凡普里查認爲，巫術的解釋有自己的一套邏輯。巫術可以解釋，爲什麼厄運會在某個時刻降臨在某些人的身上。一般而言，發生車禍的人通常會想到，假如自己晚個幾分鐘出門，就不會被闖紅燈的車子撞到了。或是有人因爲誤點而沒有搭上發生意外的班機或公車，此時這個逃過一劫的人，可能會覺得自己很幸運或是受到老天爺保佑。總而言之，這些人都會想到「命運」、「宿命」、「幸運」或「神明保佑」等概念，但是阿贊德人對此卻有不同的看法，確信一個人之所以在某時某地遭遇到不幸的災難，就是因爲受到巫術的影響。

有些其他的信仰系統，對於厄運的解釋，也有類似阿贊德人的篤定看法。例如：回教徒在遭遇到不幸的災難時，可能立刻就把災難視爲神的旨意。事實上，在回教世界中有個習慣用法，每當有人想要更改某些已經安排好的事項時，都會在提議時加上一句“insh'Allah”，意思就是「神的旨意」。在西方國家中，我們則必須找出造成災難的人爲因素，因此隨著災難而來的是法院的訊問，以釐清該負責任的人是誰。例如：發生空難事件時，「黑盒子」的搜尋就是最重要的任務。或是在英吉利海峽發生渡輪的船難事件後，促使相關單位願意著手修改航程的規劃與設計。倘若我們在災難發生之前能夠採取某些措施，則長期而言可以降低災難的殺傷力，而這也是巫術所扮演的第一個角色。

(2)巫術：提供某些預防措施

巫術所扮演的第二個角色，是提供清楚的步驟，讓人可以減輕災難的危害程度。舉例來說：當我們生病時，如果可以知道生什麼病、如何治療，心理就會比較舒坦。相同的情形，阿贊德人也可以採取某些行動，以尋求神的指引，預先找出對自己施行巫術的人和原因。阿贊德人在尋求神的指示時，最爲人所知的就是，讓雞隻服用幾乎致命的馬錢子（strychnine），同時提出問題，然後以雞隻是否死亡作爲問題的答案。除此之外，阿贊德人也有幾個較爲經濟的方法，例如：把幾根樹枝放入白蟻窩內，然後看看白蟻將哪跟樹枝先吃掉。另一個方式則使用平板（board）來尋求神的指引，伊凡普里查對此情形的描述如下：

> 類似小桌子的造型……由不同種類的木材雕刻而成，包含兩個部分：一部分是「雌性」（female），也就是桌子的平滑表面，由兩根支柱及其末端支撐；另一個部分是

「雄性」（male），指的是覆蓋在桌面上的平板，就像蓋子一樣。

當操作者迅速地把蓋子抽離桌面時，結果可能是蓋子平順地前後移動，或是牢牢地固著在板子上，此時除非使用蠻力，否則蓋子和桌面無法分離。平順地移動與固定不動，就是問題的兩種答案，這種情形和雞隻是生是死，或白蟻吃不吃樹枝的方式類似。（1976, p.168-70）

(3)巫術：將社會的緊張情勢公開化

尋求神的指引時所提出的問題，答案通常以是或否的形式呈現。根據伊凡普里查的觀察，這些提出問題的人，重視的不是那些已經爲人所知的巫師，而是爲了要確認某人的心中是否懷有惡意。在阿贊德人的社會中，天生具有巫術潛能的人，對其他人感到憤怒或忌妒時，巫術的力量就會自發性地爆發，因此阿贊德人會尋求神的指引，以是或否的答案，來判定某人是否懷有憤怒或忌妒的情緒。當他們使用雞隻尋求神的指示，認定某人有可能是巫師時，就會把死雞的翅膀放在此人的面前，雖然這個人可能會否認自己有任何負面的情緒，不過他們仍然會繼續進行儀式，把水灑在死雞的翅膀上，以澆熄巫術的力量和驅離敵意。伊凡普里查認爲，這種儀式的另一個目的，就是將人與人之間潛藏的緊張情勢公開化，然後以雙方都能夠接受的方式來解除壓力。

(4)巫術：對社會規範造成影響

伊凡普里查指出，巫術的信仰可以讓不懷好意的人改邪歸正，這是因爲「表現出憤怒、卑劣或敵意的人，可能招致嚴重的後果」（出處同上 p.54-5）。換句話說，人們基於下列兩種理由，而試著控制自己的妒忌或其他的不滿情緒：

（i）避免被指控爲施行巫術

（ii）避免惹巫師生氣

伊凡普里查指出，粗魯、骯髒、善忌或是品格不佳的人，通常比較容易遭到指控，因此整個社會的制度，讓人盡量控制自己的情緒，以避免做出令人討厭的行爲。「由於阿贊德人並不知道誰是巫師、誰不是巫師，因此除非有特別的理由，否則每個人都會小心謹慎，避免得罪別人（出處同上）。

迴響及其他的巫術理論

自從伊凡普里查（Evans-Pritchard）的經典著作問世以來，許多人都對巫術的主題進行研究，其中有不少人呼應伊凡普里查對巫術角色的看法，特別是有關巫術對災難提出解釋的部分。舉例來說：歷史學家湯瑪斯（Keith Thomas）（1970）在其所著的文章中，敘述英國在十六、十七世紀時的情況，他認爲基督教新教（Protestant Church）把厄運描述爲上帝的憤怒，但是相較之下，巫術對於災難的解釋，反而有更大的空間可以有所發揮和行動（如前所述伊凡普里查的第⑵個觀點）。

> 如果有人認為自己之所以會生病，完全是上帝的旨意，那麼此人對於疾病的態度，必定是聽天由命和無能為力的。雖然生病的人可以向上帝祈禱，祈求身體早日恢復健康，但是痊癒的希望和機會卻是難以估計的，畢竟上帝的旨意是很神秘難解的，病人可以向上帝祈求，不過卻不能強迫或勉強祂。基督教新教的神學家認為，基督徒應該要像約伯（Job）一樣，默默地承受苦痛。這項教義讓人無法有如釋重負的感覺。相較於基督教新教的情形，巫術信仰的吸引力，在於巫術所表現的確定性，而這也正是基督教神學家無法苟同和贊成的理由。在巫術信仰的世界中，害怕受到巫師施法攻擊的人，可以採取一些預防性的措施來保護自己，而且即使巫師已經施展巫術，仍然可以採取某些防衛性的巫術來制衡和對抗。巫術最吸引人的地方是，遭受巫術攻擊的人，也可以對巫師提出控訴，讓巫師受到應有的懲罰。就這個角度來說，審判巫師的罪行，不只是一種報復行為，而且根據現代的觀念，也能夠減輕受害者的心理負擔。（Thomas 1970, p.57）

湯瑪斯（Thomas）指出，在宗教改革運動（Reformation）之後，興起一股審判女巫的風潮。這是因爲羅馬天主教會（Roman Catholic church）有很清楚的傳統規範讓人遵循，與巫術信仰的情形截然不同的關係。湯瑪斯支持前述伊凡普里查的第(3)個觀點，認爲在巫術的社會中，倘若有人得罪了鄰居，或是拒絕施捨和幫助他人，此時心裡就會有罪惡感，而且深怕自己因此被指控爲施行巫術。有鑑於此，巫術信仰的觀念，不僅可以促進鄰居之間的聯繫互動，而且能夠讓人更加遵守道德規範的規定。誠如前述的第(4)個觀點，生活在巫術社會中的人，爲了避免讓人指控爲巫師或是施行巫術，都會小心謹慎地控制好自己的言行舉止。

除此之外，湯瑪斯（Keith Thomas）和伊凡普里查（Evans-Pritchard）都指出，擁有神秘力量的人，有時也會讓人站在較有利的形勢或環境。例如：在英格蘭行乞的老嫗，由於大家怕她具有某種魔法，因而獲得不少的好處。此外，在阿贊德人的社會中，人們相信巫師的能力，可以使狩獵有較豐碩的收穫，所以巫師和眾人在狩獵時，也可能因此而多分到一些肉。

溫特（Winter）在其著作“Middleton and Winter”（1963）中提及烏干達的安巴人（Amba）時指出，巫術的觀念並非總是對社會有益。他認爲巫術的信仰，打破了村落社會的凝聚力。從安巴人的觀點來看，巫師倒吊、吃人肉、以鹽巴止渴、裸身行走等，完全是人類在肉體與精神上倒行逆施的行爲。此外，安巴人認爲巫師加害他人的方式，是把受害人帶離村落，和其他村落的巫師一起分食人肉，這也和阿贊德人的情形不同。

如果巫師在某個村落殺了人，將會邀請其他村落的巫師一同食用人肉。之後，被邀請的巫師必須加以回報，一旦在自己的村落有所斬獲時，也要邀請以前招待過自己的巫師來分食屍體（1963, p.292）。

一般人會穿上衣服蔽體，也不會食用人肉，因此，巫師的行爲和常人是完全相反的。溫特（Winter）認爲，巫術的信仰是社會秩序中的「結構性倒置」（structural inversion），因此必須置放在道德世界的架構之中檢視。溫特的看法可以說是巫術角色的「表達性」（expressive）意義，誠如我們在上一章中所提及的概念，巫師也是社會中的重要分類範疇。由於伊凡普里查等人認爲，巫術對於社會道德的約束力，是扮演「工具性」（instrumental）或功能性（functional）的角色，所以溫特所提出的「表達性」角色，從而補充了伊凡普里查等人的觀點。

有關指控他人施行邪術（sorcery）的議題，里維耶爾（Peter Rivière）在南美洲從事的研究工作，是另一個有關巫術的結構性詮釋。里維耶爾在 1970 年出版的《巫術：認罪與指控》（"Witchcraft: Confessions and Accusations"）一書中，爲文描述指控某人施行邪術的情形，反映出蘇利南的特里歐印地安人（Trio Indians）的社會經濟結構，以及不同村落之間的界線如何劃分。此外，在巴西南部的厄奎沙范提人（Akwe Shavante）指控他人施行邪術的狀況，則可以表現出政治派系勢力的消長情形。在前述的兩個部落裡，族群的流動性都很大，而且族人可以藉由遷徙，來重整自己跟鄰居的關係，因此在政治上的忠誠度也常常改變和更換。同一村落或是屬於相同政治派系的人，彼此之間不會互相指控施行邪術，然而為了區分或打擊異己時，就會指控他人施行邪術。

在同一本書《巫術：認罪與指控》（“Witchcraft: Confessions and Accusations”）（1970）的前言中，道格拉斯（Douglas）把巫術描述為「在本質上是釐清和確認社會界線的工具」（1970, p.xxv）。如果巫師是一個外來者（outsider），當地人一定會予以再確認（reconfirmation），不論確認的形式為何。而如果巫師本身就是當地人，則巫術所扮演的角色，是以共同體的價值為名義，來控制當地人偏離常軌的行為，不過巫術的這種功能，可能也會加深派系之間的對立和衝突，或是對階級制度重新定義和調整。道格拉斯在另一本著作《純潔與危險》（“Purity and Danger”, 1966）中，認為角色曖昧的人，通常被視為具有法力無邊的巫術，這種人的潛在力量，可能會引發社會動亂。這些人在族群中可能佔有一席之地，但是在另一個族群的成員眼中，則成了入侵者。道格拉斯指出，「巫術就像是生活在社會圍牆或壁板夾縫的蟑螂與蜘蛛」（p.124）。道格拉斯提及一個我們容易理解的例子：聖女貞德（Joan of Arc）被認為是「宮廷裡的農家少女，披戰甲的女人，戰爭計畫的外來者」（出處同上）─因此，有人會指控聖女貞德施行巫術，也就不足為奇了。

彼特・布朗（Peter Brown）在道格拉斯（Douglas）編著的《巫術：認罪與指控》（“Witchcraft: Confession and Accusations”）（1970）中為文指出，在面對社會變遷或

有危機出現時，社會結構的界定是十分混亂的，因此指控某人施行邪術，也會有增加的現象。彼特・布朗所舉的實例，包括：英格蘭在西元十六、十七世紀貧民救濟法（the Poor Law）訂定以前，受到第四世紀羅馬帝國流傳下來的巫術習俗所影響，窮人在社會中所處的地位，始終是很曖昧不明的。此外，非洲在成爲殖民地，以及西方人的傳教之後，因而興起的巫術等，都有指控他人施行邪術的情形發生。

目前在英格蘭的巫術活動，是否和社會的變遷或發生危機有關，對此，我們仍然無法確定，也很難說巫術的活動，是否在承平時期就會有緩和的跡象。然而，無庸置疑的是魔法與巫術，仍然是社會中許多人相當有興趣的話題，而從事巫師的工作，也是中產階級穩定的職業之一。巫術的議題，對於牛津布魯克大學的學生具有莫大的吸引力，他們不僅熱衷於參與地方上的集會，並且發表幾篇很有趣的論文。有一篇劍橋大學的博士論文《巫師技能的說服力》（"Persuasion of the Witch's Craft", Luhrmann, 1989, 請參閱延伸閱讀），不僅成爲英國巫術的最佳民族誌研究文獻，同時也是最適合作爲進入巫術主題的敲門磚。

附身與薩滿教

對於災難的解釋，是社會中宇宙論（cosmology）的一部分。在工業化的社會中，我們往往用科學來解釋災難的發生，因此生病時找醫生，發生謀殺案時找法醫，竊盜案時辨識指紋，飛機失事時找黑盒子。然而，在其他社會中的人，面對各種偶發的事件時，則可能向神靈尋求解釋和指引，而爲了能夠和神靈溝通與提出問題，必須透過諸如**薩滿**（shaman）、**預言師**（diviner）或**巫醫**（witch-doctor）之類的專家。這些專家雖然只是代表某個人與神靈溝通，但是卻可能以盛大的集會形式進行，而且在過程中時常讓人有啼笑皆非、不知如何是好的感覺，民族誌學者對於這種場合的價值，經常抱持疑信參半的態度。

這些活動執行者的稱謂，會讓人聯想到某些特定的宗教。舉例來說：雖然許多地方都使用**薩滿**（shaman）這個稱呼，但是薩滿稱謂的用法，卻是源自於西伯利亞的通古斯人（Tungus），特別是指那些宣稱自己可以使靈魂離開身體，到天堂或地獄神遊的人。南非也有許多類似薩滿的人，可能以飲下菸草汁或服用迷幻藥等方法，讓自己進入恍惚狀態，然後宣稱自己曾到靈界神遊過。薩滿也可以將神靈吸到自己的體內，接著對排隊請示或懇求的人說話和回答問題（以各種不同的聲音！）。

奧黛莉・寇爾森（Audrey Colson）以英屬蓋亞那的阿加瓦歐人（Akawaio）爲研究對象，對於這種場合有很生動的描述（Wavell, Colson and Epton, 1966）。聆聽奧黛莉所錄製的阿加瓦歐人降神會（seance）的錄音帶，的確是我在當學生時印象最深刻的事之一，錄音帶中的觀眾，非常配合地參與，因此整個場景聽起來熱烈極了。許多人向來訪的神靈提出問題，例如：有關厄運的事情、或是請神靈幫忙找尋失物（包括誰偷了東西）、請示生病的原因以及痊癒的方法等。在整個過程中，觀眾們也不時加入提供建議的行列。奧黛莉認為薩滿（或是附身在薩滿身上的神靈）所做的決定，可以反映出大眾的意見為何。

阿加瓦歐人的降神會所扮演的角色，有些類似於伊凡普里查（Evans-Pritchard）所描述的巫術信仰，因為降神會提供一個具有合法性的管道，讓人可以紓解心中潛在的緊張和壓力，而且使人在有所節制的情況下，指控某些人的惡行（比如會使神靈生氣而降禍的行為）。阿加瓦歐人會把某些涉嫌犯罪者的名字，帶至神靈面前，並請神靈裁決，奧黛莉認為，這種方式對許多人的反社會行為，有很強大的抑制作用，因此降神會的整個程序，對阿加瓦歐人的社會具有規範作用。

相較於薩滿，**預言師**（diviner）所包含的範疇較廣。如同薩滿所回答的問題，預言師泛指對類似問題提出解答的人。在日本及遠東等地區，預言師所扮演的角色，包括找出生病的原因（預言師可能宣稱，自己能夠進入病人體內找出病因）、評估一對男女是否適合成為夫妻、選擇理想的房子、或是決定企業的開張吉日等。日本及遠東地區的預言師，使用和參考一種複雜的日曆，這是根據占星術的觀念而編成，而且也和陰陽的兩極世界有關。我們在第一章中簡介有關時間分類的方法，對於預言師來說，時間的分類方式也是很重要的。由此可知，預言師的工作和薩滿有稍許不同，並非只侷限在和神靈的溝通上。

然而，日本的預言師也可能被問到有關災難的解釋，而說法則可能和祖靈或鬼魂的不滿有關。日本人在特定的節日追悼亡魂，一旦忘記這件事，將會有大禍臨頭的情形發生。最近日本人開始把厄運視為因墮胎而形成的嬰靈在作祟，因此佛教廟宇裡便設置小小的紀念雕像，而且每個月都會舉行儀式，以安撫這些孤獨的靈魂。甚至有些新興寺廟就是專門供奉這些嬰靈（細節請參閱 LaFleur 1992）。除此之外，日本人常常為了同一件事情，而請教不同的預言師或醫生，對日本人來說，這是司空見慣的事情。

如前所述的薩滿或預言師，在非洲則通常稱為**靈媒**（spirit medium）或**巫醫**（witch-doctor）。靈媒或巫醫所扮演的角色，類似於預言師或薩滿，也就是找出生病的原因，或是如何緩和神靈的怒氣等。不過，雷蒙（Raymond）與佛斯（Firth）在提及各種社會與靈界溝通的活動時，認為靈魂附身、靈媒、薩滿之間的差異在於：

▷**靈魂附身**（spirit possession），大多數是非自願的

▷**靈媒**（spirit mediumship），是自願性的溝通

▷**薩滿教**（shamanism），涉及對神靈的控制

有關這方面的議題，已經有許多各式各樣的研究方法。勒維斯（I. M. Lewis）在《渾然忘我的宗教》（"Ecstatic Religion"）（1971）一書中，對某些研究途徑有很深入的探討。誠如我們在前一節中的簡介，勒維斯（1970）將靈魂附身與巫術之間的差異，互相比較和詮釋。勒維斯認為，

靈魂附身可以讓人運用某些策略來宣洩煩惱。舉例來說：在南非的巴分達（BaVenda），有個被靈魂附身的女人，治療的方法是，只要她的丈夫和家人對她特別尊敬和關愛，那麼她就會恢復正常，而這個女人被靈魂附身的現象，一點都不會令人感到意外的是，經常在復原後又再度復發。另一個靈魂附身的類似例子，則發生在社經地位較低的男性身上，當他被靈魂附身時，身分地位至少會暫時地獲得提升。靈魂附身時的「痛苦」（affliction），可能會讓人聯想到巫術的施行，而以勒維斯的術語來說，靈魂附身的情形，是直接的、而非迂迴的神秘攻擊（mystical attack）。

有幾位民族誌學者，在靈魂附身的習俗方面，有很出色的研究，其中有些研究著作已經列入本章的延伸閱讀參考資料中。其中有篇論文，蓋爾勒（David Gellner）（1994）所著的《教士、治療師、靈媒與巫師》（“Priests, healers, mediums and witches”），是以加德滿都尼瓦人（Newar）的觀點，來檢視勒維斯有關靈魂附身的理論。畢提（Beattie）與米瑞德（Middleton）（1969）所編纂的經典著作，則是以非洲靈媒的角色爲焦點。除此之外，布雷克（Carmen Blacker）所著的《梓木之禮》（“The Catalpa Bow”, 1975），則對於日本文化中與神靈的互動情形，有很精采的介紹。

融合（Syncretism）

在錯綜複雜的跨文化世界裡，同時有不同的宇宙論存在。我們追求和平的方式，就在於能夠包容各式各樣的不同信仰，讓各種背景的人都可以在世界的許多城市裡一起生活。近年來，在城市學校中就讀的孩子，可能會接觸到形形色色的信仰。老師應該鼓勵學生分享自己對世界的觀感，以及所信仰的概念，學校也可以盡可能主辦各種慶典和儀式。這些教學的目的，是為了培養學生的包容性，然而，這麼做也可能或多或少讓學生感到很困惑。我自己的某些學生，雖然是在這種風氣下被扶養長大的，但是卻只對環境的議題有興趣。

熱衷於環境議題的人，可能會變成某種形式的自然崇拜（nature worship），也就是所謂的異教信仰（Paganism），這也是英國近年來相當重要的發展。異教（Pagan）這個字，最早是指英國在基督教創立以前（pre-Christian）的宗教概念。雖然這類的運動有許多形式，但是卻有個支配一切的系統，目的在於促進不同族群之間的連結。自然崇拜有一個常見的主題，是要再度復興歐洲在基督教創立以前已經普遍存在的信仰觀念，另一個共同的關注點，則是有關環境保護的議題。人類學家夏綠蒂・哈德曼（Charlotte Hardman）寫道：

> 過去十幾年來，英國異教信仰的情況已然改變……在生態上來說，異教信仰的背後一直有著對土地的浪漫情

> 懷，也有著哲學式的環保意識，而現在的異教信仰已經更明顯地成為這個領域的運動……尊崇大自然、致力於環境保護，已經不只是異教哲學的一部份而已。異教的生態魔法（eco-magic）可以改變環境、社會與精神等。（1996, pp. xiv-xv）

異教信仰似乎和前述雷曼（Luhrmann）所說的巫術有些部分重疊，但事實上，夏綠蒂・哈德曼的一些資訊提供者，並未將自己歸類爲異教，有些甚至是基督教的信徒。（Luhrman, 1989, p.5）

在英國的異教信仰與巫術信奉者，不僅對舊的分類範疇注入新的活力，而且把這股新活力融入新的宇宙論系統裡。此外，他們以古老的概念爲其豐富的資源，賦予日趨混亂的世界一種新的秩序。有時科學上的新發展，似乎無視於大自然脆弱的一面與資源的日漸匱乏，於是對此陷入絕望的人只好回歸田園，遠離核爆或世界毀滅的陰影。就像我們在第六章中提到的藝術蒐藏家，在原住民的繪畫中找到慰藉，而且希望從消失的過去裡找到生命的智慧。他們不但拒絕氾濫的科學世界觀，更試著尋求靈性生活的意義。

新的世界觀，是由宇宙論中的不同要素融合而成的，也就是自古以來所謂的文化交流現象。在現實生活中，一種信仰納入另一種信仰之中的情形，我們稱作「合成」（synthesis），至於多種信仰共存的狀態，則稱作**融合主義**（Syncretism）。目前已經散佈到全世界的基督教信仰，無論是在教義或實踐上，都結合了各種屬於早期信仰的要素。舉例來說：聖誕節是紀念耶穌誕生的節日，正巧與北歐國家早期在冬天舉行慶典的時間相同。此外，萬聖節原本是異教徒信仰的節日，但卻意外地成爲基督教紀念聖者及殉道者的忌日。

聖誕節和萬聖節，都是墨西哥人日曆上重要的節日，也是緬懷逝去親友的時刻。墨西哥最著名的節日是死人節（the Day of the Dead），商人在這一天販賣各式各樣以鬼爲主題的商品和糖果，例如：以塑膠製成的骨骸，或是用巧克力作成骷髏頭的形狀等。基督教傳入墨西哥已有好幾世紀的時間，在此之前，墨西哥人所信奉的宗教有各式各樣的類型，包括阿茲特克人（Aztec）與馬雅人（Mayan）的信仰等，由於時代久遠，倘若要回溯這些宗教信仰的要素，並不是一件簡單的任務。然而，從當時傳教士所留下來的手稿顯示，有人確實在傳教的過程中，鍥而不捨地想要把當地習俗和基督教信仰結合在一起。有趣的是聖母瑪莉亞第一次顯靈的地方，是供奉托南辛（Tonantzin）的山丘，而托南辛正是阿茲特克人所信仰的地母神（Earth Mother）。

在《消失的世界》（Disappearing World）這部影片中，阿贊德人的故事是最新的實例，說明上述的概念如何與新興的基督教共存（請參閱章末的影片資料）。

日本的情形雖然有些不同，但也是融合主義的好例子。按照字面上的意義來說，日本當地的「神道」（Shinto）

信仰，具有「神的道路」的意思。神道泛指古代沒有名稱的各式各樣信仰，有可能與道教（Taoism）的信仰有關。日本人之所以將此信仰命名爲神道，是爲了把神道的信仰和外來的宗教有所區分。日本人的宗教信仰，包含了佛教、儒教與基督教等宗教的傳統習俗。佛教、儒教與基督教在日本社會中共存，當然也有各自的教義、規範與舉行儀式的專家。不過，一般的日本民眾，對於什麼是宗教等問題，都只有模糊的概念。

我們已經提過，戰後時期的日本人，把神道的概念歸類爲一種「迷信」，以反對神道裡的帝國主義擴張思想。日語中譯爲「宗教」（shukyo）的這個字，指的是外來的宗教，而非起源於當地的信仰。而日語中譯爲「信徒」（shinja）的這個字，則指的是選擇以特定（通常是「新的」）宗教作爲信仰的人，而不是那些不自覺地把各種宗教觀念納入生活中的人。日本人可能會同時參與不同宗教或信仰的活動，例如：在孩子出生時，到神道的寺廟祈求平安，葬禮時則以佛教的方式舉行，而婚禮則以基督教的方式舉行，此外，有問題時則是向薩滿（可能是道教）詢問等。

我曾經在日本鄉下的社群中，從事田野調查的工作（Hendry, 1981），對於當地習俗的研究結果，與其他人研究日本宗教活動的發現不謀而合。整體而言，神道與生活和健康有關，而佛教則是與死亡和追念先人有關。前者通常是社群性的儀式，是在神道的寺廟中舉行；而後者則是家族式的儀式，可能是在家族中的祠堂舉行。這些習俗所扮演的角色，顯然具有所謂的表達性（expressive）意義。日本人在罹患疾病、結婚或建造房屋時，則向角色定位較不明確的薩滿諮詢。日本社會在面臨威脅或經歷變遷時，不同宗教信仰所扮演的角色都會受到強化。

日本的基督徒並不多，約莫不到百分之二的日本人信奉基督教。這是因為日本的宗教信仰，融合和納入許多不同的佛教與神道支派，而基督教的信仰，排他性相對而言較強，因而不容易在日本生根發展。日本宗教信仰的融合，使得日本人能夠適應不斷變遷的社會結構。倘若我們回溯一千五百多年的日本歷史，將會發現佛教與神道兩大勢力，雖然經歷多次的分離與同化，但是有某些要素直到今日仍然持續存在。儒教對日本社會，也有很深遠的影響力，不過通常扮演道德或倫理規範的角色，我們將在下一章中進一步探討這方面的議題。

近來有關融合主義的討論，史都華和蕭（Stewart and Shaw, 1995）認為，幾世紀以來之所以極少使用融合主義（Syncretism）這個詞彙，是因為每個宗教都有各自不同的傳統。融合主義的概念，可以顯示出某些民族的本質。也就是說，融合的程度，視一個民族所信仰的宗教，是否排斥其他的宗教，或是向信徒宣稱自己是唯一的信仰。大衛・蓋爾勒（David Gellner）（1997）在史都華與蕭合著的書中，為文探討融合主義的多樣性，並且把日本的佛教、神道、儒教和加德滿都的尼瓦人（Newar）比較。尼瓦人是在以印度教為主的尼泊爾中，仍然堅持信仰佛教密宗的少數族群。在《出家人、在家人與密宗僧侶》（“Monk, Householder and Tantric Priest”, 1992, 請參閱延伸閱讀）一書中，大衛・蓋爾勒對居住在尼泊爾拉力德普（Lalitpur）的尼瓦人，有詳細的民族誌研究，拉力德普是印度教與佛教共存的都市。此外，該書也以許多宗教的活動，來作爲融合主義的絕佳範例。（見相片 8.1）

相片 8.1 ▸▸加德滿都比姆森寺(Bhimsen)外面的三座奇亞斯(chityas, 崇拜物)。最前面的奇亞斯在十七、十八世紀時相當受歡迎，另外兩座奇亞斯則是融合後的形式，在十九及廿世紀時在加德滿都開始流行，當時是印度教興起的時期。底座部分的水流，則是仿製印度教最常見的崇拜物—濕婆林伽（shivalinga）。（相片提供者：David Gellner）

References

Brown, Peter (1970) 'Sorcery, Demons and the Rise of Christianity from Late Antiquity into the Middle Ages', in Mary Douglas (ed.), *Witchcraft, Confessions and Accusations* (London: Tavistock), pp. 17–45.

Douglas, Mary (1966) *Purity and Danger* (Harmondsworth: Penguin).

Douglas, Mary (ed.) (1970) *Witchcraft: Confessions and Accusations* (London: Tavistock).

Evans-Pritchard, E. E. (1976) *Witchcraft, Oracles and Magic among the Azande* (Oxford: Clarendon).

Gellner, David (1997) 'For syncretism. The position of Buddhism in Nepal and Japan compared', *Social Anthropology*, 5(3): 277–91.

Hardman, Charlotte (1996) 'Introduction', in Graham Harvey and Charlotte Hardman (eds), *Paganism Today: Wiccans, Druids, the Goddess and Ancient Earth Traditions for the Twenty-First Century* (London: Thorsons).

Hendry, J. (1981) *Marriage in Changing Japan: Community and Society*, (London: Croom Helm; Tokyo: Tuttle, 1986).

Lewis, I. M. (1970) 'A Structural Approach to Witchcraft and Spirit Possession', in Mary Douglas (ed.), *Witchcraft, Confessions and Accusations* (London: Tavistock), pp. 293–309.

Middleton, John and E. H. Winter (eds.) (1963) *Witchcraft and Sorcery in East Africa* (London: Routledge & Kegan Paul).

Rivière, Peter (1970) 'Factions and Exclusions in Two South American Village Systems', in Mary Douglas (ed.), *Witchcraft, Confessions and Accusations* (London: Tavistock), pp. 245–55.

Stewart, Charles & Rosalind Shaw (eds) (1995) *Syncretism/Anti-Syncretism: The Politics of Religious Synthesis* (London: Routledge).

Thomas, Keith (1970) 'The Relevance of Social Anthropology to the Historical Study of English Witchcraft' in Mary Douglas (ed.), *Witchcraft, Confessions and Accusations* (London: Tavistock), pp. 47–79.

Wavell, Stewart, Audrey Colson and Nina Epton (1966) *Trances* (London: Allen & Unwin).

Further Reading

Beattie, John and John Middleton (1969) *Spirit Mediumship and Society in Africa* (London: Routledge & Kegan Paul).

Blacker, Carmen (1975) *The Catalpa Bow: A Study of Shamanistic Practices in Japan* (London: Allen & Unwin).

Eliade, Mircea (1964) *Shamanism: Archaic Techniques of Ecstacy* (Princeton University Press).

Gellner, David (1992) *Monk, Householder and Tantric Priest* (Cambridge University Press).

Gellner, David (1994) 'Priests, healers, mediums and witches: the context of possession in the Kathmandu Valley, Nepal', *Man*, **29**: 27–48.

Jencson, L. (1989) 'Neo-paganism and the great mother-goddess: anthropology as the midwife to a new religion', *Anthropology Today*, 5(2): 2–4.

LaFleur, William R. (1992) *Liquid Life: Abortion and Buddhism in Japan* (Princeton University Press).

Lewis, I. M. (1971) *Ecstatic Religion: An Anthropological Study of Spirit Possession and Shamanism* (Harmondsworth: Penguin).

Luhrmann, Tanya (1989) *Persuasions of the Witch's Craft* (Oxford: Blackwell).

Marwick, Max (ed.) (1982) *Penguin Readings on Witchcraft*, 2nd edn (Harmondsworth: Penguin).

Riches, David (1994) 'Shamanism: the key to religion', *Man*, **29**: 381–405.

Novels & Play

Lowry, Malcolm, *Under the Volcano* (Harmondsworth: Penguin, 1962) is a novel about a disillusioned and alcoholic British consul living in Mexico, but it is of interest here because much of the action takes place on the Day of the Dead.

Miller, Arthur, *The Crucible* (London: Methuen, 1996), is concerned with the Salem witchcraft trials in the United States.

Okri, Ben, *The Famished Road* (London: Cape, 1991) is a novel full of African spirits and mysticism.

Films

Disappearing World: The Azande (André Singer and John Ryle, 1982) depicts the world of Azande witchcraft within the new context of widespread conversion to Christianity.

Kataragama, A God for All Seasons (Charlie Nairn and Gananath Obeyesekere, 1973) is another 'Disappearing World' film set in Sri Lanka (then, Ceylon) which, at least at first, illustrates the variety of ways a people may seek to understand the misfortune of losing an 11-year-old son.

The *Strangers Abroad* film about Evans-Pritchard, entitled *Strange Beliefs* (see p. 33 above) includes an examination of Zande material too.

第 9 章

法律、秩序與社會控制

法則與規範

我們將在本章與下一章中，以英文「法律」（law）與「政治」（politics）等詞彙的分類範疇為焦點，探討法律與政治所涵蓋的概念，同時檢視世界各地有關法律與政治的各式各樣行為。在所有的社會中，都有法律與政治的現象存在，而政治制度與法律制度在形式上的差異是，首先由政治人物設計和研討法律的制定，然後由另一組專業人士，比如律師與法官等來付諸實行。政治與法律這兩個議題，一方面，都是以擁有權力的人為探討的對象（這是我們在下一章的主題），另一方面，也都是在討論控制機制施加在社會成員上的制約（constrains）。除了法律與政治之外，在大多數的社會中，有些人也會以各種非正式的方式，來強制和約束其他人的行為。

我們將在本章中，探討社會中的控制機制，如何強制和約束社會成員的行為。任何社會都需要一套控制機制，以確保社會成員的行為井然有序。在現代化大都市的社會中，都有明確的法律規章，以及制定政策與執行法律的法院等機構，此外，還有監獄等設施，可以對違反法律的罪犯進行懲罰，或是使罪犯改過向善等。行爲的**規範**（norms），或多或少與法律的規定有重疊之處。生活在社會族群中的人，通常是在成長的過程裡，學習到這些行爲規範。而無論是在哪裡，一旦有人違反了行爲規範，就會引起大多數人的若干反應。每個族群內的規範內容和細節，當然會有所不同，但是必定都有某種形式的**社會控制**（social control）手段。

就地方上的層級來說，非正式的制約（constrains）對於社群內的個人行爲，有相當程度的約束力，有時候甚至超越法律的作用。我們在本章中關注的議題，就是有關「維持社會秩序」的機制。人類學家所從事的研究工作，必須長期與較小的族群一同相處，有時甚至得到被其他社會孤立的族群中。這些寶貴的實務經驗，使得人類學家對於社會控制的機制和方法，有較爲敏銳的洞察力。人類學家不僅可以觀察到，迫使人們服從規範與標準的壓力，而且也可以指出，人們在做出符合朋友或鄰居的期望行爲時，背後所蘊藏的動機。

事實上，我們已經在先前的章節中，提及社會控制（social control）的某些方法。舉例來說：我們在上一章中提到的薩滿教降神會，發現英屬蓋亞那的阿加瓦歐人（Akawaio），掛念自己被他人指控爲罪人（transgressor）的恐懼，可以促使他們的言行舉止，更加符合社會規範的標準。除此之外，巫術與靈魂附身的現象，則分別對蘇丹的阿贊德人（Azande）與南非的巴分達人（BaVenda）的社會行為，具有某些程度的規範作用。我們在第七章探討有關宗教的議題時，談到的救贖、神明的懲罰、祖先的憤怒或是煉獄等觀念，也都是促使人們遵守道德規範的動機。

當我對日本的婚姻模式進行田野調查的工作時，發現一個有趣的社會控制機制，日本人在步上紅毯成為配偶之前，都會事先打探對方的家庭狀況。為了尋找適合的結婚對象，年輕男女通常會透過親屬來安排相親的時間和地點，如果在見過面後都有進一步交往的意願，雙方的家人就會開始深入地了解對方的家庭狀況。即使對方是住在鄉下地方，日本人仍然會不辭辛勞地到對方居住的村莊拜訪，並且順便向鄰居或當地的商家打探消息。我居住的村落中有一家雜貨店的老闆娘告訴我，她常常會碰到向她打聽消息的人，而且她覺得自己有義務把看到的事實告訴打聽的人，因為要是她沒有善盡職責，據實以告，因而讓人與不好相處的家庭聯姻，那她將會一輩子都感到很愧疚和良心不安。

在前述雜貨店老闆娘的實例中，涉及經濟層面上的考量。因為倘若商店的老闆娘為了保護一個男人而沒有據實以告，因而使得嫁給此男人的新娘，在未來的生活過得很悲慘，那麼新娘將來勢必不會光顧這家雜貨店，而老闆娘也將必然會流失一些潛在的顧客。居住在村落裡的家庭，對於這個道理也很明白，因此會努力和商店老闆保持良好的關係，方法不外乎是經常光顧這家雜貨店，特別是那些家裡有適婚年齡子女的人。鄰里間的情況也是一樣的，如果有人的風評不好，選擇結婚對象的處境將會變得很艱難。由於風評欠佳的人，自己的壞脾氣或無禮的行爲，使得村落裡的人敬而遠之，所以通常只能在村莊以外的地方找到結婚對象。日本的這個實例，顯然也是社會控制（social control）所扮演的角色之一。

有些人類學家試圖針對社會控制的議題，歸納出一般性的概念，並提出不同的理論，我們將在本章深入探討其中兩個較爲重要的理論，同時也會簡要地提及另一個理論的部分內容。這三個人類學家所提出的理論，都是根據他們在小規模的社會中蒐集資料而發展出來，雖然如此，他們的理論基礎與發現，事實上仍然可以適用於較爲錯綜複雜的大型社會，並提出有效的解釋。首先，我們將說明芮克里夫・布朗（Radcliffe-Brown）所從事的研究工作。芮克里夫・布朗針對社會控制的議題，提出**社會獎懲**（social sanction）的概念。他對社會獎懲的定義如下：

> **獎懲**（sanction）指的是整個社會或社會的大多數成員，面對其所贊同的行為或不贊同的行為時所引起的反應。（1952, p.205,）

人與人之間互相評斷行爲的標準，是以社會規範、以及對與錯的概念爲基礎。誠如前述第二章所言，社會規範與對錯的觀念，是我們從小就已經學會的，雖然可能非常的複雜，然而卻是因地制宜的。事實上，在某些社會裡，根據不同環境的實際狀況來考量，可能比絕對的規則來得更加重要，日本就是一個很典型的實例。舉例來說：殺人通常是大多數社會中，法律或規範所禁止的行爲，但是在某些情況下，有關殺人的規定，卻可以輕易地被打破，其中戰爭就是最理直氣壯的藉口。此外，在某些社會中，復仇或是法律制裁，也把殺人視爲理所當然的行爲。而在日本，某些自殺行爲，甚至於受到眾人的景仰。

在任何的社會中，每個人都可以藉由觀察社會獎懲（social sanction）鼓勵或禁止哪些行爲，從而學習到行爲規範的標準。我們將在稍後簡要地討論芮克里夫・布朗有關社會獎懲的分類。除此之外，我們必須記住的一點是，社會中的不同成員，對於某些行爲規範的觀點，必定會有所不同，而且社會對於不同觀點的容忍程度，也是截然有別的，這些都屬於社會控制的另一個面向。在某些社會中的人，可以選擇風格迥異的生活方式，但是另外有些社會的人，卻不允許彼此之間有差異的情形發生。因此，審視社會獎懲的研究方法，並無法確切地得知社會對於不同觀點的接受程度，也無法知道社會中不同行爲規範之間孰優孰劣的情形。

由於審視社會獎懲的研究途徑，無法有效解決前述的問題，所以西蒙・羅勃特（Simon Roberts）在《秩序與爭論》（"Order and Dispute", 1979）一書中，提出第二種可以較有效地處理此議題的方法。雖然西蒙・羅勃特也提及社會控制的概念，但是較著重於不同行爲規範之間的衝突如何解決此一主題。他也從前述的假設著手，認爲每個社會都有維持秩序的控制機制，而在不同的行爲規範之間，必定會有爭論的情形發生。西蒙・羅勃特對於解決爭論的方法較感興趣，我們在後續的章節中將會有更深入的探討。有關社會控制的議題，除了芮克里夫・布朗和西蒙・羅勃特的研究途徑之外，我們將提及的第三個案例，是由卡普蘭（Caplan）（1995）編纂的論文集，該書從縝密的民族誌觀點，來審視不同規範之間的衝突等問題。

獎懲（Sanctions）

芮克里夫・布朗（Radcliffe-Brown）（1952）認爲行爲規範的標準，受到社會獎懲的影響和左右。他把社會獎懲區分成幾個不同的類型。首先，芮克里夫・布朗將社會獎懲區分成「正面的」（positive）與「負面的」（negative）兩種類別。這種區分方式有助於我們在任何社會中，找出鼓勵某些行爲的正面約束力。舉例來說：在日本及馬來西亞社會裡的正面社會獎懲，都非常強調人與人之間要和平相處與顧及對方的顏面等。正面的社會獎懲，除了物質性的回饋，例如：獎品、頭銜與勳章等之外，也包括一些較抽象的報酬，比如鄰居或同事給予的高度評價、在社群內的崇高地位與聲望、以及在社會活動裡受人愛戴與獲得成功等。

負面的社會獎懲，指的是對於若干越界行爲的懲罰。

違反規範的行為，不僅不能被大多數的社會成員所接受，而且還有各式各樣強制或約束行為的方法。負面的社會獎懲，包括：法院依據法律對違反規定的人判刑或罰款，教會等機構和組織將違反規定的教士免職，或是將教徒逐出教會，某些同業公會或專業團體，勒令醫師和律師停業等等。除此之外，許多人在社群裡無意識地透過謠言、迴避、揶揄或風言風語等，對某些行為表達不贊同的態度，也算是一種負面的社會獎懲。除了正面與負面的社會獎懲之外，芮克里夫・布朗還進一步地將社會獎懲區分為正式的（organized）與非正式的（diffuse）兩種類型。這種分類方式是社會獎懲的兩個極端，同時也呼應前述正面的社會獎懲，具有物質性（正式的）和抽象性（非正式的）獎勵的兩種類別。

在較大規模的社會中，人與人之間互不相識，因此社會控制的機制是以正式的社會獎懲為主。至於非正式的社會獎懲，則發生在人與人面對面接觸頻率較高的社群裡。在較小規模的社會中，非正式的社會獎懲具有較大的影響力。因為在這些社會中的人，最常接觸的對象就是鄰居，即使有人和鄰居處得不好，也不太容易遷移到別的地方去。在傳統的農業社會中，人們花許多時間和精力在耕種田地上，而彼此之間行為規範的標準，是以非正式的社會獎懲為基礎。此外，在工業化的社會裡，受僱於企業的員工，為了保住飯碗，也必須遵循非正式社會獎懲的行為規範。實際上，社會獎懲在正式與非正式的兩個極端之間，很難作個清楚的區分。以下我們將以幾個具體的實例來說明社會獎懲。

日本人在談及自己的社會時，認爲他們之所以重視人與人之間要和平相處與互助合作，是沿襲過去農業社會的傳統，因爲唯有互相幫忙和彼此支援，農業耕種才能收成良好。以往，日本人在發展農業時，建立一套複雜的灌溉系統，以共用灌溉農田的水源。爲了確保在水量充足時期，能夠對灌溉用水作最妥善的運用，不同的村落之間會輪流用水。此外，在耕種與收成時，家族之間也會互相幫忙和支援。雖然日本的農業生產過程，如今已採用機器來取代人力，人與人之間所扮演的角色也有所改變，但是日本人仍然認爲他們互助合作的性格，是承襲了過去農業社會的傳統。

日本在現代化以前，規定人民不得任意遷移到其他地方，當時最爲嚴格的社會獎懲，就是所謂的「村八分」（mura-hachibu）制度。爲了在村落裡存活下去，日本人必須和鄰居互助合作與和睦相處，否則整個家庭的成員都會受到排擠和放逐的處罰，在這種情形下，沒有人會跟這家人說話，甚至於小孩子也不例外，而且也沒有人會邀請這家人參加村落的聚會、宗教儀式或慶典等。此外，這家人的出生、結婚、死亡等私事，也沒有人理會和支持。當然，也沒人願意跟這家人聯姻和建立親屬關係。村八分制度是個相當正式的社會獎懲，是由村民聚集在一起，共同討論誰要被放逐，並決定放逐的時間長短。被放逐的人只要過了期限，理論上都會受到大家的原諒和接納。不過，就我個人知道的唯一案例來說，在營建業中遭到放逐的人，事實上過了處罰的期限仍然不被大家接受。

當然，放逐也有可能是一種非正式的社會獎懲。在大部分的社會裡，許多人對於那些違反社會規範的人，往往都會保持距離。舉例來說：英文中有句話說「送某人去柯芬特里」（sending to Coventry），就是讓某個人與外界完全失去聯繫和斷絕關係的意思。這個諺語的來源，可以追溯到歷史上有關葛黛娃夫人（Lady Godiva）的記載，她為了讓柯芬特里當地的囚犯能夠獲得赦免，因而被迫以裸體騎馬遊街，於是居民紛紛躲在屋內拉下窗簾，以免看見葛黛娃夫人裸體騎馬的樣子。此外，情節令人印象深刻的愛爾蘭電影《雷恩的女兒》（Ryan's Daughter），由於女孩和英國士兵交往，以致於她的家庭受到排擠和放逐。

縱火（house-burning）是另一種形式的社會獎懲，有可能是正式的，也有可能是非正式的。在蘇格蘭高地的商店，例如：咖啡館、餐廳、提供住宿和隔天早餐的旅館等，對於未在星期六提早預約的客人，在星期天時都會拒絕接待，這是當地商家長期以來的習慣。有些客人對此感到不滿，為了讓商家重視客人的權益，於是以縱火的方式進行社會獎懲，因而使得某些地區的商店夷為平地。由於事後沒有人因此遭到逮捕，而且警方也一直未找到任何的證人或證據，所以有人把這些大火稱作「上帝的作為」（an act of God）。如今，縱火的社會獎懲，顯然已經陳舊而不合時宜，因此上帝的憤怒終於平息了。

在牛津郊外的漢普敦蓋伊（Hampton Gay）地區，有幢廢墟座落在幾乎完全荒廢的村莊裡，據說也有類似縱火的遭遇（見相片 9.1）。這棟房子距離鐵路很近，根據當地人的說法，在十九世紀的時候，由於房主認爲新發明的鐵路運輸工具，不但外型醜陋，而且破壞了他們的寧靜生活。因此當附近鐵路發生九節車廂墜入河裡的意外時，他們對於受傷的乘客，不僅拒絕伸出援手，甚至連取暖的毯子也不願意借。事後，這棟房子受到報復，結果在大火中付之一炬。不過，根據歷史上的記載，房子是在鐵路發生意外多年以後才失火，因此把這兩起事件聯想在一起，似乎過於穿鑿附會，但是這種說法，其實也算是社會控制的一種形式。

相片 9.1 ▸▸ 牛津附近漢普敦蓋伊（Hampton Gay）地區的廢墟。（相片提供者：Joy Hendry）

除了放逐和縱火之外，芮克里夫・布朗認爲「嘲諷」（satirical）是第三種非正式的社會獎懲。嘲諷通常是以公然嘲笑的形式出現。我們在先前提及的愛爾蘭電影《雷恩的女兒》一片中，女孩由於和英國士兵交往，結果被迫剪去美麗長髮的場景，不禁令人想起過去英國人使用的「瀝青和羽毛」（tarring and feathering）酷刑（譯注：先使受刑人脫光衣服，全身塗滿灼熱的瀝青，再將其推倒在羽毛堆裡，讓全身黏滿羽毛。由於瀝青乾了之後，羽毛不易脫落，因此倘若將羽毛從皮膚上強行拔除，自然令人痛苦不已。）在西班牙的某些地區，有種稱作「維多」（vito）的習俗，假若有人的行爲違反了社會規範的標準，特別是性方面的規範（比如通姦），鄰居就會聚集在其住家門口，以歌唱的方式來辱罵此人（詳見 Pitt-Rivers, 1971, pp. 169-77）。在英格蘭的鄉下地方，也有類似的情形，以「高聲叫喊」（loud-shouting）或「粗俗音樂」（rough music）的方式來進行社會獎懲（Thompson, 1991, pp.467-533），我在牛津郊區教授的一個夜校學生，對此的描述如下：爲了表達對通姦者的譴責，許多人會聚集在通姦者的屋外，重複而大聲地唱誦「我們知道你正在裡頭」（we know you're in there）。

在英國村莊裡，如果有些違反社會行爲規範的人，認爲前述的情形是很不理性的行爲，而且也不打算改變自己，唯一的辦法就是遷出這個社群。在某些國家中，嘲笑與揶揄具有較大的社會控制作用，也可以決定一個人榮辱興衰的評價，因此許多人對於嘲諷的社會獎懲，感到相當恐懼。杜寶萊（Julie du Boulay）曾經寫過一篇有關希臘鄉下地區的研究報告，該文提供一個很好的民族誌案例。杜寶萊針對其所研究的希臘社群，探討具有社會控制作用的嘲弄，以及爲了維持家族榮譽而粉飾不軌的謊言，並剖析嘲笑和謊言兩者之間的差異和關係。

杜寶萊指出，無論是累積財富，或是提高聲望，不同的家族之間都會互相競爭，這是希臘社群裡社會關係的特徵之一。希臘人藉由不斷地挖掘別人的缺點，以便維持自己的優越性：

> 希臘人一旦發現有人做錯了事，就會立刻轉述給自己的親朋好友聽，於是一傳十，十傳百，很快地全村的人都會知道這件事，並且把這件事當作「笑話」（*velame*）來看待。當事人的過錯愈是嚴重或誇張，大家的嘲笑也會愈加起勁。這種嘲笑行為，不僅不尊重當事人，而且還會使得當事人身心受辱和名聲敗壞。由此可知，我們可以說嘲笑使得每個人都必須維持良好的行為，以免自取其辱。（1976, pp.394-5）

當然，沒有人永遠都是十全十美的，但是在充滿敵意的環境中，爲了要保護自己，每個人都必須以煞有介事的謊言來維護自己的名聲。杜寶萊明確指出，希臘社群裡有八種以上的謊言，而且希臘人彼此之間，不僅心照不宣地接受這些謊言，甚至也會認爲在某些情況下有必要說謊，特別是在有人對家人不忠的時候。然而，除了這些大家都接受的謊言之外，其他形式的謊言則被視爲不可觸犯的禁忌。瞭解這些謊言的運用時機和場合，理所當然是維持榮譽的重要方式。誠如杜寶萊所說：

> 每個人所追求的聲譽，都必須獲得社群的承認，因此嚴格說來，只有社群中的其他人都一致公認，某人才算是真正具有名聲和榮譽……也就是說，沽名釣譽比實至名歸來得重要……因此，欺騙說謊與避免公然被人嘲笑等，最終似乎都與價值觀的結構有關，而且也是維護家族榮譽和地位的正當手段。（出處同上 pp.405-6）

雖然從小就被教導誠實坦白的人，也認爲在講究禮節的情況下，說些「善意的謊言」（white lie）是無妨的，但是對於前述希臘社群的價值觀，仍然難以理解。在許多相當重視外交手腕的社會裡，「謊言」都被賦予負面的評價，不過大多數人都能接受間接的溝通方式。就某種程度而言，間接的溝通方式，也算是一種欺騙形式，我們將在下一章中作更深入的探討。杜寶萊的論文，不僅對欺騙的議題，有很精采的論述，而且提供具體的實例，說明嘲笑也是一種社會控制的手段。

此外，芮克里夫・布朗提到以信仰爲基礎的「宗教性」（religious）和「儀式性」（ritual）社會獎懲。有些人之所以避免做出某種行爲，是因爲害怕祖靈生氣而降禍於人，另外有些人則是爲了在來生時過得更好。基督教、回教及佛教等宗教信仰所描述的地獄，令人不寒而慄，事實上對於社會控制具有很深遠的影響。至於天堂與「涅盤」

（nirvana）等概念的正面形象，也是相同的情形。有鑑於此，我們還可以將社會獎懲進一步地細分為「立即性的」（immediately）與「延遲性的」（delayed）兩種類別。誠如我們在上一章中的探討，許多社會都把疾病或是其他災難的發生，歸因於神明、鬼靈或祖先的憤怒與懲罰，而神職人員、薩滿或巫師所扮演的角色，就是代為求情和尋求消災解厄的方法。

以互惠原則為基礎的社會獎懲，除了宗教信仰之外，馬林諾夫斯基（Malinowski）還特別強調與人類生存息息相關的「經濟性」（economic）社會獎懲。馬林諾夫斯基指出，在特羅布里恩群島的當地居民，由於彼此之間必須交換日常生活所需的重要商品，特別是食物，所以對於人際關係的建立和往來非常謹慎，不敢疏忽。在這種情形下，馬林諾夫斯基認為，經濟性的社會獎懲是十分重要的。雖然我們在各式各樣的宗教信仰與道德規範中，都可以找到類似「己所欲，施於人」（do as you would be done by）的規定，但我們卻未必都因此而躬行實踐。相同的情形，經濟性的社會獎懲，也並非總是能夠發揮制裁的作用。舉例來說：我們經常聽到的新聞事件中，有些國家為了對某一國家的行為，表達抗議或不贊同的意見，於是對該國施行經濟制裁，不僅拒絕對該國提供物質補給，而且抵制該國的商品輸出。然而，雖然全世界有許多的國家，聯合抵制法國的酒和其他商品，但顯然還是無法阻止法國在太平洋地區進行核子試爆。

有些人在違反社會規範時，對他人造成傷害，於是就會根據互惠原則，來減輕傷害的程度。例如：藉由金錢賠償，來消除消費者或受害者的怒氣。在某些社會中，甚至將謀殺案中給付受害者家屬的賠償金額，加以規範化和制度化。此外，有些人透過各種宗教儀式來洗滌身心，以獲得重返教會的機會。相同的情形，在某些社會中也會提供類似的機會，只要迷途知返的人，願意對自己的所作所為誠心悔過，就可以重新做人。在日本，法官的職責是試著調停雙方的衝突，而不是明確地宣示誰對誰錯，這無疑反映了日本人非常重視社會和諧關係的態度。

秩序與爭論

在探討社會控制的議題時，西蒙・羅勃特（Simon Roberts）（1979）所使用的研究途徑，和前述的芮克里夫・布朗有稍許不同。西蒙・羅勃特較為重視解決爭論（dispute）的方法。他認為在任何的社會中，無可避免地都會有爭論的情形發生，而爭論對人所造成的影響，有幾種不同類型的解決方法。當然，每個社會的爭論都會有不同的呈現方式，我們將在本章稍後，針對這一部分作更深入的探討。西蒙・羅勃特的研究議題和「法律人類學」有關，也就是說，解決爭論與法律的執行，在某些程度上是相等或相近的。他明確地指出，維持社會秩序有很多不同的方式，但卻未必都與法律有關，而他所要探討的研究對象，就是那些無關法律的社會控制機制。

首先，西蒙·羅勃特提出有關「人際暴力」(interpersonal violence）的概念。許多人都容許人際暴力的情形發生，而且人際暴力在人與人之間，是以互相對應的方式進行。也就是說，有些人認爲，採用類似的暴力手段來還擊傷害自己的人，是適當而合理的反應。在某些社會中都有報復行爲的存在，不過，報復的程度不可以超過自己所受到的傷害，也就是只能如俗語所說的「以眼還眼，以牙還牙」。然而實際上，報復者與被報復者對於傷害的程度，彼此之間可能會有不同的看法，而這也是爲什麼雙方的衝突，會有愈演愈烈的狀況發生，甚至演變成兩個族群之間的仇恨。舉例來說：在《羅密歐與茱麗葉》和《西城故事》等著名的戲劇中，都是以復仇作爲題材。此外，世代之間的仇恨，也有可能成爲政治制度的構成基礎，我們將在下一章中以南蘇丹的努爾人（Nuer）爲例說明之。

在某些情況下，如果人際暴力以有系統、有組織的方式來處理，可以把雙方的注意力從原來的爭議點轉移，進而獲致解決的辦法。舉例來說：新幾內亞的明尼瓦奇人（Minj-Wahgi），有一種稱爲「塔格巴保茲」（*tagba boz*）的制度，要求爭論的雙方面對面站成一排，並且把雙手伸到背後握緊，然後互踢對方的小腿，直到有一方認輸撤退爲止。另一個例子則是愛斯基摩人的解決方式，先讓對立的雙方面對面坐下，然後互相用頭互相撞擊，或是雙方面對面站著，將雙臂伸直互擊對方的頭部，直到其中一方人馬倒下為止。

讀者或許認為，前述的方式一點都不文明，不過歐洲人解決爭論的方式，事實上也是類似的情形，例如：紳士通常相約在黎明時進行決鬥，或是在第一次世界大戰時，雙方在壕溝內廝殺搏鬥等。除此之外，西蒙‧羅勃特提及：

> 這類型解決爭論的手段，基本特徵就是具有雙方都承認的協定，規定雙方爭鬥的範圍和程度，以避免有人死亡或重傷……使得暴力衝突不會因而持續或擴大。（1979, p.59）

在前述的這些案例中，爭論的解決方式都帶有一點儀式的成分。西蒙‧羅勃特認為，暴力類型發展到了極點後，解決衝突的方式開始演變成所謂的「儀式」（ritual）類型，這是解決爭論的第二種方法。西蒙‧羅勃特提到愛斯基摩人另一個解決爭論的實例：「尼斯歌曲競賽」（*nith*-song contest），雙方可以公然在眾人之前說明自己的冤屈，但是只能透過歌唱或舞蹈的方式來表達。雙方在帶有旋律的音樂中，伴隨著叫罵聲，漸漸地都會開始感到筋疲力盡，雖然其中有一方會獲得較多的喝采與支持，但是無論如何，雙方都有相同的機會宣洩胸中的憤怒。在奈及利亞的提夫（Tiv）人，也有類似的習俗。

在某種程度上，運動競賽也是一種把暴力衝突引導成儀式的類型。首先由兩組對立的族群分別推出代表，然後在競技場上彼此較勁。例如：比鄰而居的村落或城鎮，往往會互相競爭和仇視，因此雙方就會約定每週舉行運動競賽。我們可以從運動競賽中，瞭解雙方的關係和互動。運動競賽的活動，通常都是在有管制的狀況下進行，否則運動競賽很有可能成爲暴力的導火線，因而引爆「人際暴力」。然而，運動競賽中的失控行爲，往往最後都會屈服在社會大眾的監督壓力之下。舉例來說：足球明星坎特南（Eric Cantona），越過球場與球迷之間的界線，而且對著出言不遜的觀眾猛踢一腳。他的行爲立刻受到輿論的撻伐，連支持他的球迷也都加以譴責。

前述「尼斯歌曲競賽」的另一個作用，是在過程中將罪行公諸於世，使得做錯事的人受辱而不得不順從。西蒙・羅勃特認爲令人感到「羞愧」（shaming）的方式，是解決爭論的第三種類型。在他引述的許多狀況中，有一個關於公然放言高論的實例，可以說明這個觀點。在新幾內亞，若是有人覺得自己很委屈，可以在午夜或凌晨時分，站在自己的門前，慷慨激昂地指責那些傷害自己的人。由於新幾內亞的村落內，大家都住得很近，而且在夜晚時又特別安靜，因此所有的人都可以聽清楚這個人說了些什麼。通常每個人都會屏氣凝息地傾聽，要是自己成爲被指責的對象，就會覺得自己在全體社群眼前顏面盡失，抬不起頭。（Roberts, 1979, p.62，引述自 Young, 1971, p.125）。

此外，西蒙・羅勃特還提到另外兩種型態的反應，類似於芮克里夫・布朗的社會獎懲。這兩種類型的反應，分別是「超自然的力量」與「放逐」。我們在本章先前的部分探討過有關放逐的議題，而西蒙・羅勃特則更進一步地提出實例，說明放逐所涉及的原理。至於超自然的力量，則包括社會有關巫術與邪術的概念，這也是我們在前一章的主題。如果有人把不幸的事件歸咎於巫術或邪術，通常就會有將巫師揪出來，或是以邪術進行報復等反應，很有可能像過去的歐洲人一樣，對可疑的巫師施以各種神裁法（ordeal，譯注：中古世紀歐洲人施行的判罪法，例如將嫌疑犯的手浸入沸水裡，或是伸進烈火中，如果手沒有受傷則判無罪，不然就是有罪，一切只能聽任神的旨意和安排）。倘若有人被懷疑是有罪的，事實上，神裁法本身就已經是一種懲罰。以西非地區爲例，被指控爲有罪的人，會被迫喝下一種摻雜基尼格木（Sasswood）樹皮的有毒液體，如果在喝完後能夠順利吐出液體而撿回一條命，就會被判定爲無辜的，但若是因此死亡，則毫無疑問是有罪的。

西蒙・羅勃特提到解決爭論的最後一種方法，將這種類型的反應分成三個部分來說明：

⑴雙邊協商（bilateral negotiation）

⑵調解（mediation）

⑶仲裁（umpires）

首先，「雙邊協商」的情況是，爭論的雙方直接面對面討論，表達彼此的觀點和差異，進而尋求解決的方法。「調解」則是雙方透過第三者的介入，來傳達彼此的不滿，或是共同召開協商會議。然而，倘若這名第三者爲這場爭論作出最後的決定，則屬於「仲裁」的情形。西蒙・羅勃特將「仲裁」的第三者角色，分成兩種類別，第一種是「仲裁者」（arbitrator），指的是由爭論雙方同意，指定代表他們做決定的人；另一種是「裁決者」（adjudicator），則是原本就已被社會賦予裁決權威的人。

仲裁的情況，顯然適用於多數的法院制度，由法官與陪審團來擔任第三者的仲裁角色。不過，值得注意的是，法官或陪審團對罪行所裁量的懲罰，也會呼應前述各種解決爭論的方式。舉例來說：監禁就是一種正式的放逐型態，而死刑或體罰則是最典型的人際暴力。法官或陪審團所裁決的懲罰，已經不再是由爭論的受害者自己動手，而是由廣泛而客觀的國家或政府來加以執行。法院機構並非社會工業化後的產物，事實上，在小規模的社群裡，也可能有處理違法事件的正式審判機制。葛拉克曼（Max Gluckman）（1955）的經典著作，對此議題有很詳盡的說明。

葛拉克曼在專題著作《北羅德西亞巴拉西族的司法程序》（"The Judicial Process among the Barotse of Northern Rhodesia"）中，分析巴拉西族原住民的審判程序，並舉例說明巴拉西族與英國的法律制度，在觀念上有何相似之處。葛拉克曼詳細描述巴拉西族原住民徵詢證人意見，以及將被告者定罪等方法。除此之外，葛拉克曼還提及巴拉西族所採取的「人是明理的」（reasonable man）概念。另一部有關此議題的經典作品，是由波漢南（Paul Bohannan）（1989）所著述的《提夫人的正義與判決》（"Justice and Judgement among the Tiv", 1957 年初版），該書以奈及利亞的提夫人爲研究對象。波漢南指出，提夫人強調的是個人的行爲動機與理由，至於整個社會的價值觀，則不是行爲規範的主要標準。有關解決爭論和維持秩序的主題，這兩本書都很值得進一步閱讀。

行為規範的衝突與社會控制的背景

《認識爭端：爭論的政治學》（“Understanding Disputes: the Politics of Argument”, 1995）是近期出版的一本論文集，由卡普蘭（Caplan）編纂而成。該書從各種不同的角度檢視菲力浦・格利佛（Philip Gulliver）的著作。菲力浦・格利佛一生大多數的時間，都在觀察有關爭論的議題，包括國與國之間水資源運用的爭執、不同政治圈對於紳士的認知差異、婚姻不美滿時男女之間的角力、家族內對死亡與葬禮的歧見，甚至對感情或同情的概念等，這些都是該本論文集探討的議題，涵蓋的層面非常多元和豐富，讀者可以發現從十九到廿世紀這段期間，愛爾蘭、尼泊爾、倫敦、拉哥斯、肯亞、坦尙尼亞與烏干達等地區，彼此之間的價值觀簡直是南轅北轍，背道而馳。

除此之外，《認識爭端：爭論的政治學》這本論文集，還探討某些範圍較大的解決爭論方式，涵蓋範圍從將對方定罪的制度，到較爲「文明的」（civilized）協商方式等。定罪與協商的制度，雖然爭論的雙方，表面上都會共同致力於尋求解決爭論的方法，但實際上卻都希望拉攏對自己有利的權威人士。此外，論文集中也針對解決爭論時可能遭遇到的阻力，加以探討和研究。這些實例說明爭論的雙方派系，都會有不同的價值觀與解決方法。

在解決爭論的過程中，可能遭遇到的阻力，甘茲（Stephen Gaetz）（1995）所著述的論文是絕佳的範例。他以愛爾蘭的青年社團爲研究對象，探討社團領導者與社員之間的爭論。由於社員認爲自己無法參與社團的決策，轉而訴諸暴力來解決問題。雖然領導者爲此而成立委員會，但卻始終不明白，爲什麼社員都不來參加委員會與表達自己的意見。對於社團裡的年輕社員來說，既沒有任何會議的相關經驗，也不相信自己對社團會有所影響，因此認爲委員會的成立，只不過是領導者施展權威的另一個機會罷了。由此可知，值得注意的是解決爭論的「程序」（process），可能比任何解決的方法都還要來得重要。

論文集《認識爭端：爭論的政治學》中的大部分論文，都是以菲力浦・格利佛的研究爲主。菲力浦・格利佛特別強調爭論的政治與歷史背景，而且認爲「爭論範疇的意義，是根據參與者對自身經驗的理解」（Caplan, 1995, p.156）。自此以後，大多數的研究途徑，都循此方向前進。有時候爭論雙方的派系，對於爭論範疇的意義有不同的看法，而且都會試圖操控情況的發展，可以適用於自己的理解方式。此外，在某些情形下，同一個人可能因地制宜，根據不同環境的實際狀況，來制定相應的規範標準。卡普蘭（Pal Caplan）在坦尙尼亞的馬非亞島（Mafia Island）從事田野調查的工作，說明當地現存的伊斯蘭律法、坦尙尼亞法律，以及地方習俗等三種不同的規範標準，彼此之間如何不斷地協商，制定適宜的規則與言行準則。在這種情形下，原本充斥不同規範互相競爭的環境，可以在不相等的權力（power）傾軋中獲致平衡。那些能夠同時接受三種可能性的人，往往比那些只知道其中一種規範標準的人，顯然擁有較大的優勢。

卡普蘭詳細討論一個存在已久的爭論，在其編纂的論文集《認識爭端：爭論的政治學》一開始即說明她對於爭論的研究，是爲了要帶領我們：

> 直接深入人類學的關鍵議題——規範與意識形態、權力、修辭學與辯論術、個人特質與作為、倫理道德、意義與詮釋——使我們不僅能夠發現社會關係的作用，而且也可以了解文化體系的特質（1995, p.1）。

此外，卡普蘭在論文集《認識爭端：爭論的政治學》中，針對規範的多變性，以及操控規範的可能性，有很精闢的說明和探討。

將解決爭論的方式，以及社會獎懲的作用等加以分類，有助於我們瞭解世界上不同地方的社會控制機制。人類學家的研究工作，具有相當正面的作用和價值，讓我們可以進一步認識維持社會秩序的制約。人類學家透過長期而持續的觀察，發現和評估根深柢固的制約力量如何對社會造成影響。以日本孩子的教育與栽培方式爲例，顯然受到某些同儕壓力的複雜機制所制約，對於成年人日後的生活及行爲舉止，有很深遠的影響。

學例來說：日本幼稚園教育的明確目標之一，就是讓孩子學習犧牲小我、完成大我的道理。也就是說，將個人的欲望置於群體的需要之下，以換取較爲長遠的利益。日本教師用各種不同的方式，鼓勵孩子監督彼此的行爲。這些原則也成爲整個教育制度與日後職場生活成功與否的判斷基礎。當我著手研究日本孩童教育與栽培的主題時，沒有預料到會有如此多的重要發現，這也說明了長期性研究與開放性議題的優點和價值。

最後，我們將提及另一本相當重要的書，由布蘭德茲（Stanley Brandes）（1988）所著的《權力與說服力》（"Power and Persuasion"），副標題是「墨西哥鄉村的節日與社會控制」（Fiestas and Social Control in Rural Mexico）。該書從出乎意料之外的角度，來審視特定社會裡的社會控制機制。布蘭德茲探討墨西哥村民如何爲一年一度的各種節慶，從事各種準備活動，並且在節慶中施放煙火，恣意狂歡和放鬆休息。每個村民都會全心全意地投入慶祝活動中，而且在節日來臨前幾個月就開始準備，包括計畫、籌資、採購及任務分配等。準備過程中每個環節的完成，都在在證明墨西哥村落的運作方式是非常有秩序的。

布蘭德茲指出，墨西哥村民在舉行慶祝活動的期間，不必遵守各式各樣的道德規範。在盛大的放煙火活動中，家家戶戶所捐助的金錢數目，不僅代表各自的物質財富與影響力，進而反映出村落裡的權力關係。墨西哥「狂舞」

（La Danza）舞蹈表演活動中戴上面具的角色，象徵社會基礎的宗教與道德價值。由於戴上面具的角色（例如死神與惡魔），令人感到非常厭惡和畏懼，所以布蘭德茲認為，這些角色代表的其實是一股強大的社會控制力量。

布蘭德茲認為，我們在節慶的時候，一般而言，都會摒棄日常生活的習慣，而且顛覆道德規範的束縛，這的確是節慶時的實際情況。此外，節慶時也可以提供一扇窗，讓我們可以觀察村落裡的社會與政治關係。布蘭德茲說：

> 順利地舉辦各種節慶活動時，必須要有兩個先決條件：一方面，領導者之間要互助合作，另一方面，參與者必須遵守秩序。雖然社會的混亂與失序所帶來的威脅始終揮之不去，但是如果合作與秩序都發揮作用，使得節慶活動圓滿落幕，村民就會認為，社會的運作還是穩固而可靠的。合作與秩序，事實上，是使整個節慶得以週而復始運作下去的力量。節慶活動的舉行，讓人可以定期地確認，彼此之間是否互助合作與遵守社會秩序。（1988, p.165）

值得注意的是，不同地方的社會與政治關係，在細節上可能都會有所不同。

我們已經以幾個人類學家的重要理論為例，說明和探討社會控制機制的研究途徑。我們也提及阿贊德人的巫術、厄奎瓦歐人的薩滿教、日本人的婚姻與墨西哥的節慶活動等實例。雖然人類學家分別選擇不同的研究方向，不過結果卻都相當有趣。儘管如此，在人類學家尚未真正深入研究領域之前，確實難以想像自己將會有什麼發現。徹底瞭解社會控制的機制，需要長時間鍥而不捨地努力，但也是一個豐富而充實的過程，這正是人類學家投入質性（qualitative）研究的價值所在。

References

du Boulay, Juliet (1976) 'Lies, mockery and family integrity', in J. G. Peristiany (ed.), *Mediterranean Family Structures* (Cambridge University Press).

Brandes, Stanley (1988) *Power and Persuasion: Fiestas and Social Control in Rural Mexico* (Philadelphia: University of Pennsylvania Press).

Caplan, Pat (ed.) (1995) *Understanding Disputes: the Politics of Argument* (Oxford: Berg).

Gaetz, Stephen (1995) '"Youth Development": Conflict and Negotiation in an Urban Irish Youth Club', in Pat Caplan (ed.), *Understanding Disputes* (Oxford: Berg) pp. 181–201.

Pitt-Rivers, Julian A. (1971) *The People of the Sierra* (University of Chicago Press).

Radcliffe-Brown, A. R. (1952) 'Social Sanctions' in *Structure and Function* (London: Cohen & West).

Roberts, Simon (1979) *Order and Dispute* (Harmondsworth: Pelican).

Thompson, E. P. (1991) *Customs in Common* (London: Penguin Books).

Young, Michael (1971) *Fighting with Food* (Cambridge University Press).

Further Reading

Blythe, Ronald (1972) *Akenfield* (Harmondsworth: Penguin).

Bohannan, Paul (1989) *Justice and Judgement among the Tiv* (Prospect Heights: Waveland Press; first published 1957).

Cohen, Abner (1980) 'Drama and politics in the development of the London Carnival', *Man* 15: 65–87.

Gluckman, Max (1955) *The Judicial Process among the Barotse of Northern Rhodesia* (Manchester University Press).

Moore, Sally Falk (1978) *Law as Process: an Anthropological Approach* (London: Routledge & Kegan Paul).

Nader, Laura and Harry F. Todd (1978) *The Disputing Process: Law in 10 Societies* (New York: Columbia University Press).

Novels

Gulik, Robert van, ***The Chinese Maze Murders*** (London: Sphere, 1989) is a series of detective stories which demonstrate the value of an understanding of indirect and non-verbal cues, rather in the manner of Sherlock Holmes, but in a more openly culturally specific mode.

Mo, Timothy, ***Sour Sweet*** (London: Hodder & Stoughton, 1990) is a novel about a Chinese family which settles in Britain, and the social constraints they experience more from the Chinese community than the wider British one.

Ouzo, Mario, ***The Godfather*** (Greenwich, Conn.: Fawcett, 1969), is a classic novel about the social control exercised among members of Sicilian/American mafia groups.

Films

The two 'Disappearing World' films, ***The Mehinacu*** (Carlos Pasini and Thomas Gregor, 1974), about a people of the Brazilian rain forest, and ***The Kirghiz of Afghanistan*** (Charlie Nairn and Nazif Shahrani, 1976), about a people virtually imprisoned on a mountain top between Russia and China, which they may not legally enter, both illustrate aspects of social control discussed in this chapter.

第 10 章

政治的藝術

政治的可能性

我們在前一章中曾指出，要清楚地區分「法律」與「政治」的概念，並非一件容易的事。第九章主要是著重在法律的討論上，本章我們則將探討有關政治的議題。雖然我們鍥而不捨地採用各種研究途徑，來詮釋社會控制的機制，而且涵蓋的範圍，甚至包括那些不以法律爲主的社會，然而即使是在最廣義的定義下，社會控制的機制仍然難以被歸類爲一種「法律」。我們將在本章中探討英語裡稱爲「政治」（politics）的概念。同樣地，讀者在閱讀本章之前，必須先具有寬廣的心胸，對於所有的不同觀點保持彈性。

首先，我們將從國際間的政治制度著手，這是我們早已耳熟能詳的觀念。接著，我們將逐漸引導讀者，審視其他社會的政治系統（我們將假設其他社會也有所謂政治的行爲與現象）。其他社會的政治制度，對於歐洲國家的觀察者來說，可能是難以理解的，至少在一開始時是如此。

早期研究政治議題的英國人類學家或民族誌學者，通常是在海外的殖民地國家從事研究工作。殖民時期的民族誌學者，都會認爲自己比其他的外來者，更加了解殖民地的當地居民，因此往往成爲該地人民的代言人，甚至批判自己政府的某些殖民政策。雖然如此，民族誌學者通常也會擔任諮詢的角色，以協助自己的政府在不熟悉的殖民地環境中，維持社會秩序。除此之外，民族誌學者爲了在殖民地持續進行田野調查的工作，也有必要與當地的行政官員維持良好的關係。

早期英國最具有影響力的研究實例，是人類學家在非洲的田野工作，主要可以分成兩種類別：「中央集權」（centralized）與「無君主」（acephalus）的政治制度（Fortes and Evans-Pritchard, 1940）。中央集權的政治制度，就是所謂的君主制（kingships），相對而言，社會的階級單位比較穩定。無君主（acephalus）是源自希臘文的字彙，顯然就是英文中「沒有領導者」（headless）的意思。我們將以兩篇著名的人類學研究案例，來闡述伊凡普里查（Edward Evans-Pritchard）歸納而得的兩種政治制度。這兩篇研究實例，都是以蘇丹人爲研究對象，分別是典型君主制的希盧克族（Shilluk），以及南蘇丹的努爾人（Nuer）所代表的無君主政治制度。我們將分別討論這兩個案例，以使讀者能夠掌握有關政治議題的基礎原則。

隨著世界各地民族誌研究的資料愈來愈豐富，把中央集權制與無君主制，視爲政治系統類型的兩個極端，顯然是比較合理的。在中央集權制與無君主制兩者之間，還有其他有趣的政治型態，有時甚至相當明顯而引人注目。稍後，我們將特別探討有關「領導」（leadership）的議題，而且援引拉丁美洲熱帶雨林地區的例子，來說明介於中央集權制與無君主制之間的政治型態。除此之外，我們當然也會審視世界上其他地區的政治制度與領導型態。倘若讀者能夠完整而深入地閱讀民族誌，將會是個絕佳的難得機會，有助於瞭解某些類型的政治制度。章末附錄的延伸閱讀資料，例如：艾哈邁德（Ahmed）、巴特（Barth）、馬貝力・路易斯（Maybury-Lewis）、李區（Leach）與史查森（Strathern）等人所著述的書籍，都是值得讀者進一步閱讀的好書。

本章的標題之所以使用「政治的藝術」，是為了向全人類的聰明才智表示敬意。世界各地的人，鍥而不捨地以多變的方式，創造和操弄權力（power）與權威（authority）之間的關係。我們在檢視過正統的政治「類型」（types）以後，就會開始探討人類在權力與權威之間互動的多變性和創造力。特別值得注意的是，有關政治行為與現象的假設與概念，隨著政治制度類型的不同而有所差異，而且有些概念裡沒有明說而間接透露的意思，其實也是相當重要的。政治的本質常常涉及概念的爭論，這也是前一章的主題之一，人類學家對於這方面的議題都相當重視〔例如：本章延伸閱讀中附錄的參考資料，夏爾（Shore, 1990）〕。

政治科學本身就是學術上一門獨立的學科，因此本章最終也只能概略地簡介這個龐大的主題。而且，許多人類學者都專書探討有關政治的主題〔例如：延伸閱讀中附錄的參考資料，巴勒狄（Balandir），1967；布拉赫（Bloch），1975；葛蘭希爾（Gledhill），1994；葛德利爾（Godelier），1986〕。我們將在本章中檢視某些人類學家的研究發現，主要是基於以下兩個理由：

⑴我們可以在某些人類學家的經典研究中，瞭解各種有關社會權力分配的概念，這是相當有趣的事。而且，我們也可以把權力分配的情形，置放在殖民地的背景下來加以詮釋〔葛蘭希爾（Gledhill）是這方面領域的佼佼者〕。

⑵我們可以在政治活動的領域中，確認某些主題的多樣性面貌，使得每個人都能夠熟悉權力運作的情形。

政治系統的類型

⑴中央集權制（Centralized Systems）

歐洲國家在海外建立殖民地時，發現當地的政治系統，最常見到的就是中央集權制。雖然中央集權制有各種層級化的配置，以及各式各樣的運作方式，但是我們仍然可以從中歸納出一些特徵。首先，從中央集權制的整個階級架構來看，在層級的最頂端是「領導者」（head），而其下各層級的權勢，則隨著層級的下降而逐漸遞減。有些「領導者」的地位，是由「世襲」（hereditary）而來，有時候甚至具有君權神授的特質。另外有些領導者的地位，則是由多數人以選舉的方式產生。雖然以世襲與選舉產生領導者的方式，彼此之間的差異頗大，不過卻都屬於中央集權制的一部分。施行中央集權制的國家，包括比利時、英國、尼泊爾、荷蘭、挪威、瑞典、日本等國家在內，直到現在，都仍試著同時實行世襲與選舉兩種中央集權制。無論如何，雖然世襲與選舉方式的政治系統，各自扮演不同的角色，不過都還是屬於「中央集權制」的分類範疇。

在世襲或選舉政治制度下的人，無論是否出於自願，都必須呈獻貢品（tribute）或是繳付稅款，以便對整個制度表示歸附順從之意。貢品和稅款形成所謂的公共資金（public funds），作各種可能性的運用，例如：

①由「統治階級」（ruling class）的官員，代表群眾從事各種活動

②在發生爭論時提供「保護」（protection）

③處理爭論的「法庭」（courts）

④供大眾使用的建築物等「設施」（facilities）

⑤舉行「節慶活動」（feasts）或是對有需要的人提供「協助」（aid）

⑥支援「宗教儀式」（ritual）的舉辦，例如：處理有關神靈的問題

在人類學研究文獻中，有個關於希盧克族（Shilluk）

的經典實例。希盧克族的政治制度，施行世襲的君主制（kingships）。希盧克族國王的權力，直接來自於希盧克族所信奉的神——奈坎神（Nyijang），而且可以世世代代傳給自己的子孫。此外，國王的身分是代表整個希盧克族，同時也是道德秩序的永恆象徵。不過，希盧克族國王所扮演的角色，實際上卻是神職人員，而非真正掌握實權的統治者，治理工作另有其人。希盧克族將國家劃分成數個區域，每個區域都有一位首長和地方議會。在每個區域之下，則再劃分爲更小的村落。相同的情形，每個村落也都有各自的領導者，而且通常是以世襲的方式來繼承統治權。希盧克族有關奈坎神（Nyijang）的神話傳說，對於整個階級制度有很大的影響力。每個首長或領導者的出身，都可以追溯到奈坎神（Nyijang）在開天闢地時分封領土的祖先。世襲的首長或領導者，都必須向國王履行義務。國王是介於人類與神明之間的傳達者，爲了避免天然災害的發生，國王必須保持純潔與健康，否則一旦生病或是衰老，就得爲人民的利益而犧牲自己的生命。

希盧克族社會的政治制度，對於英國殖民者來說，並非難以理解或不可捉摸。英國殖民者結合當地的政治制度，對希盧克族進行殖民統治。雖然根據歷史上的記載，殖民政策的推動顯然不是非常順利，不過，由於希盧克族和英國本身，兩者的政治制度頗爲相似，而且英國殖民者對希盧克族的國王及官員，相當尊重與禮遇，因此英國人在對希盧克族推動殖民政策時，相對而言，遭遇到的阻力較少。相反地，印度在成爲英國殖民地的過程中，起初彷彿大英帝國「皇冠上的寶石」（the jewel in the crown），但後來的發展卻變得相當複雜。讀者可以進一步參閱保羅・史考特（Paul Scott）的民族誌研究《印度統治四重奏》（“Raj Quartet”）（p. 45）。

在某些情況下，殖民者在建立殖民地的新秩序時，在過程中勢必會遭遇到若干當地的阻力。然而，倘若當地的政治制度，原本就是施行中央集權制，則外來統治者將會比較容易擊潰當地的反對勢力。因爲只要原來的元首退位，而新繼任的外來統治者，能夠對當地的社會生活觀察入微，並維持根本的階級架構不變，則統治者就可以依循既存的機制，來建立新的統治權威。然而，當地的固有文化，也會在殖民統治的過程中，逐漸凋謝零落而消失不見，這是中央集權制的常常發生的情形。墨西哥在成爲西班牙殖民地之前的阿茲特克（Aztec）帝國，就是一個著名的實例。阿茲特克人的政治制度，是高度組織化的中央集權制。在皇帝蒙提祖馬（Montezuma）的統治時期，西班牙人在墨西哥海岸的登陸地點，正巧與阿茲特克人相信「神將重新掌權」的神話傳說不謀而合。

由於符合阿茲特克人的神話傳說，因此西班牙人荷納度・寇特茲（Hernando Cortez）輕易地就躍居阿茲特克法庭的最高統治地位，跟同伴爲西班牙祖國在墨西哥進行殖民統治的任務。雖然墨西哥某些原住民的文化得以保存下來，但是阿茲特克的文化，在殖民統治不久以後就消失匿跡了。我們在第一章中曾經提到，阿茲特克人的社會，以活人為祭品來敬拜神靈和祈求平安。活人祭祀的習俗，受到西班牙人的禁止，似乎應驗了阿茲特克人相信「不以活人祭祀神明，世界就會滅亡」的預言，因而使得阿茲特克文化消失。印加帝國（Inca Empire）是南美洲另一個中央集權制的實例，相同的情形，最後也遭遇到滅亡的命運。不過，並非所有的南美地區民族，都易於成為外來統治者的殖民地，稍後我們將會探討和分析這方面的議題。

如果我們過於簡化政治制度的型態，則在瞭解各種狀況下的權力時，很有可能會遭遇到許多複雜的難題。日本的中央集權制，就是一個絕佳的範例。日本在十九世紀後半葉時，以歐洲國家的政治制度為典範，進行「現代化」（modernize）的改革，所以日本的政治制度中，存有明顯的議會、政黨、選舉人、成人參政權與公平自由的選舉制度等元素。也就是說，日本的政治制度，在西方政治觀察家的眼中，是相當容易理解和分析的制度。日本從未成為任何外來勢力的殖民地，但由於在第二次世界大戰時戰敗，因而曾被同盟國的聯軍佔領。當時，聯軍堅持日本的君主制，必須朝「民主化」（democratizing）的方向進行改革。

然而，聯軍沒有注意到的是，日本的政治制度，實際上，大部分仍然根據現代化改革以前的原則來運作。由於日本非常強調溝通與協調的重要性，以促進決策的效率，因此以抗衡為主的議會運作方式，對日本人來說並不適合。也就是說，日本的政黨活動，大多數傾向於派系的運作方式，這在日本的社會關係中是很常見的情形。除此之外，日本人相當重視感恩圖報的觀念，因此在選舉或投票時，通常不會考慮個人的好惡，而是把票投給對自己有恩惠的候選人，來表達感激之情。由此可知，我們應該在寬廣的社會背景下來審視政治系統，而不只是將某個政治制度歸類爲中央集權制而已。稍後，我們將在本章的最後部分，探討權力運作時所採取的某些策略。

(2)領導（leadership）

相較於前述的中央集權制，拉丁美洲熱帶雨林地區的政治制度類型顯然較爲模糊。雖然如此，當地原住民的領導者，仍然具有易於辨識的明顯特質，而且該地政治制度的配置方式，也可以與工業化社會的政治制度互相比較。當地的某些原住民可能成爲**領導者**（leaders），而其他的人都會心甘情願地成爲領導者的跟隨者。我們在此章節中將探討當地的許多不同類型社會。此外，我們曾經在第三章中提及，人類學家費格森（Ferguson）在委內瑞拉及巴西，以亞諾馬默人（Yanomomö）爲研究對象的田野調查工作（1995），以及馬貝力・路易斯（Maybury-Lewis）在巴西雨林，針對厄奎沙范提人（Akwe Shavante）所從事的研究工作（1974）等，這些實例也都是我們在檢視這方面議題時的最佳題材。以下是當地原住民政治制度的若干共同特徵。

（i）非中央集權制

非中央集權制的特徵，是拉丁美洲熱帶雨林地區與其他社會之間的最大差異。由於當地的原住民沒有正式的政治權威制度，因此常常給該地的國家政府帶來許多的難題。當地政府的典型做法，就是任命某個原住民擔任地方首長（local chief）的職務，而且透過首長來維繫政府與原住民之間的溝通。政府不僅會提供酬勞給地方首長，有時也會把代表職務的制服或徽章等給予首長。雖然地方首長接受政府的餽贈，而且對外代表原住民，不過卻往往成爲原住民社群的笑柄。有些首長想要憑恃政府的威勢來作威作福，但很快地就會發現自己的權勢早已蕩然無存。某些地方的原住民甚至認爲，只有笨蛋才會擔任地方首長的角色。

（ii）地方自治

地方自治是拉丁美洲熱帶雨林地區非常重要的特點之一。由於擔任領導者（leaders）的人來來去去，不斷地改變，所以一旦社群內同時有兩個領導者，很有可能就會爆發衝突，而且社群內的原住民也會因此分裂和重新洗牌。我們在第八章中曾提到里維耶爾（Peter Rivière）的論點，他認爲蘇利南的特里歐印地安人（Trio Indians）與巴西南部厄奎沙范提人（Akwe Shavante）的社會之所以分裂，可能就是因爲指控他人施行邪術的緣故。最後，原住民都會追隨一位符合自己利益的領導者，而且，即使外來的統治者任命某個當地人作爲溝通的代表，原住民仍然不會聽命於外來者。

（iii）領導者的領導

正如字面上的意義，領導者（leaders）只負責領導，與前述的地方首長（local chief）不同。地方首長具有強制性或受到政府承認的權威。如果其他的原住民同意領導者的領導，就會跟隨領導者的腳步，亦步亦趨。也就是說，倘若領導者認爲中央廣場應該清掃，可能就會自己先動手，雖然也可以請跟隨者幫忙，但是卻沒有權力命令跟隨者打掃。假如跟隨者對領導者的計劃視若無睹，那就表示領導者很快地就會不再受人愛戴。據說在厄奎沙范提人（Akwe Shavante）的社會中，甚至可以將過於跋扈的領導者處死。因此，擺官架子的人絕對會令其他人無法忍受，這也說明何以提供制服或薪資給予地方首長的制度，可能會使得原住民固有的社會關係崩潰和失效。

（iv）環境因素

環境因素在原住民社群的政治生活中，理所當然扮演一個重要的角色。當地原住民在耕地上刀耕火耨（slash and burn cultivation，譯註：刀耕火種就是砍伐林木，焚燒做爲肥料，然後就地犁田播種的原始耕種方法），以爭取爭取耕地數年期間的所有權。由於原住民在森林中的耕地（見照片 10.1），不僅面積狹小，而且過於貧瘠，因此原住民社群的人數都很稀少，還要定期地遷徙。此外，食物的來源，除了耕種之外，偶爾也必須仰賴狩獵和捕魚的方式來獲取食物。耕種、狩獵及捕魚等經濟活動，都不需要管理方面的組織結構，正如安東尼・里茲（Anthony Leeds）在提到委內瑞拉南方的亞魯洛人（Yaruro）時指出：

> 我們假設亞魯洛人所有的謀生活動，都可以由每個人所使用的工具和技術來完成……也就是說，工具與技術，必須藉由人的善加運用才能發揮效能。各種類型的經濟活動，都有賴於許多人的分工合作才能完成，雖然每個人都使用各自的工具與技術，但是倘若沒有人的善加運用，任何的工具和技術本身，都無法使得經濟活動有加總的結果。因此，從人類學的觀點來看，工具與技術本身不具有管理方面的功能，也沒有互相協調和分工合作的作用。唯有每個人都各司其職，運用各自的工具與技術，才能順利完成經濟活動（1969, p.383）。

相片 10.1 ▸▸特里歐印地安人在雨林中清理，以便在耕地上進行刀耕火種型態的耕種。（相片提供者：Peter Rivi　re）

選擇和清理適當的耕地，是當地原住民之間最主要的合作事項。而且，為了有效管理耕地，原住民還會聚居一處而形成村落。領導者（leader）必須對遷移的時間和地點提供建議，而其他人是否接納領導者的建議，可以反映出領導者受人愛戴的程度高低。長屋（long-house，譯註：印地安人的公共住所或議事廳）是原住民族群裡男人所共有的場所。由於長屋的長度，根據社群人數的多寡而改變，因此也是對領導者支持程度的空間性暗示。當然，如果跟隨者不服領導者的領導，隨時都可以離開。當原住民在遷徙的時候，通常也是背棄領導者和重新結盟的絕佳時機。

在拉丁美洲熱帶雨林的原住民社會中，觀察領導者（leaders）應該具備何種特質，是一件十分有趣的事情。我們發現當地的領導者，都具有某些易於辨識的特徵。首先，領導者通常是原住民眼中的成功典範，因此體格健壯結實又擅長打獵的人，很有可能因而成為領導者。其次，領導者的性格必須十分「慷慨」（generosity），樂於與人分享財物，舉例來說：領導者都會吩咐自己的數個妻子，把狩獵的戰利品料理成豐盛的食物，然後與其他人一同享用。此外，領導者必須具備高明的「辯論技巧」（oratorical skills），這也是領導者受人愛戴的重要特質之一。領導者的辯論技巧，在村落之間的談判時可以派上用場。村落之間的談判，通常稱為「儀式性的對話」（ceremonial dialogue），目的在於解決村落之間的爭論，或是進行貿易及聯姻等活動。面對當地族群內部的紛爭時，辯論的技巧也很重要，作爲「仲裁者」(moderator)、「斡旋者」(mediator)或「調停者」（peace-maker）的領導者，往往備受尊重。以南比卡瓦拉人（Nambikwara）爲例，領導者一詞在字面上的意思是「統一者」（one who unites）。

舉例來說：巴西的厄奎沙范提人（Akwe Shavante），由於族群的人數較多，所以分裂成幾個派系。派系之間往往爲了一些無關緊要的事情而爭論不休，因此領導者的辯論技巧，必須具有相當的彈性。勢力最大的派系，通常居於主導地位，而該派系的領導者，經常都會強調自己是公正無私和寬宏大量的，具有維繫社群和平的智慧與協調能力，而且在面對任何危險時，也都會表現出當機立斷、毫不遲疑地積極態度。馬貝力・路易斯（Maybury-Lewis）對於厄奎沙范提族，居於主導地位的派系「領導者」的描述如下：

> 領導者所擔負的責任是十分重大的，在職務上必須具備完美的性格，以及符合跟隨者期望的作為。然而，領導者在不同的派系之間，爭取主導地位的企圖與行為，顯然又與前述的理想典型互相矛盾。事實上，天賦異稟的領導者，在派系居於主導地位的基礎未穩固之前，都不會只扮演職務上的角色而已。因此，領導者會在不同的行為模式之間轉換，一方面，以高度的耐心與高明的辯論技巧，處理棘手的情況；另一方面，則以明快和冷酷的方式，對付剛萌芽的反對勢力。（1974, p.204）

最後，我們要探討的是，拉丁美洲熱帶雨林當地的某些領導者，可能也需要具備**薩滿教**（shamanistic）的特質。領導者擔任薩滿的角色，可能相當特別，但卻具有一定的影響力。實際上，很多社會都是「神權」與「政權」分立的情形，例如前述的希盧克族（Shilluk）。除此之外，日本古代的階級制度在最上層的階級結構，也分別設有一位兄弟（brother）和一位姊妹（sister）。姊妹（sister）所扮演的角色與宗教有關，作為與神之間的接觸管道。至於兄弟（brother）所扮演的角色，則負責日常的政治事務。因此，日本施行神權與政權分立的天皇／政治雙重系統，顯然源自於古老的傳統。雖然大多數人認為君主所扮演的角色，象徵性意義大於宗教性意義，但是類似的政治制度，在當時的其他君主制國家也很常見。

民族誌的研究中，還有許多有關領導及取得領導權的豐富資料，但是如前所述拉丁美洲的實例讓我們明白，檢視特定地方的政治系統時，最重要的是必須結合當地的現實環境、生態與人口等背景。而協助當地居民向外界傳達自己的意見，正是人類學家責無旁貸的使命。由於拉丁美洲的熱帶雨林可能潛藏豐富的石油等資源，使得當地的居民始終受到外界開發者的威脅，因此人類學家在處理這方面的議題時，有必要將當地不同的政治策略列入考量，以促進協商與避免衝突的發生。人類學家蘿拉・瑞佛（Laura Rival）對此的看法如下：

> 當社群之間為了石油資源而發生衝突時，當地居民對於即將面臨的未來，有什麼新的想法或決定？而一旦當地

居民預見自己與外界，能夠有更廣泛持續的接觸與融合關係時，又該如何捨棄原本自給自足的利益……我們必須從民族誌的觀點，來探討這些問題。由於當地居民與外界的協商過程，處於不平等的地位與關係，所以我們有必要瞭解政治策略，為了達成政治目的，如何透過修辭學而堆砌一大堆華麗誇張的詞藻。在這種情況下，「平等的夥伴關係」等概念，才有可能成為事實。（1997, p.3）

我們在稍後的章節將會提及，巴西阿爾塔米拉地區申谷河流域的某個村落裡，一支名爲卡雅布（Kayapo）種族的紀錄片。這個實例可以說明前述的政治協商活動。該部紀錄片將卡雅布人與巴西官方當局，從開始交涉到獲致結果的過程完整地紀錄下來，因此人類學家完成此紀錄片的努力與付出，非常值得我們敬佩。蘿拉・瑞佛（Laura Rival）指出，並非所有的人類學家，都能像這部紀錄片的工作人員一樣幸運，可以完整地觀察與紀錄整個協商過程，所以有關政治協商的議題，仍然有許多值得我們繼續努力的地方，而這也正是應用人類學應該加以正視的急迫性問題。接著，我們將簡要地探討非洲地區的情形。無庸置疑的是，在非洲從事研究工作的人類學家，以往都是扮演協助殖民統治者的角色。我們必須先了解非洲無領導者（headless）的社會環境與背景。

⑶無君主制（Acephalus）的社會

（i）區隔化（Segmentary）的政治制度

來自高度中央集權制國家的人類學家，過去曾經有段時間，對於非洲地區的政治制度感到難以理解。非洲的當地社會，表面上似乎沒有成立所謂的政治組織，但是卻能有效地維持日常生活的社會秩序。人類學家經過詳細地觀察與研究，最後終於發現潛藏在非洲社會秩序背後的某些原則。其中，伊凡普里查（Edward Evans-Pritchard）針對南蘇丹的努爾人（Nuer）所從事的研究工作，有關努爾人**區隔化**（segmentary）政治制度的描述，對於非洲地區政治制度的研究，具有突破性的發展。伊凡普里查指出，努爾人對於權威或權力深惡痛絕，認爲自己是造物主（God）創造的最偉大傑作，因此每個人都自視甚高，昂首闊步猶如世間的帝王（1940, p.182）。值得注意的是，我們必須從努爾人有關政治制度的敘述中，分辨出理想與現實之間的差異。

努爾人的社會生活是以畜牧爲主，但卻是一種遠非常人所能想像的惡劣生活。他們必須隨著季節的變換而遷徙，在雨量較少的乾季時，他們在河邊搭帳棚與捕魚，而在水患頻仍的雨季時，則又必須遷往高地，並以栽種雜糧維生。也就是說，努爾人在一年裡的雨季期間，社群生活的領域，受到水患的影響，相對而言較爲狹小，但是在乾季期間，卻反而有較大的屯墾區域，此時他們的流動性較高，可以任意遷徙或移動。雖然努爾人基本的經濟單位，在概念上（或者說理想上）是一群共同遷徙的族群，而且彼此之間的關係密不可分，不過事實上，每一次的遷徙，都很有可能成爲政治性重組的契機。在努爾人的村落裡，某些成員之所以結合在一起，是因爲某些政治因素的考量，而非實際生活中的實質需要。有鑑於此，伊凡普里查將這種「領域型」（territorial）的政治單位，稱爲最小的政治區隔（segment）。這些小單位的政治區隔，都分別隸屬於佔領當地的更大政治區隔。

努爾人整個部落（tribe）或氏族（clan），都是以政治區隔的組合來建立關係。努爾族的男人認爲，親族的組成必須以具有共同祖先的血統（descent）作爲基礎，而且相信理想的生活方式，就是和近親共享生活資源。伊凡普里查將這種近親關係，稱爲最小的（minimal）世系（lineage）。至於由親屬組合而成的較大親族，可以一起從事各種經濟或儀式性活動，則稱作次要的（minor）、主要的（major）或最大的（maximal）世系。根據伊凡普里查的定義，最大的親族就是「氏族」（clan），指的是源於同一個祖先的後代子孫所組成的關係。祖先與祖先彼此之間的關係，構成了整個努爾人氏族關係的基礎。

雖然最小的村落（villages），是隸屬於「部落」（tribes）之下，而且部落的概念幾乎等同於「氏族」（clans），不過村落之間的關係，卻有可能是因爲特定政治議題的考量而結盟。因此，根據伊凡普里查的解釋，一群人結盟成爲他所謂的「政治區隔」（segments），與努爾人前述共同血緣基礎的「理想」模式，兩者之間是有所不同的。有鑑於此，伊凡普里查將這些大大小小的政治區隔，劃分爲「第一級」（primary）、「第二級」（secondary）與「第三級」（tertiary）等三個級別（見圖 10.1）。道德上對於某個政治區隔的忠誠程度，會隨著情況的不同而有所改變。也就是說，努爾人在不同的情況下，對於和自己隸屬的政治區隔有所不同的人，是處於對立的位置。

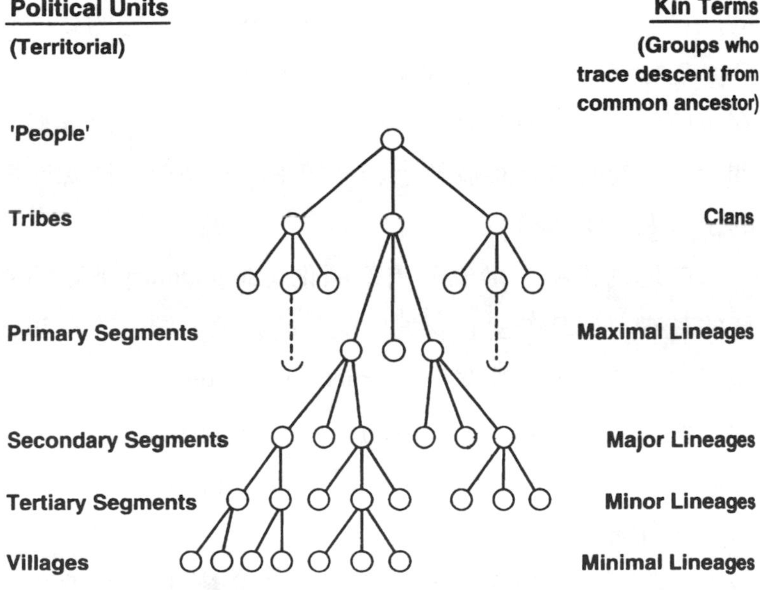

圖 10.1 ▸▸努爾人的社會與政治組織圖

舉例來說：分別來自不同村落的兩個人，倘若發生衝突，則兩人的親屬會根據共同祖先的血緣原則，從兩人之中選擇一人作爲支持的對象。實際上，這就是所謂「領域型」（territorial）的政治區隔。以圖 10.2 來說，如果政治區隔 Z^1 的成員與政治區隔 Z^2 的成員發生衝突，此時就會演變擴大爲 Z^1 與 Z^2 兩個 Z 族群之間的衝突。相同的情形，假若政治區隔 Z^1 的成員與政治區隔 Y^1 的成員發生衝突，則屬於 Z 的兩個族群就會拋開彼此的歧異，一同對抗 Y^1 和 Y^2。同樣地，倘若政治區隔 Y^1 的成員與政治區隔 X^1 的成員發生衝突，則政治區隔 Y 的成員，就會和政治區隔 X 的成員形成對立的局面。家族世仇是努爾人共通的政治現象，是相當棘手與難以解決的問題。世仇的發生，可能是在不同的陣營或村落之間，或是在任何較大的不同族群之間，甚至有時會是整個部落聯合起來，一同對抗比鄰而居的丁卡人（Dinka）。

前述的說明，構成所謂**區隔化**（segmentary）政治系統的基礎。伊凡普里查認爲區隔化的政治系統是「在領域型區隔之間的結構性關係（structure relations）」。也就是說，倘若某個人是某族群中的成員，而其所屬族群與另一個族群處於敵對的狀態，則族群裡的所有成員，都和此敵對狀態有關。

> 政治上的價值觀念是相對的……在分裂（fission）與聯合（fusion）兩股力量之間，所有的族群都有形成區隔（segment）的傾向。也就是說，任何族群的發展趨勢，都

想要與那些與自己有著相同秩序的區隔結合在一起。在這種情形之下，政治系統會達到一個均衡的狀態。聯合（fusion）的傾向，是努爾人政治結構中固有的區隔特質，也是區隔化政治系統的的一部分，因此，儘管一個族群可能會分裂成對立的兩個區隔，但是這些區隔一定還會與其他的族群結合在一起。也就是說，聯合與分裂是區隔原則的一體兩面，整個努爾族及其分支，就是在聯合與分裂兩種力量的衝突與互補的傾向中達到平衡的狀態……區隔化傾向的界定，必須從社會結構的根本原則來著手。（1940, p.148）

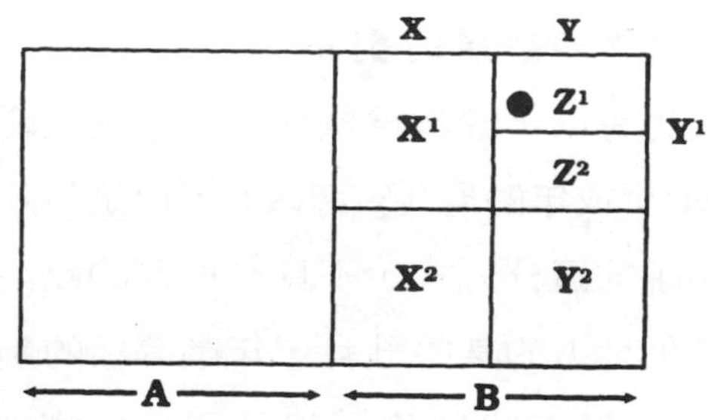

● Member of Z^1 in opposition to Z^2

" " Y^1 " " " Y^2

" " Y " " " X

" " B " " " A

圖 10.2 ▸▸ 區隔化系統

在伊凡普里查發表如前所述的研究結果以後，許多人類學家發現非洲其他地區的原住民，其政治系統也有類似的原則。此外，人類學家也注意到世界上其他地方的人，事實上也適用於這些原則。以運動競賽的狀況來說，每個人對於參加比賽選手的忠誠度，都會根據競賽的規模與需要，適時地調整自己的支持對象。例如：再與其他城鎮的代表隊進行競賽時，鎮民理所當然都會支持自己鎮裡所推出的代表隊。而當比賽的區域擴大時，則原來對立的雙方可能又會握手言和，站在同一陣線以組成更大的聯合團隊。以國際性的比賽為例，所有的人都會團結一致，支持代表自己國家的隊伍。

（ii）年齡群與年齡層的劃分

雖然努爾人也會以年齡作為標準，將每個人區分為不同的**年齡群**（sets）或**年齡層**（grades），但是伊凡普里查認為，努爾人年齡的區分方式，不具有重要的政治意義。不過，在非洲其他地方的某些社會，年齡等級的劃分卻是政治制度的基礎。以下我們將引用保羅・史賓塞（Paul Spencer）（1973）和莫妮卡・威爾森（Monica Wilson）（1963）兩人的研究結果，來說明年齡層級的區分與政治制度的關係。最典型的情況是社會裡的所有男人，都會參與年齡區分的系統，至於女人，一般而言，比較不參與類似的年齡區分方式。在某個特定期間出生的人，自然而然就會成為某個特定年齡層的一員，而且終其一生，都會與自己處於相同年齡層級的**同儕**（age mates）保持密切的關係。此外，隨著年齡的增長，相同年齡層的人，也會在**年齡層**（age grades）的級別上一起逐級遞增。理論上，年齡層的等級包括以下幾種區分方式：

▷長者（elders）——負責政治上的決策與解決爭論的人。

▷勇士（warriors）——負責防禦與保護的人。

▷青年（youths）——跟著族人學習的人。

在某些較大的部落裡，某個年齡層的成員，必須與其他族群的同齡者，組成所謂的**年齡團塊**（age regiments），南非的祖魯人（Zulu）社會即爲一例。

東非的南迪人（Nandi　）與馬薩伊人（Masai），也都以年齡層級的劃分，作爲政治制度的基礎。舉例來說：南迪人有七個以上的年齡等級，大約每隔十五年爲一個等級，因此，在實際運作上，各個等級所扮演的功能性角色，或多或少都會有些許重疊。最年輕的年齡群是「小男孩」（small boys），接著是「新人」（initiates）。新人年齡層的男性，可以與同齡女性發生性關係。再來則是「勇士」（warriors），同時也是到達適婚年齡的年齡層。除此之外，南迪人還有四個更年長的年齡層。每一層級的人，都要服從與尊敬較高層級的人。同一年齡層的人，不僅地位平等，而且必須互相幫助，有時甚至於有彼此共同擁有一位妻子的情形發生。年齡層級的名稱是循環變動的，也就是說，新的年齡族群將會取代較爲年長的年齡層族群，而最年長的年齡族群，通常會因爲衰老而死去。由此可知，南迪人的社會中，重要的政治性角色，都會根據整個社會年齡層級的架構來配置。

無論維持社會秩序的機制，是否屬於政治制度的一部分，任何社會都有維持秩序的法則，因此區分年齡層級的政治制度，也是相同的情形，具有維持社會秩序的某些原則。年齡層較爲年輕的人，可能因爲要捍衛國家或族群，而必須被徵召到任何地方去作戰。在不同的社會中，對於各年齡層的尊重程度也會不盡相同，例如：在工業化的地區，就特別規定到達某個年紀的人必須退休。日本某些地區年齡層級的劃分，就和非洲的情形一樣，在地方上以相當類似的方式發揮作用。例如：社群裡最年長的人，通常都備受尊崇與敬重。日本年齡層的等級，有以下幾種等級：

▷兒童（children）——在參加運動競賽或娛樂活動時聚集在一起，而且在節日慶典中扮演儀式性（ritual）的角色。

▷青年（youth）——在節慶中也是扮演儀式性的角色，在參加運動競賽時聚集在一起，或是一同進行旅行遊歷，有時還會將旅程視爲一種「考驗」（ordeal）。

▷消防隊員（fire brigades）——由一群已婚的年輕男性組成，在發生危急狀況或地方性的災難時，從事防禦與救助的工作。

▷壯年期的成人（adults）——負責社群內事務的決策，化解爭端，以及規劃節日慶典的各項事宜等。

▷老年人（old people）——爲運動競賽或旅遊而聚集在一起，並執行當地社群分派給自己的任務。

日本某些地區的年齡族群，經常爲了定期參加某些社會性活動而聚集在一起。例如：定期舉辦的募款活動，或是對一些有需要的人伸出援手，有時則是結伴出遊。不同年齡層級的活動，表面上似乎與政治制度沒有什麼關聯，但是對於日常生活的社會關係，卻扮演很重要的角色。一般而言，在日本社會中，有必須尊敬老年人的規定，而且在談及年長者時，也必須使用敬語。日本人只有在與同齡層的人相處時，才能夠比較放鬆自在。因此，年齡層以及與年齡級別有關的族群，例如：由老同學組合而成的同學會，對日本人來說是十分重要的，而且也是間接構成日本政治生態的因素之一。

政治權力的獲得與政治地位的建立

以年齡作爲標準，來衡量與評定個人的社會**地位**（status）和所扮演的社會**角色**（roles），事實上是很普遍的一種社會現象。就像是性別或某些與生俱來的特質一樣，例如：血緣或是貴族的身分等，年齡層級的劃分是一種**既定**（ascribed）的地位，我們很難有選擇的餘地。除此之外，個人也可以透過在某些領域的職業、技能或成功等而獲得社會地位的提昇。在民主社會中，藉由個人的努力與付出因而獲致的社會地位，比較受人重視與接受。例如：

個人在政治圈裡是否取得成功的地位，實際上，端視個人所具備的特質與努力的程度。不過，在某些以年齡層級與世系作為社會地位標準的社會中，雖然有時個人也可以透過辯論術或其他技能等機會，來提昇自己非正式的社會地位，但是一般而言，社會地位的評定，仍然是既定的形式，無法輕易地變更。

在任何社會中，想要獲得或掌控權力的人，都必須和整個政治制度妥協，以取得一致的共識。人類學家採取各式各樣的研究途徑，以便了解政治權力此議題的豐富面向。如前所述，伊凡普里查（Evans-Pritchard）所從事的研究工作，針對政治制度的主題，提出「結構性」（structural）系統的抽象概念，並且認為只有不涉入此結構性系統的人，才能真正地對政治制度有所瞭解。此外，他試圖釐清結構性政治系統裡的人，如何對世界進行分類的工作。伊凡普里查有關政治制度方面的探討，將有助於讀者了解與詮釋個體行為背後的社會因素。

其他人類學家的研究工作，則顯得比較直接，著重於社會成員眼中的觀點，例如：弗瑞德里克・巴斯（Fredrik Barth）（1965）在巴基斯坦的史瓦特地區，針對帕坦人（Pathan）的政治領袖進行研究，堪稱是這方面議題的典範。弗瑞德里克・巴斯所從事的研究工作，強調個人在獲取政治權力與地位的過程中，通常是以自己的利益作為考量和選擇的標準。弗瑞德里克・巴斯的研究途徑，稱為「交互論」（transactionalism）。有人批評交互論的研究途徑，無法有效說明帕坦人有關政治制度的分類範疇，因此艾哈邁德（Ahmed）（1976）所從事的研究工作，針對此一問題提出修正。他將帕坦人的政治制度，置放在社會地位的背景中加以探討。

李區（Edmund Leach）（1970）特別強調，將研究對象置放在其所處的背景中來檢視，堪稱是意義重大的研究。在李區所著之《緬甸高原的政治制度》（"Political System of Highland Burma"）一書中，提及數個使用不同語言的族群。他在各種語言中，選出共有的重要分類項目，以詳列各種可能的政治行為。由於李區的研究途徑，也是屬於結構性的概述，因此有人批評李區的研究方法，似乎把當地的狀況當作停滯的靜態。李區自己也承認，他所描述的政治制度其實只是理想狀態。也就是說，誠如我們在先前所強調的，我們必須區分理想與現實之間的差異。此外，聯姻也是政治系統的重要部份，我們將在下一章中進一步討論這方面的議題。

李區的研究工作，是以平等與階級兩項對立的原則作為基礎。布朗尼斯（Brenneis）和麥爾斯（Myers）（1984）兩人共同編纂的論文集「危險話語」（Dangerous Words）中，也是依據平等與階級兩項原則，來檢視太平洋地區某些社群的各種情況。該書不僅透過語言的運用（參較 Bloch, 1975），來探討政治的議題，而且也以語言的壓迫性，或是非語言的間接溝通等工具，實際檢視追求權力的行為。在太平洋地區的某些社群中，許多人都非常重視和諧互動的價值觀念，同時也盡量避免跟別人有直接而公開的衝突。相反的情形，在某些民主社會中，掌握權力的政黨，與反對勢力之間的辯論，往往形成政府制定政策的參考依據，因此置身於民主社會裡的人，恐怕很難理解太平洋地區某些社群的政治制度，主張以和爲貴的解決方式。雖然如此，藉由人類學的研究途徑，我們仍然可以瞭解他們政治互動機制的真實面貌。

我們在先前的第三章中，曾經提到我所著述的《包裝文化》（“Wrapping Culture”）一書。該書說明間接性溝通方式，很有可能涉及權力鬥爭現象的某些層面。包裝（wrapping）與政治權力之間的關係等重要議題，除了日本人對禮品的包裝行爲與文化之外，也有許多其他的民族誌研究實例，可以讓我們有更深入的瞭解。舉例來說：我們在第五、六章時談及新幾內亞瓦奇人的裝飾時，曾經檢視瓦奇人「包裝身體」所代表的權力，並且探討身體紋身所具有的政治意涵。至於以城堡或宮殿等物質，來表現權威或彰顯權力，則是「包裝空間（space）」的實例之一。此外，在會議中以精湛的技巧發表講演，也有可能涉及「包裝時間（time）」的概念。

在前述的各種情況中，運用這些間接性溝通技巧的人，很有可能獲取政治上的利益。以日本的社會環境爲例，由於每個人都會依據某些固定的原則，被納入階級的架構中，因此，對於嫻熟此階級系統的人來說，就會善加利用各種形式的「包裝」（wrapping）技巧，巧妙地操縱人與人之間權力與地位的關係。在日本社會裡，可以觀察到不同層次的政治運作手段，無論是任何情況，同時都有「表面上」（front）與「暗地裡」（rear）等私下的活動在進行著。有鑑於此，我個人認為「包裝」的概念，不但有助於讀者了解日本人的社會生活，也可以適用於其他地方的社會，特別是那些重視和諧而避免正面衝突的社會。

藉由探討禮貌性或正式性的語言，接著我們將要提出整個階級制度的問題，並以日本社會對此的看法作為說明的案例。由於階級明顯的英國社會，也有一系列關於禮貌與禮儀的規定，因此在乍看一下，可能認為日本社會的情形與英國是相當類似的。然而，以事物的表面現象，妄加臆測實際的運作層面，是相當危險的做法。所以，人類學的訓練與學習，使我們可以退後一步，從不同的觀點與角度來看待事情。

關於禮貌性或正式性語言的運用，事實上，日本兒童從小接受的教育，都是大人必須嚴格遵守禮儀的規範，以及小孩子較不受束縛等觀念。不過，他們長大成人之後，就會明白大人其實較不受禮教的束縛，有相當大的空間可以運用權力，反倒是小孩子必須嚴格遵守禮儀。這和英國社會的普遍現象正好相反。兩種南轅北轍的教育方式，雖然表面上看起來差異不大，但卻使得日本人與英國人，對未來有截然不同的價值觀與期望。許多來到日本的外國人，經常認為日本的家庭主婦都會表現出「謙恭與矜持」的態度。有關這方面的觀感，可能並非真實的情形，因為就我個人針對許多日本女性所作的研究工作，清楚地說明一項事實：有技巧地操控各種形式的語言，其實是日本女人運用權力的形式之一。

前述的幾個實例說明使我們知道，政治系統必須置放在較廣泛的社會背景之下加以探討，才能有助於我們了解權力的運用機制。我們在下一章中將延續這方面的主題，探討社會架構中親屬與婚姻等關係的重要性。除此之外，我也將再特別提醒讀者一次，倘若我們發現某些事物，似乎和自己成長與所處的環境相當類似，並因此而妄加臆測，此時很有可能我們已經在不知不覺中落入危險的陷阱裡。

References

Ahmed, Akbar S. (1976) *Millennium and Charisma Among the Pathans* (London: Routledge & Kegan Paul).

Barth, Fredrik (1965) *Political Leadership Among the Swat Pathans* (London: Athlone).

Brenneis, Donald Lawrence and Fred R. Myers (1984) *Dangerous Words: Language and Politics in the Pacific* (New York University Press).

Evans-Pritchard, E. E. (1940) *The Nuer* (Oxford University Press).

Ferguson, R. B. (1995) *Yanomami Warfare: A Political History* (Santa Fe, New Mexico: School of American Research Press).

Fortes, M. and E. E. Evans-Pritchard (1940) *African Political Systems* (Oxford University Press).

Leach, E. R. (1970) *Political Systems of Highland Burma* (London: Athlone).

Leeds, Anthony (1969) 'Ecological Determinants of Chieftanship among the Yaruro Indians of Venezuela', in Andrew P. Vayda (ed.), *Environment and Cultural Behaviour* (Austin, Texas and London: University of Texas Press).

Maybury-Lewis, David (1974) *The Akwe Shavante* (Oxford University Press).

Rival, Laura (1997) 'Oil and sustainable development in the Latin American humid tropics', *Anthropology Today*, **13**(6): 1–3.

Further Reading

Balandier, Georges (1967) *Political Anthropology* (London: Allen Lane).

Bloch, Maurice (ed.) (1975) *Political Language and Oratory in Traditional Societies* (London: Academic Press).

Gledhill, John (1994) *Power and its Disguises: Anthropological Perspectives on Politics* (London: Pluto).

Godelier, Maurice (1986) *The Making of Great Men* (Cambridge University Press).

Shore, Cris (1990) *Italian Communism: The Escape from Leninism* (London: Pluto).

Spencer, Paul (1973) *Nomads in Alliance* (London: Oxford University Press).

Strathern, Andrew (1971) *The Rope of Moka: Big Men and Ceremonial Exchange in Mount Hagen, New Guinea* (London: Cambridge University Press).

Wilson, Monica (1963) *Good Company: a Study of Nyakyusa Age-Villages* (Boston: Beacon).

Novels

Clavell, James, *Shōgun* (London: Hodder & Stoughton, 1975) is a well-known novel, subsequently filmed for television in a less anthropologically interesting way, about the encounter between a British sailor-explorer and the Japanese power structure during a period in the sixteenth century when Japan was relatively open to outsiders.

Mishima Yukio, *After the Banquet* (Tokyo & Rutland, Vermont: Tuttle, 1967) is a novel which portrays life behind the scenes of early twentieth-century Japanese politicians, showing also the potential power of women close to the men with big names.

Films

The Kawelka: Ongka's Big Moka – see p. 64 above.

The Kayapo: Out of the Forest (Michael Beckham and Terence Turner, 1988), another excellent 'Disappearing World' film discussing the resistance and reunification of peoples of Altamira against a huge hydroelectric dam project on the Xingu River, a large tributary of the Amazon.

The Masai – see p. 81 above.

The Mursi: War with the Bodi: Decision-making, and Relations with the Kwegu (Leslie Woodhead, 1985) are films about a cattle-keeping people of South West Ethiopia who have no formal chiefs or leaders.

第 11 章

家庭，親屬關係和婚姻

形形色色的親屬關係

自古以來，在社會人類學這學科中，有關**親屬關係**（kinship）和**婚姻**（marriage）的主題，一直頗受爭議。我們大多數人都是在家族（family group）中被扶養長大，而且也是在家族中學習有關社會關係的知識。誠如我們在第一章的簡要說明，我們在家族中學習如何將其他人分類，以及面對他們時如何應對進退。由於我們在很小時，就已經學會這些分類的方法，所以日後很難隨意變更。而且如同我們所見，分類的方式也會影響我們的觀點，以及我們和其他人之間的關係。有些親屬我們可能見過，但也有可能未曾謀面。不過，當我們面對重要關頭時，例如出生、婚姻和死亡等人生必經之路，所有的親屬可能都會共聚一堂。

人在不同的社會中，以不同的方式，將親屬分類，並且估量他們親疏遠近的程度。甚至於要如何和其他人結成姻親，在觀念上也有所不同。有關家譜（genealogy）的概念，存在於所有的社會中。但隨著新生殖技術（new reproductive technology）的出現，有關懷孕和傳宗接代的觀念，引發許多激烈的爭論。由於以英文的「收養」（adopted）來說，有些父母會收容養育其他人的子女，而且視同己出。另外，也有人結合地緣來成爲姻親關係。所以親屬的分類，不是每個人都和「血緣關係」（blood ties）有關。

另一個經常會考慮的重要因素，就是同居（sharing of a household）。在某些親屬的分類系統中，同居可能會推翻所謂的「自然」（natural）或「生物學」（biological）關係。在影片「秘密和謊言」（Secrets and lies）（1995）中，以苦樂參半（bitter-sweet）的方式舉例說明，當被收養者試圖和親生父母聯繫時，可能會發生的情感或社會問題。而且，如果當事人刻意隱瞞在不同種族之間結合（inter-racial union）的事實，情況將會更加惡化。

目前的家族（family group）型態，隨著社會的變遷而有所不同，而且在居住的組合上，也有很多的可能性。最近幾年來，在西方社會中常見的核心家庭（nuclear family），經歷過許多的變化。此外，「單親家庭」（single-parent family）已經成爲常見的慣用語。雖然由母親和子女組成家庭的型態，在世界上是很尋常的現象。但是事實上，「單親家庭」專有名詞的使用，意味著家庭中缺少父親或母親。也就是說，我們的意識形態，認爲在撫育孩子的過程中，雙親最好都不要缺席。而且，即使父母雙方都無法和孩子住在一起，但孩子仍然可以在不同的家中，擁有「雙親」。

在生兒育女的各種狀況中，所謂的「自然」（natural）特徵，已經變得愈來愈複雜。目前的人工生殖技術，試管嬰兒以「體外受精」（in vitro fertilization）或簡稱 IVF 的方式，在試管內完成受精過程，然後由**代理孕母**（surrogate mother）懷胎至出生爲止。由於代理孕母本身，不提供具有基因物質（genetic material）的卵子。所以，從生物學的角度來說，孩子和母親之間的關係，非常的錯綜複雜。另外，如果在父親方面，也只是以輔助的方式捐贈精子，那麼孩子的雙親身份（parenthood），就會變得更加隱晦不明。早期的人類學評論中，有關「人工輔助生殖」（human assisted reproduction）技術發展的可能性，是英國官方首次提出的沃諾克報告（Warnock report）。另外，Peter Rivière 在《恢復雙親身分》（"Unscrambling Parenthood"）（1985）的論文中，認爲社會人類學的知識，有助於解決人工生殖技術的某些難題。

Peter Rivière 提出兩個重要的觀點。一方面，他認爲家譜（genealogy）和雙親身分（parenthood）的任何概念，都和文化有關。另一方面，人類學家研究社會的具體實例，可以解決人工生殖技術等相關議題。首先，我們要考慮有關人工受精（artificial insemination）的問題。對於孩子來說，有兩種不同的父親角色，分別是遺傳上的父親（genetic father），以及擔任社會角色（social role）的父親。我們可以使用特別的字彙，來區分兩者之間的差異。在非洲從事的研究工作中，以努爾人（Nuer）爲例，由於他們的直系親屬，在政治上具有很重要的意義。所以，人類學家將遺傳上的父親稱爲 *genitor*，而擔任社會角色的父親，則以 *pater* 來稱呼。關於努爾人，我們將在最後一章中再提及。

我們將在本章中，探討人類學家可能會遭遇到的某些狀況。藉由人工受精（artificial insemination）技術的協助，遺傳上的父親 genitor 能夠提供精子，讓社會角色的父親 *pater*，可以擁有孩子來傳宗接代。事實上，有關這方面的問題，涉及法律、倫理道德和社會等多方面議題的考量。由於在許多的社會中，家譜（genealogy）是社會和政治的重要基礎，具有各式各樣的形式，以解決家族中諸如不孕症或早夭等，無法傳宗接代的問題。所以，兩種父親角色的區分，有助於我們了解家譜的排列方式。

對於母親的概念來說，我們很難運用父親的模式，來區分母親的不同角色。雖然我們也可以照本宣科，將提供卵子的母親稱爲 *genetrix*，而擔任社會角色的母親，則以 *mater* 來稱呼。但是，誠如 Rivière 所言，由於目前的技術發展，可以將受精（conception）和懷孕（gestation）的過程，區分爲兩個階段。所以，母親可以再細分爲受精和懷孕兩種角色。以新生命的成長來說，有人認爲懷孕期，較受精來得重要許多。就像之前我們提及的「單親家庭」，人工生殖技術雖然聽起來頗爲異乎尋常，但問題是孩子一旦出生之後，我們應該如何對待孩子，使他們在日後有良好平衡的發展，可以適應社會生活。由於英國大眾對此相當關心，所以特別成立沃諾克委員會（Warnock Committee）來進行相關的研究工作。

三種不同的母親角色，分別是提供卵子的 *genetrix*，懷孕的母親，以及撫養孩子長大的母親。由於母親角色的區分，產生許多複雜的問題。所以 Rivière 認爲，使用拉丁語 *genetrix* 來區分母親的角色，除了顯示母親角色在英文中衍生的語言問題之外，而且也會牽涉所有種類的其他議題，包括家庭在文化上的意義，法定繼承人或正統性（legitimacy）的觀念，在宗教、科學或社會等方面有關人類本質的構想，以及男人和女人的身體自主權等。

自從人工生殖技術開始發展以來，人類學家在這方面的議題，有許多的爭議（例如：Franklin, 1997；Shore, 1992；以及 Strathern, 1992 等，請參閱章末的「延伸閱讀」）。而 Rivière 的措辭，非常地小心謹慎：

> 我不是在提倡，我們應該就此採用其他人的觀點或方法。由於某些人認為，代理孕母（surrogate mother）的現象，可能會成為文明化（civilization）的威脅。所以，我只是建議，如果我們能夠將文化上的眼罩（cultural blinkers）移除，從更寬廣的視野來看待問題，可能會對於代理孕母的情形有所幫助（1985, p. 6）。

就某種意義來說，Rivèiere 的呼籲，可以運用在許多的社會議題上。雖然我們的雙眼被「文化上的眼罩」（cultural blinkers）所矇蔽。但是，藉由人類學家的研究工作，我們還是可以看得見外面的世界。

由於「親屬系統」最後可能會演變成各式各樣的結果。所以，某些人類學家，試著描繪出親屬系統的拓樸（typologies）類型。其他人則經常針對親屬關係在邏輯上的可能性，推論出許多錯綜複雜的理論。在 1970 年代時，人類學界盛行「重新思考」（rethinking）的理論。其中有本書《親屬關係和婚姻的重新思考》（“Rethinking Kinship and Marriage”）（Needham, 1974），探討某些基本的難題。首先是重新定義親屬關係的一般概念。其次，則是從社會系統較寬廣的層面來區隔親屬關係。作者認爲，早期的人類學家對於生物學上的親屬關係，都會有根深柢固的想法。因此，這些先入爲主的偏見，常使得人類學家在研究時如同視而不見。而後來的人類學家，也只會亦步亦趨跟隨前人的腳步，墨守成規，未曾深思熟慮他們正在做什麼，以及他們在研究社會生活的某些層面時，要如何跳脫歷史情況或現實環境的限制。Rodney Needham 在書中提及：

許多人都曾探討研究「親屬關係」究竟是什麼。但是，就我自己的觀點來看，這些討論都太過於學術而講究形式，因此顯得很繁瑣。由於親屬關係不僅牽涉家族中成員彼此之間的權利（rights）分配，而且還涉及在世代交替時權利的轉移。所以，我們在開始時，要盡可能以最簡單的前提來探討這些問題。家族中的權利，雖然不是由特定的種類所組成，但是卻有各式各樣的形式。家族中的成員，最為顯著的權利，包括有某些儀式的傳承，以及財產、居住場所和職業類型的繼承等。然而，對於權利的轉移者或繼承者來說，無論是性別，或是在家譜中的地位，都有固定的模式，無法輕易變更（1971, pp. 3-4）。

在英國的親屬關係，相對而言經常和社會生活的其他部分有所區隔。而且，如果有人將自己和親屬的關係，牽涉到經濟或政治的層面時，其他人對此可能會抱持負面的看法，認爲是偏袒親戚而猜忌懷疑。前英國首相的兒子Mark Thatcher愈來愈富裕的情形，就是個很好的實例，可以清楚說明這個觀點。雖然他藉由母親的知名度來賺取財富，是合理合法的事。但是，由於他是前首相兒子的身分相當敏感，可能經常會令人聯想到和政治上的決策有關，以致於英國人民完全無法接受。儘管在日常生活中，我們可以尋求親屬的協助，在這世界上出人頭地。不過，對於我們可以接受親屬資助的範圍和程度來說，在個人的需求和大眾的責任之間，還是有很清楚的界線。

在先前的章節中，我們曾提及親屬關係和政治緊密結合的狀況。事實上，要對一個人有深入的瞭解，如果沒有他人的意見作參考，那是不可能的事，而親屬關係就是最好的媒介。雖然，努爾人（Nuer）之間非常和睦友愛。但是，一旦遇及特殊的政治局勢時，就會依據親屬的關係，來選擇支持對象，並且使用家譜的特別字彙來區分彼此。由於在評量關係的親疏遠近時，世系（Lineage）的身分是個很重要的原則。所以，如果男人死後沒有繼承人，就會安排他和一個女人舉行**冥婚**（ghost marriage）。藉由另一個活著的男人提供精子，也就是所謂的遺傳上的父親 *genitor*，讓這個女人擁有孩子，使死去的男人成為所謂的 *pater*，能夠繼續傳宗接代。在這實例中，雖然孩子繼承家族的身分資格，但是和 *pater* 卻沒有「生物學上的關係」（biological relationship）。

在世界上大多數地方，人們將其他人分類的方式，有許多的變化。對於家譜的連結來說，我們對於**親屬**（kin）之間的關係，很難隨意變更。而且這些親屬關係，都會和經濟上的活動，政治上的運作和宗教上的信仰等緊密結合。所以，我們在試著將人分類之前，瞭解人與人之間的關係在社會中如何運作，是非常重要的。基於這個理由，我們會先將親屬關係的主題暫時保留，直到我們巡禮完其他的領域為止。在本章中，我們將以一個特殊的案例，來說明這個觀點。而首先，我們將要簡介某些專有名詞。

在多文化（multicultural）的社會中，來自不同背景的人，仍然會在他們自己的家族中成長，並且在各自的家族中，學習如何看待多文化社會的生活。多文化社會的現象，如今已經不再只侷限在某些特定區域，而是散佈遍及所有工業化的地區。由於許多人和身邊其他文化的人接觸後，對於他們的親屬關係很感興趣，不僅可以增廣見聞，打破自己原本的預期和假設，而且也能夠更加促進彼此之間的情誼和瞭解。我們在此呈現的資料，除了讓人感到相當好奇和有趣之外，事實上，這些也是世界上許多的都市或鄉鎮，日常生活中都會發生的事。

人類學家經常使用某些方法，來描述親屬關係。我們將在本章中，簡介這些方法。首先，我們將審視所謂的「一般英式家族」（standard English family）是什麼，並且以此模式爲基礎，探討以英文爲母語的人，如何將其他人分類爲親屬。由於世界各地的親屬分類方式，在形式上都會有所不同。因此，我們也將從更寬廣的角度，以「一般英式家族」的**單系繼嗣親族**（unilineal descent groups）爲例，和其他地方的家族系統作比較和說明。接著，我們將探討在牛津的巴基斯坦人社群。這個具體的實例，可以說明我們在多文化（multicultural）的社會中，要如何理解其他人的親屬關係。而且，這個實例將引領我們進入本章的最後一部分：婚姻。

親屬關係的分類

我們經常會採用各式各樣的方法，來探討家族關係的所有層面。在這些方法中，有些人會熱衷於使用家族樹狀圖（family tree），這是大家較爲熟悉的方式。至於其他的某些方法，則只有專業的人類學家，才能輕易解讀。首先，我們以所謂的「一般英式家族」（standard English family）爲例，來繪製家族樹狀圖。在此樹狀圖中，包括有雙親和兄弟姊妹等較爲親近的親屬。而且，我們也可以將樹狀圖擴展，延伸至其他的親屬，如伯母、嬸母、姑媽、姨媽或舅媽（aunts），伯父、叔父、姑丈、姨丈或舅父（uncles），以及堂或表兄弟姊妹（cousin）等。另外，我們也可以在樹狀圖中，以一系列的婚姻關係，來說明喪偶而離婚或再婚的狀況。

圖 11.1 是「一般英式家族」的家族樹狀圖。圓形符號代表女人，三角形則表示男人。等號代表男女雙方的婚姻關係，或是繁衍後代的非正式結合（informal union），在圓形和三角形的上方以線連結起來，表示爲兄弟一姊妹的關係。值得注意的是，家族樹狀圖在邏輯上會有許多的可能性，而圖 11.1 只是其中的一種，無法呈現完整的實際狀況。因此，我們在圖中只以一男一女，來表示兄弟一姊妹的關係，或是後代子女。

在圖 11.1 的家族樹狀圖中，我們使用英文的親屬稱謂，來表示親屬之間的關係。在雙親和子女的單位中，我們將每個成員，分別以父親（father）、母親（mother）兒子（son）和女兒（daughter）等專有名詞來標明，並且和其他的親屬有所區隔。其他親屬包括有伯母、嬸母、姑媽、姨媽或舅媽（aunts），伯父、叔父、姑丈、姨丈或舅父（uncles），以及堂或表兄弟姊妹（cousin）等。這些親屬稱謂，可以涵蓋許多的人。圖中以虛線圍成圓圈的單位，稱作**核心家庭**（nuclear families）。以英語爲母語的人，和許多其他的國家，在核心家庭成員之間的親密關係，程度上都很類似。

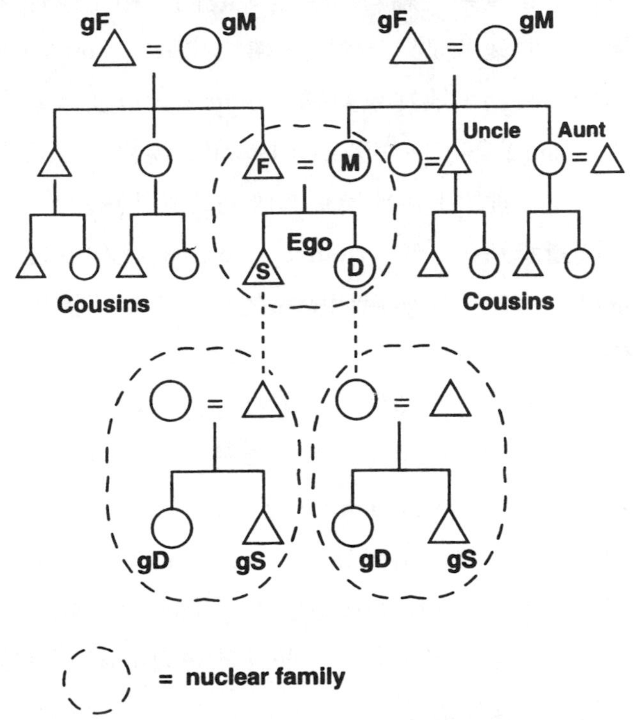

圖 11.1

在圖 11.1 的上方和下方，我們對於核心單位（nuclear unit）外的人，在四個專有名詞之前，加上「grand」來作爲稱謂，如祖母或外祖母（grandmother），孫子或外孫（grandson）等諸如此類的稱謂。我們也會以「greats」這字眼，來表示更遠距離的世代關係，例如曾祖母或外曾祖母（great-grandmother）等等。由於這些親屬的關係，一代接著一代，就像一條線般綿延不絕，所以稱爲直系（lineal）

親屬。為了和直系親屬有所區別，我們將和兄弟姊妹有關的親屬，如伯父、叔父、姑丈、姨丈或舅父（uncles），伯母、嬸母、姑媽、姨媽或舅媽（aunts），以及堂或表兄弟姊妹（cousin）等，稱作**旁系**（lateral）親屬。直系或旁系親屬的分類，實際上可能還具有許多的其他意義。

有關**繼承法則**（inheritance rules）的權利或義務，就是個很好的例子。雖然每個國家的法律規定不盡相同，但是在任何法律系統中，對於權利或義務的裁定，都會依據家族中的親屬關係，彼此之間親疏遠近的程度來區分。舉例來說，在某些實例中，長子扮演的角色很特殊，亦即所謂的**長子繼承權**（primogeniture）系統。日本的親屬關係，其實和英文的親屬稱謂很類似。不過，他們會使用某些專有名詞，將長子和其他子女區別劃分。納瓦特語（Nahuatl）是墨西哥的方言之一，也會以特殊的專有名詞，將最小的兒子和其他子女作區分。

然而親屬稱謂的使用，並非總是具有言外之意。對於「英式」的家族樹狀圖來說，有一個很有趣的地方，就是我們不會根據性別來區分子女，更不必說因出生順序的不同，而有差別待遇。人類學家經常將核心家庭中的子女，以專有名詞的「自身」（ego）作為參考點。雖然實際上，在以英語為母語的社會中，子女通常都會繼承父親的姓氏。而且，女人為了撫育自己的孩子長大，遇到問題的時候，理所當然都會求助於母親。另外，女人也會以諸如珠寶等物質，一代傳一代。但是從子女的觀點來看，父系和母系方面的親屬之間，在稱謂的使用上，是沒有區別的。

當然，在所有的社會中，**繼承權**（inheritance）是很重要的。而且，在許多其他語言的使用中，也會對繼承權有所區分。不過，語言的使用，無論是否對繼承權有明確的區分。人類學家已經發展一套系統，使用拉丁文的專有名詞，來探討繼承權的問題。繼承權的傳遞，就像英文中的姓氏繼承，大多數是以男方爲主。**長子繼承權**（primogeniture）系統的實行，就是所謂的父系（patrilineal）繼承。至於以女方爲主的系統，則稱作母系（matrilineal）繼承（圖 11.2 爲父系和母系的家族樹狀圖）。

在某些母系社會中，繼承權仍然是在男人之間轉移。也就是說，男人承襲「舅父（母親的兄弟）」（mother's brother）的繼承權，而不是父系中父親的繼承權。然後，這個男人又會把繼承權轉移給姊妹的兒子（sister's son）（在圖 11.2 中的第二張圖，繼承權則是在左手邊的三角形之間傳遞）。以這種方式轉移繼承權的社會，有時稱作母系社會（matrilineal society）。值得注意的是，繼承權的考量，涉及財產、地位、頭銜和家族的身分資格等諸多因素。在接下來的章節中，我們將探討家族的身分資格等問題。

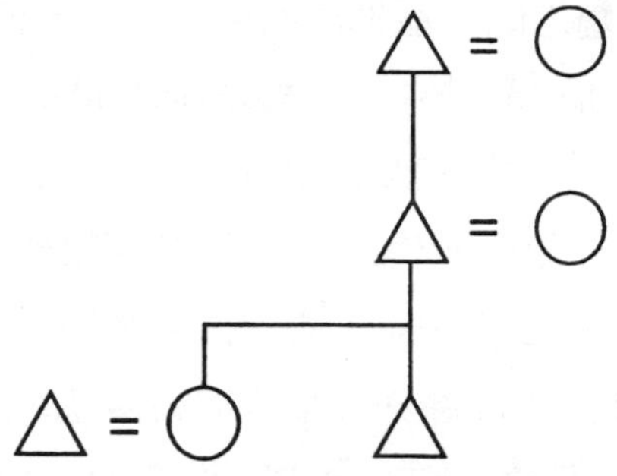

Patrilineal Descent

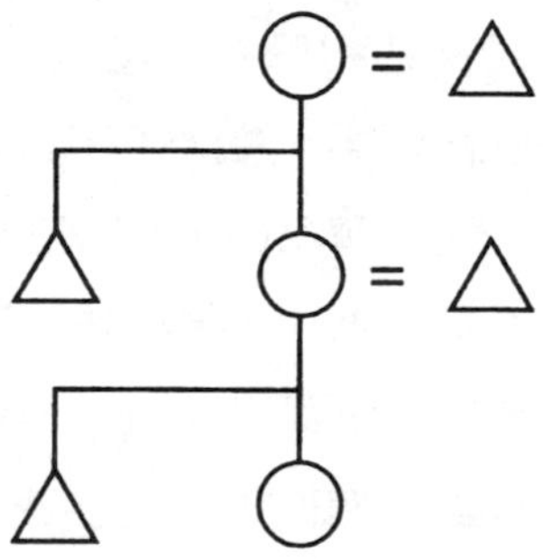

Matrilineal Descent

圖 11.2

單系繼嗣親族（unilineal descent groups）

由於出自相同祖先的人，是根據**繼嗣**（descent）原則（principles）而形成親族。所以有關繼嗣的議題，對於社會的發展來說，有很重要的影響。圖 11.3 爲**父系繼嗣**（patrilineal descent）親族的情形。在樹狀圖的最下方，我們以一對兄弟和姊妹（陰影部分的三角形和圓形記號），代表「自身」（ego）的參考點。如圖所示，父系家族中的親屬關係，只有男人才具有繼嗣的資格。由於在親族中出生的女人，例如代表「自身」（ego）的女性，通常在結婚之後會離開家族，所以並沒有列入樹狀圖的架構中。至於親族中男人的妻子，則屬於不同的類別。我們在圖中的右手邊，以一個圓形符號，作爲所有妻子（wife）的代表。

這種有共同姓氏的親族，就是所謂的「氏族」（clans）。古羅馬人、希伯來人和蘇格蘭人等，以及我們在先前探討的努爾人（Nuer），都有錯綜複雜的世系（lineage）制度。氏族中成員的身分地位，不僅可以決定居住的方式，而且也可以決定經濟上的盟友，以進行聯合畜牧、狩獵或農耕等。此外，如果爆發戰爭，對於政治上的忠誠度和應盡的義務，也會根據**年齡階級**（age grade）的不同，而有明確的規定。另外，由於人們通常期望和自己氏族的人結婚，所以世系的發展，也會受到結婚對象的影響，而有許多的可能性。

對於單系繼嗣（unilineal descent）的親族來說，祖先在民間的傳說或神話中，具有相當重要的地位，而且對於宗教儀式的舉行，有很深遠的影響。當後人遭遇不幸時，可能會歸咎於先人，並向先人祈求。也就是說，後人在有需要的時候，常常會向先人尋求協助。後人和先人的接觸，彼此之間的權利和/或義務，和先人在世時相同。對於先人的保佑，後世的人會舉行祭典來酬謝。如果先人沒有子嗣來傳宗接代，如同我們先前介紹的努爾人（Nuer），後人經常會爲先人安排某些形式的收養或冥婚（ghost marriage）。

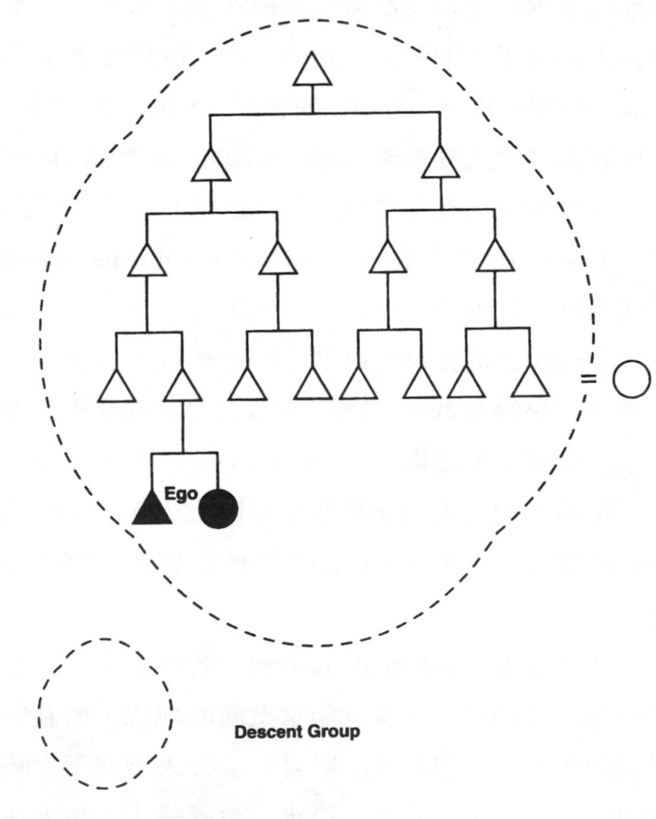

圖 11.3

在某些相對而言較爲封閉的社會中，每個人都會被分類爲某個世系（lineage）的一員。人與人之間親屬關係的建立，取決於世系之間的關係。親屬稱謂的使用，可以反映關係親疏遠近的程度，而適當的言行舉止，是根據親屬關係的類型來決定的。同一個世系的親屬，彼此之間的關係較爲親密。由婚姻而產生親屬關係的姻親（in-laws），有的可能會特別受到尊重，有的則可能不被視爲親屬。人類學家在此類型的社會中從事研究時，認爲有必要把整個世系的親屬當作研究對象，如此才能在有意義的方式下溝通。人類學家一旦找到某個親屬在家族中的定位，則其他人的親屬關係就可以輕易地釐清。

對於這種形式的親屬關係，倘若要把親屬稱謂譯成英文，不是一件容易的事。舉例來說，譯爲英文「兄弟」（brother）的親屬，指的是世系中同輩的所有男性。至於譯爲「父親」（father）的人，指的是世系中上一代的所有男性。早期的人類學家把這種情形稱作「類別的稱謂」（classificatory terminology）。倘若親屬的稱謂，只適用於特定範疇（category）的人，則稱爲「描述的稱謂」（descriptive terminology）。然而，如果釐清哪些人適於某個稱謂，則此稱謂在所有的狀況中都是「描述的」，並且代表某些重要的社會範疇。因此，確認親屬稱謂是否爲描述的，以及發現其所代表的意義，是很值得繼續進行的研究。

親屬稱謂在分類系統中，可能具有更深一層的意義。舉例來說：有些母系社會，如前所述，繼承權是在男人之間轉移，亦即男人承襲舅父（母親的兄弟）的繼承權。在母系社會中，「父親的姊妹」的稱謂是「女性父親」(female father）。而「母親的兄弟」的稱謂是「男性母親」（male mother）。這裡「父親」（father）和「母親」（mother）的稱謂與性別無關，而是涉及不同世系的歸屬和繼承權。「男性母親」的稱謂，指的是母親世系中上一代的男性。至於「女性父親」的稱謂，代表父親所隸屬的世系，而且父親將來要把繼承權轉移給「女性父親」的兒子。因此，母系社會中的年輕人，對「男性母親」是恭敬不如從命，而對「女性父親」則是敬而遠之。

同輩的親屬之間經常會有所區分。一個人可能要透過結婚的方式，才有可能改變自己的姓氏。因此許多人慣於以氏族（clan）的姓氏，在**母方**（matrilateral）和**父方**(patrilateral）親屬之間，以不同的稱謂來作區分。**交表親**(Cross-cousins）指的是性別不同的兄弟姊妹的子女之間的親屬關係。至於相同性別的兄弟姊妹的子女之間的親屬關係，則稱爲**平行堂表親**（parallel-cousins）。如圖 11.4 所示，是交表親和平行堂表親的差異。圖中代表「自身」(ego）的是一對兄弟和姊妹。他們的母方和父方親屬，則分別位於圖中的左右兩側。而圖中的「平行」（parallel）和「交叉」（cross）字樣，則取決於他們父母之間的關係。

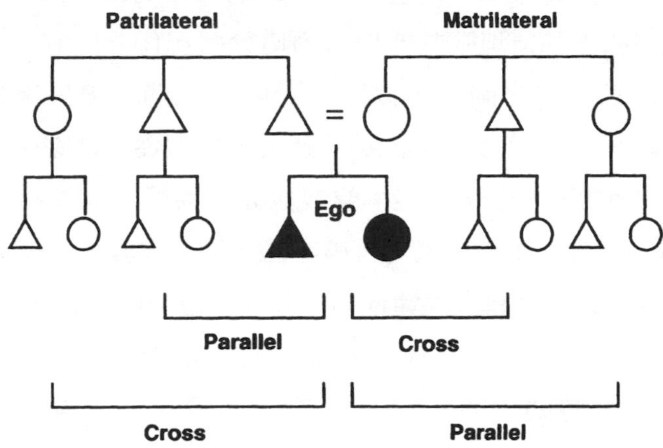

圖 11.4

多文化背景下的親屬關係：案例研究

如前所述有關 Rodney Needham 的觀點：研究親屬關係的正確做法，必須結合歷史情況或現實環境等社會背景。我們將詳細審視一個特殊的案例，以說明人類學界早期的另一個觀點：世界各地的系統是多樣化的。因此，我們必須對周遭來自不同文化的人，有所認識和了解。我們所學的案例，是住在牛津地區的巴基斯坦社群（community）。大部分的內容，取材自 Alison Shaw 的民族誌研究（1988）中巴基斯坦社群中某些第二代成員的個人看法。

在 Alison Shaw 的著述中，她把牛津地區的巴基斯坦社群，和巴基斯坦等其他地方的傳統狀況作一比較，並且認為新舊社群之間的相似點，比兩者之間的差異來得重要。新舊社群間的差異之所以發生，是因為居住在牛津地區的巴基斯坦社群，和英格蘭其他社群共存的結果。Alison Shaw 在研究工作中，試著打破英國人對巴基斯坦人的偏見與誤解，以清楚呈現牛津地區巴基斯坦社群的觀點。

誠如她在書中所言，牛津地區巴基斯坦社群的第二代，隨者時間的遷移，將會順利通過傳統安排式婚姻（arranged marriage）的嚴厲考驗。這本書於 1988 年出版，因此十年後的現在，我特別詢問幾位巴基斯坦年輕人的看法。我很幸運地認識一位巴基斯坦人教師 Fozia Tenvir。以下的部分內容，是由牛津地區第二代和第三代的巴基斯坦年輕人所提供。至於牽涉到人類學分析的部分，我們會再回過頭來看看 Alison Shaw 的觀點。

在牛津地區的巴基斯坦社群，大多數來自於巴基斯坦的旁遮普省（Punjabi），也有許多人來自於傑赫勒姆（Jhelum）地區和東南方的伊斯蘭馬巴德（Islamabad）。他們都和祖國的人保持聯繫，藉由資金或其他財產的往來，或是安排式婚姻、奔喪等而回巴基斯坦。許多的巴基斯坦人還認為，在英國出生的小孩必須回巴基斯坦，跟親人相處一段時間。對於居住在英國的巴基斯坦人來說，birâdari 是個具有特殊意義的社群，亦即「關係」（relations）的意思，但無法精確定義為親屬關係。雖然包含兄弟和堂

（表）兄弟姊妹等及其後代，不過 birâdari 指的是一群人，彼此之間緊密結合，互相依賴和幫助。

Birâdari 族群的涵蓋範圍，取決於所處的背景，有點類似先前章節的區隔化系統（segmentary system）。相較於世界性的公民身份（cosmopolitan citizenship），在牛津地區的整個巴基斯坦社群，都可說是 birâdari 族群。在某些情況中，birâdari 中的某些家族成員仍然留在巴基斯坦，因此住在英國的巴基斯坦人，可能會把子女託付給住在巴基斯坦的親屬照顧扶養，或是以財物和金錢來資助巴基斯坦的親人。事實上在日常生活中，birâdari 的成員都會住在一起，或是住在鄰近的區域。birâdari 中的女人藉由禮物的交換，以便維繫彼此之間的親密關係。

住在牛津地區的巴基斯坦人，對於不是巴基斯坦人的鄰居，常常會感到很困惑。例如房間內的擺設和佈置。Alison Shaw 以傳統的英國式建築和常見的維多利亞式建築，來說明巴基斯坦人的典型建築風格。致力於保存伊斯蘭教（Islamic）信仰的巴基斯坦穆斯林（Muslim）家族，對待男性和女性的態度有很大的差異：

> 在所有牛津東區的巴基斯坦房子內，除了房子實體的差異，最顯著的特徵就是有關深閨制度（purdah）的擺設與佈置。我們可以從訪客的蒞臨，來作清楚的說明。倘若男性客人登門造訪，而家中的男性正巧在家。此時訪客要先在門邊稍候，以等待女人把掩面的頭巾調整好，並離開客廳到後邊的房間或廚房。除非是家中的男人親自或是找

小孩到廚房，要求女人準備食物或飲料，否則只要是沒有親屬關係的男人上門，女人不可以進入前廳。食物或飲料通常是由男人自己端到前廳去。雖然有時由女人端食物或飲料到前廳，但也不可以和男性訪客交談（Shaw, 1988, p. 63）。

在巴基斯坦人的家裡，教養孩子是女人的責任。而一對結婚的新人，經常跟新郎的雙親住在一起。在巴基斯坦人的烏都語（Urdu）和旁遮普語（Punjabi）中，祖母的稱謂，有時和母親的稱謂是相同的，稱作 *ammi*。孩子在開始學習把親屬稱謂譯爲英文時，常常對 *ammi* 感到很困惑。他們也會使用旁遮普語／烏都語的兄弟和姊妹，作爲堂（表）兄弟姊妹（cousins）的稱謂，特別是在他們住在一起時。不過，他們有關堂（表）兄弟姊妹的稱謂，在母方（matrilaterality）和父方（patrilaterality）之間仍有所區分。對於男性來說，父親的稱謂，也和祖父的稱謂相同。而父親的兄弟，和父親的堂（表）兄弟有相同的稱謂，此外也適用於朋友的父親，或是父親的朋友等上一代的男性。

在巴基斯坦社群中成長的小孩，和前述「一般英式家庭」中成長的小孩，顯然會有不同的觀點。當來自於巴基斯坦社群的小孩去上學時，倘若被問及有關他或她的親屬關係等問題，可能會因爲老師的冷漠嚴肅，而不知道該如何回答。這是一個讓人願意學習人類學課程的好理由。實際上，住在牛津地區的巴基斯坦小孩，如今已經可以用英文明白表示他們的親屬關係。此外，在我所接觸的年輕巴基斯坦人中，這些資訊提供者（informant）告訴我的親屬稱謂，不僅有他們當地的用語，而且也有符合「一般英文」的用法。

在英國的社群中，巴基斯坦家族對於若干行爲的預期心態，經常讓外人感到很震撼，特別是牽涉到有關性別的議題。男人所處的地位，可以對女性親屬頤指氣使，以滿足男人的需求。我的資訊提供者，提及他的姊妹在家裡必須送他禮物時，言談之中喜形於色，十分得意。然而，他同時也指出，只有在女孩長大成人之後，才會有服侍男性親屬的情形發生。換句話說，倘若他現在要求他的年輕妹妹服侍他，結果是他妹妹根本就對他置之不理。某些較爲保守的家族，仍然對於某些行爲存有預期心態，如男人得外出賺錢，而女人必須照顧家庭。這些強加於家族成員身上的限制，通常扮演一個重要的角色，可以維繫前述birâdari 的存在。

Alison Shaw 在書中以自己的親身實例作開頭。以前有個巴基斯坦男人，原本可能大有作爲，但由於她對他的誤解，所以拒絕了他在大學任教的機會。她還把他的基本論點，和自己堅持的理由互相比較，並且對他作爲巴基斯坦男人的既得利益者，感到非常的失望。Alison Shaw 以這個例子說明，面對和自己有不同觀點的人，要打破先入爲主的偏見，是一件很不容易做到的事。因此，她特別在書中提及隸屬於一個較大族群的價值所在，例如巴基斯坦的birâdari。

Alison Shaw 在書末詳細介紹數個實例，說明巴基斯坦人藉由房子的購買和建造、教育、婚姻等等，可以得到親友的認可和承認。這些強加在人身上的限制，顯然可以獲得若干實質的保證。個人倘若要隸屬於較大的社會族群（如前所述的 birâdari），至少在某些程度上，他的行為必須符合族群的預期心態。而且希望獲得若干利益的人，本來就必須要先有所付出。因此人們一直處於交換（exchange）禮物的狀態中，並且藉由婚姻以維持長久的社會關係，就像經濟上的保障一樣。

巴基斯坦家族中的年輕人，必須聽從長輩對他們的期望。而且，父母可以為自己的子女安排婚事，男孩或女孩皆是如此。有些子女會反抗雙親，以自由戀愛的方式結婚，不過畢竟是少數，而且通常得脫離社群。即使第一次的婚姻以失敗收場，第二次的婚姻仍是由父母安排。脫離社群而結婚的人，能否再被社群接受而重返社群，取決於他們對於社群生活準備要付出多少的程度。

相同 birâdari 中的成員，通常會被安排作為婚姻的對象，而且往往是在堂（表）兄妹或姐弟（first cousins）之間結婚。關於結婚對象的選擇，一個重要的判斷標準，就是雙方家族之間必須彼此相容：

> 由於傳統的巴基斯坦回教徒，傾向於和自己的堂（表）兄弟姊妹結婚。所以在大多數的狀況中，有關種性制度（caste）階級地位的問題，在婚姻中並沒有引起很大的爭議。他們根據可蘭經上的記載，准許堂（表）兄妹或姐弟

之間可以結婚，而且先知穆罕默德的女兒法蒂瑪（Fatima），也嫁給她的堂兄（也就是先知穆罕默德的姪子）為妻。此外，他們也會以「純正的血統」來作為婚姻對象的判斷標準，並且強調家族或種性制度的特性。在某些社會中，女方在嫁女兒時必須準備嫁妝。因此在堂（表）兄妹或姐弟之間結婚是很重要的，可以使財產繼續留在家族內（Shaw, 1988, p. 98）。

Alison Shaw 有關巴基斯坦社群的調查研究，發現年輕成員（特別是那些蒂二代成員）對於安排式婚姻十分排斥。不過，她也注意到真正持有反對意見的人只有少數。在大多數的情況中，人們覺得這套體制對他們會有好處。相較於外在的「自由」世界，社群更能夠照顧他們，並且具有許多的意義，因此他們願意作爲社群的一份子。根據最近 Fozia Tenvir 的資料，以及 Alison Shaw 自己的研究，認爲目前進入第三代的巴基斯坦社群，家族對於女兒到學校上課，並和其他種族的同學接觸，已經不像以往那麼擔心。有三個女孩和社群外的人結婚，但卻都以失敗收場，結果成爲社群中活生生的負面例子。至於巴基斯坦社群的男孩，有時會和社群外的白人女孩交往，不過他們覺得這只是玩玩而已，並且認爲這些女孩不會介意，她們就像是自己的姊妹一樣。

婚姻

在牛津地區的巴基斯坦女孩，較喜歡和自己社群的男人結婚，理由之一是因爲他們能夠繼續依靠 birâdari 的支持。婚姻對他們來說，不僅是兩個人之間的關係而已，除了個人的抉擇之外，還受到其他因素的影響。他們也注意到在英國社會中的婚姻關係是很脆弱的，例如離婚率愈來愈高，而且涉及孩子的再婚關係也十分複雜（傾參閱延伸閱讀 Slimpson, 1994 ）。當然，婚姻關係也會有宗教上的差異。這些非主流的婚姻關係，似乎不會令人有很深刻的印象？

我們在本章中，有必要考慮**婚姻**（marriage）精確的意義是什麼。我們以英文的婚姻這個字開始探討，就像先前使用的模式，把「一般英氏家族」作爲基本要素。「婚姻」的概念，在**核心**（nuclear）家庭的架構中，顯然扮演一個重要的角色。而且「婚姻」促使人們從出生的家庭，轉移到另一個新的家庭，以生育和繼續傳宗接代。然而，爲了完成此過渡時期，人們必須做些什麼？此外，假若人們僅是爲了生育自己的子女而結婚，真的有必要這麼做嗎？

首先，婚姻在法律上的定義，隨著系統的不同而互有差異，而且在任何特定的社會中，受到法定行爲規範的影響而有不同的形式。法律制度對繼承法則（Inheritance rules）的規定，能夠確認子女的法定地位。某些法律體系，規定每次婚姻只可以有一個配偶。然而，在其他多偶制

（polygamy）的社會中，則認爲擁有一個以上的配偶，在某些時候是更好的婚姻組合方式。有關離婚的法律規定，表示婚姻關係的結束是有可能發生的事。至於離婚後對於子女的安排，在法律制度中也會有明文規定。

此外，宗教信仰對於婚姻關係，往往有十分深遠的影響，而且和法律體系的發展方向，實際上可能是南轅北轍的。舉例來說，在基督教教堂中舉行婚禮的佳偶，都會相互許諾在任何的情況下，願意共度餘生——「無論是生病或健康，相依爲命，至死不渝」。雖然不是每個人都在教堂內舉行婚禮，但是許多離了婚的人都曾如此許諾過，甚至於其中有些人現在正準備再一次許諾。在本書即將出版之前，婚姻的許諾仍然是英國國教（Church of England）所准許的行爲。婚禮儀式和現實生活之間，顯然在觀念上有很大的差異。在其他的社會中，雖然婚姻和宗教的關係較不密切，不過在理想和現實之間，也經常會有南轅北轍的情形發生。

我們接著要探討的是婚姻的第三種定義，有關風俗習慣的婚姻。對此，我們將再次深入社會控制（social control）的層面。準備結婚的佳偶，照理應該遵守法律上的規定，而且在形式上要舉行宗教式的婚禮。不過他們在組成新的家庭時，很有可能既不遵守法律，也不舉行宗教式的婚禮。對於他們的雙方父母來說，這是較不被接受的結婚方式。而鄰居的態度也會和父母相同，認爲他們實在應該以傳統的方式結婚。

無論這些實例有怎樣的變化，我們對於婚姻的某些假設爲：首先，婚姻是一男一女的結合，他們願意在一起生活，而且最好是他們兩個彼此相愛。這些假設是婚姻的某些基本原則，相對而言，英文婚姻一詞的定義和此相同。同性戀結婚（homosexual unions）的情形仍然未曾聽聞（譯註：本書於 1999 年出版），而如前述的巴基斯坦人等族群，則以「由他人安排的婚姻」（arranged marriage）爲主，這些情況都被當作例外。一般說來，我們把婚姻視爲一種結合，一男一女不受約束，願意在一起，分享彼此的大部分生活。

有關婚姻的基本假設，在其他地方可能會有所不同。審慎地思考婚姻制度的意義，是有必要的。舉例來說，婚姻近似於政治或經濟上的結盟，能夠聯合潛在的敵人，或是進行合併等極其重要的商業手段。在日本的鄉下地方，新娘（或妻子）在婚姻中的身分，是一個「女人」和一個「家族」的結合，表示新娘是嫁給整個家族，並非只是嫁給同床共眠的年輕先生而已。在某些社會中，也有可能在鬼魂（ghosts）之間或兩個女人之間，有結婚的情形發生。這些被選定的結婚對象，顯然是爲了符合社會的期望，而不是非必要不可的。

就像親屬關係的狀況一樣，婚姻在不同的社會中，代表的意義也會有所不同。Peter Rivière 在《親屬關係和婚姻的重新思考》（“Rethinking Kinship and Marriage”）中有篇論文，探討有關婚姻定義的難題。他甚至於認爲「假若把婚姻視為單一現象來研究，那是個令人誤解的幻象」（1971, p. 57）。他再次呼籲我們應該把婚姻當作社會的一部分，研究婚姻和交換系統（systems of exchange）、政治傾向等的關係如何緊密契合。如此一來，我們才有可能了解婚姻在特定狀況中所扮演的角色。關於「**聯盟**」（alliance）一詞，人類學家已經發展出相關的理論，以審視某些實際狀況，有關「婚姻」未曾發現的基本概念。在本章的最後部分，我們將簡介和解釋某些專有名詞，說明各式各樣社會的婚姻型態，並盡可能以多樣化的觀點來探討。讀者可以藉此打下基礎，認識更多有特殊觀點的民族誌。

(1)內婚制（Endogamy）、外婚制（Exogamy）和亂倫（Incest）

在許多的社會中，關於誰可以或不可以作為結婚對象，都會有若干限制。而且大多數的人都會認同這樣的規定。

▷**外婚制**（Exogamy）限定一個人應該跟族群（groups）以外的人結婚；

▷**內婚制**（Endogamy）限定一個人應該跟族群以內的人結婚。

外婚制有時和**亂倫**（incest）的規定是一致的，但並非總是如此。換句話說，禁止作為結婚對象的那些人，通常也不可以和他們有性行為。族群的範圍，隨著社會的不同而有差異：可以只包括核心家庭的成員，或是由若干較為親近的世系（lineage）組成，甚至於有相同姓氏的整個氏族（clan）。中文的「亂倫」（incest）照字面上的解釋，是「混亂的親屬關係」（confusion of relationship），這是對亂倫法則很貼切的形容。外婚制在特定的社會中，可以確定重要族群的範圍，因此往往有助於對亂倫的界定。無論如何，亂倫和外婚制之間的差異，分別與性關係和婚姻有關。

人類學家認爲「聯姻」（marrying out）可以促進族群之間的**聯盟**（alliance）。這些族群之間，可能不是常常接觸，不然就是彼此間的往來充滿敵意。Tylor 甚至於認爲除非人們「聯姻，否則就會有滅族之禍」（marry out or die out）。在其他人類學家的著作中，描述非洲人「跟敵人聯姻」（marry out enemies），目的在於和平共處。然而，在南美洲的熱帶雨林，人們認爲婚姻無法確保和平，甚至於有人把「伯叔、妻舅、連襟」（brother-in-law）的字義等同於「敵人」（enemy）。不管怎樣，如前述有關**交換**（exchange）的章節所提及，無論人與人之間是友善和好還是充滿敵意的，婚姻都是增進**溝通**（communication）的方法之一。

另一方面，內婚制是限定結婚對象範圍外在的界線。實際上，內婚制幾乎沒有很明確的規定。除非有人跨越過階級、種族、宗教或國籍的界限時，婚姻才會遭受反對。如前所述，在英國的巴基斯坦人社群，選擇他們自己人作爲結婚對象，而且最好是有相同**種姓**（caste）背景的堂或表兄弟姊妹（cousins）。印度次大陸對於**種姓內婚制**（caste endogamy），有較爲明確的規定。不同階層的成員，經常被視爲是不同種類的人。印度同時也有**村落外婚制**（village exogamy）的存在，因此內婚制和外婚制兩種範疇，完全不會互相排斥。

⑵婚姻中的交換（Exchange）——嫁妝（Dowry）和聘禮（Bridewealth）

印度的另一個現象是**上嫁婚配**（hypergamy）。迎娶女子爲妻的人，稱爲「娶妻者」（wife-taker），被視爲比「嫁人者」（wife-giver）更加優越，有較高的社會地位。在這種婚姻制度的背景下，新娘必須支付嫁妝，把若干財產帶到新居。齋普爾（Jaipur 印度北方）的耆那教徒（Jains）是個宗教社群，大部分的人屬於種姓制度中的吠舍階級，從事商業與貿易。耆那教徒是個很好的實例。根據 Josephine Reynell（1911）的研究，耆那教徒的嫁妝，包括傢俱、廚房用具和電器產品等可以佈置新娘的新居，還有給新娘的衣服和珠寶首飾，以及給公公婆婆的金錢。宗教習俗和種姓內婚制，不僅控制經濟上的資源，而且限定各個階層之間的差異。舉行完婚禮，新娘的父母就不可以在新娘的新居內用餐（圖 11.1 是耆那教徒舉行婚禮的情形）。

照片 11.1

在其他的社會中，婚姻制度的情形完全相反。「嫁人者」（wife-giver）則被視爲比「娶妻者」（wife-taker）更加優越，有較高的社會地位。這種婚姻制度稱爲**下嫁婚配**（hypogamy），和上嫁婚配相反，是由娶妻者支付若干財物給嫁人者。這些財物稱爲**聘禮**（bridewealth）或**聘金**（brideprice）。娶妻者和嫁人者之間的地位，每當有不均衡的狀況發生時，以在第二章中 Lévi-Strauss's 所使用的術語來說，這種類型的交換稱爲「間接的」（indirect）或是「一般化的」（generalized）。換句話說，由於娶妻者或嫁人者的地位，不可能同時被視為是較高和較低的，所以兩者之間的地位，至少會有三種情形發生。此外，倘若女人只能遵守固定的準則，在兩個不同的族群之間締結婚約，這種直截了當的交換式婚姻，Lévi-Strauss's 稱作「直接交換」（direct exchange）。在此情況下，人們顯然以女人來換取利益或聘金。

傳教士或某些遊客來到這些社會時，都會嚴詞譴責這種由他人安排的婚姻制度，似乎是在販賣女人，或許更糟的是以財富來強逼女人結婚。然而，只要更深入地審視此種婚姻制度，不僅可以發現有更多的意義，而且在不同地區的聘禮，都會扮演一或數個的重要角色。此外，這種婚姻制度的實行，很可能促使或延續一連串的交換發生，以確保族群之間的**溝通**（communication）永續長存。當然，這些族群彼此結為親屬後，可以建立任何的結盟關係。

聘禮（bridewealth）也可能扮演另一個重要的角色：**訂親**（validating the marriage）。在缺乏任何形式的法定婚約時，一對男女要組成新的家庭，如果男方預先沒有給付女方任何財物，可能會被視為是不成傳統、不合法的。倘若先生和他的家人，沒有好好善待妻子，致使妻子因而返回娘家，那麼他們將會損失那筆聘金或聘禮。相反地，假若妻子的行為惡劣，先生可以要求索回聘金。新娘的家人收取了聘金後，很可能會對新娘施加壓力，強迫她結婚，並在新的家庭中曲意逢迎。

就「聘禮」（bridewealth）本身的意義來說，在日本並沒有這個字。不過，訂婚時的禮品，是由新郎的家人負擔支付。接著則由新娘準備嫁奩（trousseau），通常在價值上會比新郎的給付來得多。新娘會收到自己娘家贈送的財物，而且就像某些嫁妝（dowry）的情形一樣，倘若她的婚姻破裂了，她可以收回這些從娘家繼承的財物。另外，如果新娘的家庭沒有兒子可以傳宗接代，那麼娘家會幫新郎負擔訂婚的禮品，而新郎將成爲娘家的可能繼承者。在這些狀況中，嫁妝的基本作用，是確保新娘在新家庭中能夠擁有安全感的物品。

在非洲的情形是很特殊的，聘禮經常用牲畜來支付，並且認爲動物的轉讓，可以表明人與人之間的關係。嫁女兒時收取的聘禮，將來可以給兒子娶妻時作爲聘禮。此外，有人舉行婚禮的時候，許多親屬都會提供牲畜協助。只要他們手頭上有許多的牲畜，知道別人有需要時，就會互相支援，互通有無。在馬拉威（Malawi）和坦尙尼亞（Tanzania），有關尼亞庫薩人（Nyakyusa）的著述中，Monica Wilson（1963）表示牲畜隨著人與人之間的關係，不斷地改變遷徙的路徑。Beattie 進一步表示「牲畜始終踏在遷徙的路徑上」（1964, p. 125）。財產的遷移，在婚姻中所扮演角色的重要性，顯然遠在婚姻的結合之上。

「直接姊妹式交換」（Direct sister exchange）（見圖11.5）是另一種形式的婚姻。對此，人類學家認爲這是一種由他人安排的婚姻，在兩個族群之間建立長期的聯盟（alliance）關係。在這兩個族群中的男人，認爲彼此都是

「兄弟」（brothers），藉由他們的妻子和姊妹，建立互惠對等的連結關係。實際上，如前所述，這些男人很可能都屬於同一個世系（lineage）的親族，「兄弟」的範疇包括同輩中的所有男性。如果這種親屬關係代代傳承下去，對於男人來說，來自母親世系的女孩，也就是舅舅（母親的兄弟）的女兒（mother's brother's daughter）（圖 11.5 中的 MBD），是男人最適合的結婚伴侶。除此之外，這個女孩也是姑媽（父親的姊妹）的女兒（father's sister's daughter）（FZD）。

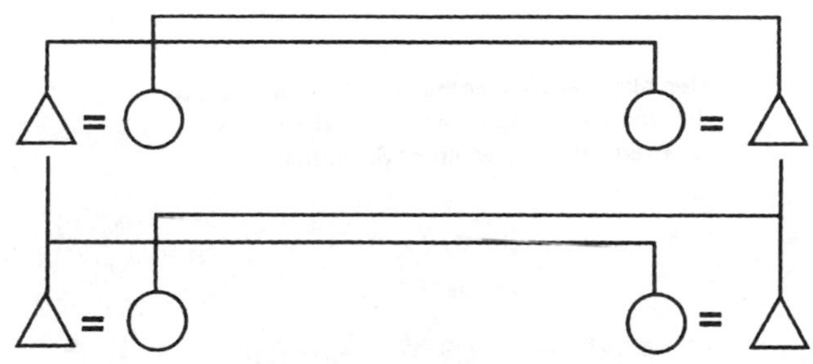

Men marry MBD = FZD

Women marry MBS = FZS

May be Prescriptive or Preferential

M = Mother
F = Father
B = Brother
Z = Sister
D = Daughter
S = Son

圖 11.5

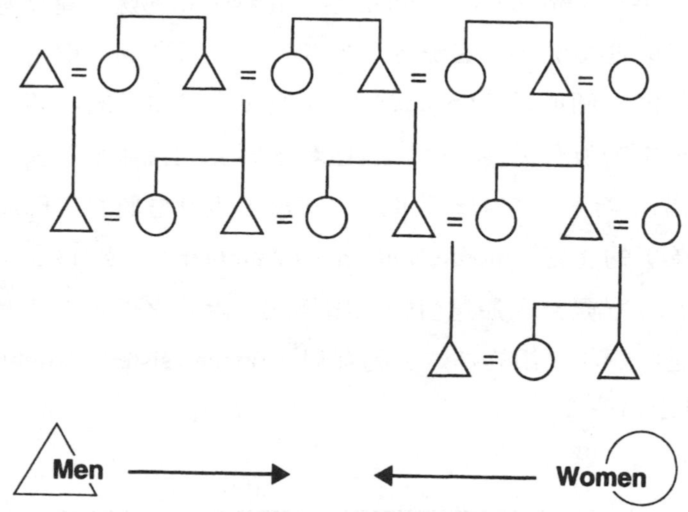

圖 11.6

雖然這種情形符合外婚制（exogamy）的規定，可以確保人們在不同的族群之間溝通交流。不過，這是一個完全以男性為取向的觀點，實際上女人幾乎是不容置喙的。在圖 11.5 中，我特別從妻子的觀點來說明。直接式交換（Direct exchange）的聯盟形式是「較受喜愛的」（preferred），也許是因為可以確保財物留在自己的家族內。然而，另外一種形式的交換卻是「規定的」（prescribed），也就是間接式交換（indirect exchange）。這種情形相當有趣，我們稱為母方交表婚（matrilateral cross-cousin marriage），男人必須跟舅舅（母親的兄弟）的女兒結婚（見圖 11.6）。

在圖 11.6 中，值得注意的是三角形和圓形符號，表示人們在特定關係中的範疇。圖中顯示男人在這種系統中，向某個方向移動，而女人則以相反的方向移動，因此，姊妹的直接式交換（direct exchange）是不可能發生的。圖中也有上嫁婚配（hypergamy）或下嫁婚配（hypogamy）的情形存在，嫁人者（wife-givers）的地位，被視為低或高於娶妻者（wife-takers），這可能會形成政治上縱橫交錯的系統。緬甸的克欽人（Kachin）是個很有趣的實例。在 Edmund Leach 的著作「緬甸高地的政治制度」（Political Systems of Highland Burma）中提及：

> 在任何克欽人的社群中，最重要的親屬關係，就是在社群內的各種 htinggaw 族群之間，互相建立彼此的地位。從我個人的觀點來看，社群內的每個 htinggaw 族群，都會屬於下列四個範疇之一：
>
> I.　……把世系（lineages）視為和自身（Ego）有相同姓氏的氏族（clan），並且形成幾乎等同於外婚制（exogamous）的親族。
>
> II.　mayu ni：對於自身世系中的男人來說，最近所迎娶新娘的世系，稱為 mayu ni 世系。
>
> III.　dama bi：對於自身世系中的女人來說，最近所嫁入的世系，稱為 dama ni 世系。
>
> IV.　……世系中正式承認的親屬……但為關係較疏遠或不

> 明確的親戚……
>
> 這個系統的主要特色是前三種範疇……彼此之間是有所區別的。男人不可以透過結婚而成為他 dama 世系中的一員。女人也無法透過結婚，嫁入她的 mayu 世系。雖然從分析的觀點來看待，此系統是母方交表婚（matrilateral cross-cousin marriage）的形式之一。但是，克欽人跟來自他自己 mayu ni 世系中的女人結婚時，並非按慣例迎娶一個真正的母方交表親（matrilateral cross-cousin），只不過是個在分類上屬於交表親（cross-cousin）的女孩而已，這是需要特別強調的部分。

Leach 在這種系統的實際應用上，有更爲詳細的探討。他在如今已成爲典型的研究中，以結構分析來說明此實例，不僅使社會和政治行爲變得有意義，而且把親屬關係的抽象理論和現實生活相結合。有關此系統的政治要素，接下來的摘錄，有更爲清晰的說明：

> Laga 村落的情形，說明一個事實，村落內較為長久的 mayu-dama 連結，可以在不同的 htinggaw 世系族群之間，形成正式的政治地位關係。在此系統中，dama 世系在政治上的地位，被認定為低於 mayu 世系。不過，要特別注意的是，即使是在村落內，地位的高低僅是理論上的說法，真實的情形卻不然。在實際生活中，地位較低是有名無實的，因為大部分的人，可以藉由策略上跟村落外的人結婚而改變地位。

(3)婚姻居住誌的地域性（Locality of Marriage Residence）

在一個特定的社會中，準備結婚的男女，往往根據風俗習慣，或是現實生活中經濟和政治上的考量，決定婚後要居住在哪裡。人類學家使用若干專有名詞，描述各式各樣的居住方式。舉例來說，男人在婚後遷移到妻子的家庭或社群，這種形式的婚姻稱爲**母居**（matrilocal）（從下一代的觀點來看）或是**妻居**（uxorilocal）（拉丁文，從妻子的觀點來看）。倘若女人在婚後遷移到男人先前的住所，這種形式的婚姻則稱爲**父居**（patrilocal）或**夫居**（virilocal）。如果婚後居住在全新的住所，則稱爲**新居**（neolocal）。

由於婚後的親屬關係非常複雜，所以居住方式的選擇是十分重要的因素，而且在政治系統上也扮演一個不可或缺的角色。在一個父系繼嗣（patrilineal descent）和父居婚姻的社會中，很有可能形成非常穩定的繼嗣親族，而且也會成爲政治系統的基礎，例如：前述有關努爾人（Nuer）的情形。日本在西元第九到十三世紀期間，有個顯赫的藤原（Fujiwaras）家族，不斷地以母居婚姻和皇室建立關係。當時的皇太子都由藤原家族撫養長大。皇室爲了確保皇太子的安全，致使藤原家族在政治上呼風喚雨，權傾一時。天皇從小就受到藤原氏外祖父母的控制，而且通常在天皇登基之前，又會被安排跟藤原家族旁支的女孩結婚，成爲藤原家族的姻親。藤原家族在朝廷內擔任許多的職務，如今大多數的歷史學家認爲，藤原家族是藉由婚姻而大權在握。

(4)單偶制（monogamy）和多偶制（polygamy）

到目前爲止，我們對於有一個以上配偶的婚姻形式，著墨不多。一個人跟另一個人結婚的婚姻制度，我們稱爲**單偶制**（monogamy），「單」（mono）的意思代表「一個」（one）。在法律規定爲單偶制的社會中，婚後的配偶倘若要跟其他人結婚，必須先辦理離婚。如果某人一生中擁有許多的配偶，但每段時期只有一個，這種情形則稱爲「系列單偶制」（serial monogamy）。不過，在某些社會中，完全接受一個男人同時擁有一個以上的妻子〔**一夫多妻制**（polygyny）〕，或是一個女人有一個以上的丈夫〔**一妻多夫制**（polyandry）〕。這兩種情形的婚姻制度，稱爲**多偶制**（polygamy）或多重婚姻（multiple marriage）。

在某些表面上爲單偶制的社會中，擁有一個以上的配偶是違法的。然而，人們還是會接受一個男人可能有一個以上的家，其中一個是合法妻子的家，其他的則是情婦的家。拉丁美洲和日本都有這種金屋藏嬌（casa chica 或 small house）的現象。他們認爲男人是否富有，取決於發生婚外情的能耐。就像接受多偶制的社會一樣，發生婚外情也可以提昇男人的地位。在南美洲的熱帶雨林中，領導者以擁有許多的妻子，表示他們是與眾不同、得天獨厚的。在一夫多妻制下的婚姻，女人的生活方式，經常跟丈夫分居，只和子女居住在一起，就好像我們在先前提及的「單親家庭」（single-parent family）。

印度的奈亞族（Nayar）和安德瑞族（Anderi），是一妻多夫制（polyandry）婚姻的實例。奈亞族的女人，從小就和她的丈夫住在一起，丈夫彼此之間是兄弟關係。她每次只接受一個丈夫進入房間裡逗留。當丈夫進入妻子的房間時，會把他的魚叉放在門口，讓其他想要進來的丈夫知道他在房間裡，不得擅入。而安德瑞族的女人，則是一個人要照顧整個家族的同輩兄弟，以避免家族把家產分開，各自成家。一妻多夫制的婚姻，還可以限制子女的數量，子女是大家共同擁有的。不過，一夫多妻制（polygyny）的婚姻是較為普遍的現象。

在本章中有關「親屬關係」的議題，我們已經概略地介紹人類學家的相關研究。誠如 Needham 在著作中強調，我們在觀察世界各地的各種親屬關係時，要配合當地的時空背景，才能夠有較深入的了解。本章在內容的分量上，我們已經有所刪減，並且把注意力轉向於科學上的新技術，對家族和傳宗接代所產生的影響。我們希望讀者以這些基本概念為基礎，在將來從事更深入的研究。在接下來的章節中，我們將秉持相同的態度來說明有關經濟（economics）的議題。

References

Beattie, John (1964) *Other Cultures* (London: Routledge & Kegan Paul).

Leach, E. R. (1954) *Political Systems of Highland Burma* (London: Athlone).

Needham, Rodney (ed.) (1971) *Rethinking Kinship and Marriage* (London: Tavistock).

Reynell, Josephine (1991) 'Women and the Reproduction of the Jain Community', in Carrithers, Michael and Caroline Humphrey (eds), *The Assembly of Listeners: Jains in Society* (Cambridge University Press).

Rivière, P. G. (1971) 'Marriage: A Reassessment', in Rodney Needham (ed.), *Rethinking Kinship and Marriage* (London: Tavistock) pp. 57–74.

Rivière, P. G. (1985) 'Unscrambling Parenthood: The Warnock Report', *Anthropology Today*, **1**(4): 2–7.

Shaw, Alison (1988) *A Pakistani Community in Britain* (Oxford: Blackwell).

Wilson, Monica (1963) *Good Company: a Study of Nyakyusa Age-Villages* (Boston: Beacon).

Further Reading

Bremen, Jan van (1998) 'Death Rites in Japan in the Twentieth Century', in Joy Hendry (ed.), *Interpreting Japanese Society*, 2nd edn (London: Routledge) pp. 131–44.

Franklin, Sarah (1997) *Embodied Progress: a cultural account of assisted conception* (London: Routledge).

Goody, Jack and S. J. Tambiah (1973) *Bridewealth and Dowry* (Cambridge University Press).

Holy, Ladislav (1996) *Anthropological Perspectives on Kinship* (London and Chicago: Pluto).

Shore, Cris (1992) 'Virgin Births and Sterile Debates: Anthropology and the New Reproductive Technologies', *Current Anthropology*, **33**: 295–314 (including comments).

Simpson, Bob (1994) 'Bringing the "unclear" family into focus: divorce and re-marriage in contemporary Britain', *Man*, **29**: 831–51.

Strathern, Marilyn (1992) *Reproducing the Future: Anthropology, Kinship and the New Reproductive Technologies* (Manchester University Press).

Novels and Other Works of Interest

Achebe, Chinua *Things fall Apart* (London: Heinemann, 1962).

Ariyoshi Sawako, *The River Ki* (trans. Mildred Tahara, Tokyo: Kodansha, 1981) is a moving tale about several generations of a Japanese family.

Jung Chang, *Wild Swans* (London: HarperCollins, 1991) is the much celebrated account of three generations of Chinese women who lived most actively through the tremendous changes of the cultural revolution.

Tanizaki, Junichiro, *The Makioka Sisters* (London: Mandarin, 1993) is a novel which details the problems which arise for a Japanese family trying to arrange appropriate marriages for a group of four sisters.

Films

Life Chances: Four Families in a Greek Cypriot Village (Peter Loizos, 1974) is a classic film about social change and its effect on families living in a Greek community in Cyprus.

Secrets and Lies (Mike Leigh, 1995) is a feature film illustrating problems which can arise when people reared in an adoptive family take steps to make contact with their parents of birth.

Strangers Abroad: Everything is Relatives (André Singer, 1985) is a film about the anthropologist W. H. R. Rivers, whose work we discussed in Chapter 1, focusing on his study of kinship and genealogy among the various people with whom he worked.

Under the Sun: The Dragon Bride (Joanna Head, 1993) depicts the preparations and marriage of a 16-year-old girl of the Nyinba people of Nepal to four brothers from another village. Personal interviews flesh out and illustrate this unusual example of fraternal polyandry.

第 12 章

經濟與環境

結論的推導

我們在前兩章中，深入地探討人類學家所關注的若干議題，同時也簡介人類學的研究途徑在其他學科的貢獻。在本書的最後一章，我們將更進一步探討人類學家在經濟與環境的領域上，可能會有所助益的貢獻。此外，對於本書所提及的人類學基礎原理，我們將加以集結整合，並且說明有關社會（和經濟）生活的正確認知，是如何取決於分類系統和交換等概念的理解。這也是本書在開頭時就已經揭示的論點。

我們將從最基本的部分開始，任何社會的研究皆是如此。根據生活方式，人可以概略地分類爲不同的社會族群。由於經濟和環境對社會生活有重大的影響，所以事實上，大多數古典人類學的研究，都是以研究對象的經濟狀況和居住環境作爲出發點。雖然在最基本的層面上，環境只是社會的產物。然而對於環境的關懷，目前已經成爲全球性的注目焦點，因此瞭解其他社會的環境是相當有益的。我們把這些議題留到最後才討論，有助於我們了解經濟和環境如何跟社會生活息息相關。

過去幾年來，人類學家把注意力集中在較小的族群上，因而對社會生活有更深入的瞭解。經濟水平處於基礎狀態的那些人，往往提供人類學家許多饒富趣味的資訊。這些資訊在複雜的多元化社會中，深具意義。個人最終只能在數量有限的家人、朋友和同事之間從事社會行為。而在這些小族群的社會生活中，不管個人是否意識到，都有某些必須遵守的行為準則。我們在第三章中探討馬歇爾・沙連斯（Marshall Sahlins）有關互惠行為的構想。他認為即使在最封閉的圈子裡，都會有互惠的情形發生。而在第九章中，我們也曾經審視社會控制的方法，如何在群體中發生作用。另外，我們在第十一章中也以巴基斯坦拜拉達里（birâdari）為例說明。換句話說，我們將在本章中簡要說明一個重要的概念：資訊科技的持續發展，使得地理上分隔兩地的族群，彼此之間可以輕易地保持聯絡。

我們探討過的各種主題，可以藉由本章的研究途徑加以整合。無論生活方式是簡單的，還是複雜的，人們都必須透過分類的方法，對於所居住的世界發展出獨特的看法，以使自己的言行舉止和居住環境變得井然有序，或是使防禦和傳宗接代的方式更有條理。人們會有**集體的**（collective）「看待」世界的方式，也就是所謂的「**集體表現**」（collective representations）。在一個相對而言被孤立的社群裡，人們很可能會彼此分享對事物的看法。相反地，在一個多文化的社會中，許多看待世界的不同觀點都會同時並存，因此個人可能同時會受到數個觀點的影響。在所有的狀況中，人類學家都能夠提出解釋，以使社會生活變得更加有意義。

我們在本章的最後一節將會作出結論，把社會生活的不同要素跟環境互相結合，並且提出有關分類系統的總結。至此，我們應該已經可以回答社會人類學究竟是什麼等問題了。不過，我們更期待的是能夠確實證明人類學在廿一世紀，有繼續存在的價值，以及成爲讀者進入浩瀚知識領域的基礎工具。近年來，人類學家在各種不同的研究著述中，都有了豐碩的收穫，接下來就有待熱情的讀者進一步走入人類學的世界。

生活與生存

經濟和生存的方法，以及如何生存等息息相關。也就是說，經濟和生產食物、建造遮蔽處等日常生活的重要事項有關。交換，特別是市場上的買賣交易，都是在生命安全的情況下，進一步發展經濟生活的產物。早期的人類學家，把小規模的社會分爲三種類型（例如：Forde, 1934）。雖然有關社會生活的進化或一般化觀點，受到嚴厲的挑戰。但是直到現在，人類學家仍援用這種區分法，以描述當代某些被孤立的族群，或是早期社會生活的基本經濟型態。這三種類型分別爲：

▷狩獵採集生活（hunter-gatherers）

▷畜牧生活（pastoralists）

▷農業生活（agriculturalists）

(1)狩獵採集生活

人們從鄰近的環境中取得食物，而且每次覓食的數量，都只供應短期間的所需，以避免面臨貯藏或運輸的問題。這樣的生活常被稱爲**遊牧**（nomadic）生活，藉由不斷地遷徙以避免斷糧的困境，並且配合季節遷移來尋找食物。同時他們幾乎沒有角色分工，可能只有根據年齡或性別來區分勞力種類。因此，強健有力的年輕人爲年老或虛弱的人覓食。此外，通常由男性負責狩獵，女性則負責採集的工作。

經濟學家認爲這種生活方式是艱辛而困難的。不過，民族誌學者卻認爲在狩獵採集的社會中，許多人花在「工作」上的時間，只是爲了滿足基本生活所需而已。他們反而會把剩餘的時間，用在休息和享受彼此的陪伴上。因此馬歇爾・沙連斯（Marshall Sahlins）指出，狩獵社會是一種「原始的富足社會」（original affluent society）：

> 在環境的限制下，從客觀的角度來看，獵人和採集者的生活水準顯然較低。不過，就他們的「目標」（objective）來說，倘若給予他們適當的生產工具，則他們的物質需求通常很容易就可以滿足（根據有關「富足的」一般性看法來說）（Sahlins，1974，p.1）世界上的某些原始民族，雖

> 然擁有的東西很少，但是他們並不貧窮。貧困指的並不是指擁有的物質很稀少，也不是工具與收穫之間的關係不成比例，而是人與人之間的關係。換句話說，貧困指的是一種社會狀態。就這一點而論，貧困是文明的創造物。（Sahlins, 1974, pp.36-7）

馬歇爾・沙連斯的論點，頗值得我們深思。馬歇爾・沙連斯指出，倘若一個人只要食物，沒有其他的需求，而且食物又不會匱乏短缺，則這個人就擁有想要的一切。換句話說，他們沒有被財產的所有權，或是資本主義的競爭與誘惑等陷阱所侵蝕。然而，這樣的想法似乎過於浪漫，以喀拉哈里沙漠的昆申族（Kung San）為例，昆申族又稱為布希曼人（bushmen），他們身處溫暖而富裕的環境裡，生活相對而言是很容易的。在《上帝也瘋狂》（The Gods must be Crazy）這部電影中，當一瓶空可樂罐被人無意地從小飛機的窗戶扔下，然後掉入布希曼人的帳棚裡時，卻立刻使當地與世無爭的快樂生活完全變了個模樣。

實際上，世界各地有很多各式各樣的人都以狩獵和採集維生。有些女性學者指出，正確的說法應該說成「採集和狩獵」，以突顯女人在經濟上扮演提供糧食的主要角色，而男人的狩獵所得只是在特殊及偶發性場合中的輔助。在採集與狩獵的社會中，雖然某些人有能力擁有資產或貯存糧食，但是有些人的生活卻相當困苦拮据，在這種情形下，除了發展出一系列的權力關係和意識型態，狩獵與採集社會也創造出一些技術高超的藝術與物質文化。

儘管民族之間有著種族差異性，人類學家在研究以「狩獵與採集」或「採集與狩獵」等生活型態時，都會將不同地方的研究發現加以比較與評析。

> 在某方面，狩獵採集社會也發展出獨立於其他社會人類學的分支。但是我們相信他們不單單只是籠統概念下的社會人類學分支，而是這個學門的支柱。他們不像這個學科中的其他分支所採取的趨勢，而是更深入地探索人類的本質。（Barnard and Woodburn, 1988）

除了人們所熟知的前述昆申族或匹美族的姆布吉人（Mbuti Pygmy）以外，以狩獵及採集維生的例子，還包括一些澳洲的原住民，例如：我們在第六章中曾經提及尤恩谷人（Yolngu）的藝術表現，以及屬於愛斯基摩人分支之一，而且生活在北半球頂端的依努義人（Inuit），有關他們的社會控制方式等議題，我們也在第九章討論過。在北美地區有些族群，還開發了屯墾區，因而挑戰了原來對狩獵及採集社會的定義。例如：在第三章中曾經提到的夸扣特爾人、特林基特人與海達人的交換活動「誇富宴」（potlatch），這種年度冬宴盛會的餐點，通常也包含了魚產，因此這些捕魚或狩獵的活動，使得定義的工作更加複雜，無法釐清。

在很久以前，有許多民族都以狩獵和採集維生，技術上來說，他們也經常被視爲最原始的民族（如上述 Sahlins 所言），但是研究當代狩獵採集種族的人類學家卻指出，社會與文化的複雜性，或許會隨著謀生工具的不同而產生變化，此外，研究現代的社會也未必能夠了解過去的社會。現在很少有社會完全不與外界聯繫，而社會本身除了科技的發展以外，也會隨著時間而有所變遷。Ingold、Riches 和 Woodburn（1988）曾經合編一本關於狩獵者與採集者的書籍，可讀性很高，有興趣的讀者可以繼續深入研究。

⑵畜牧社會

「畜牧者」指的是以豢養牛羊等動物維生的人。爲了尋找新鮮的牧草，通常他們也必須經常遷徙，所以他們可能是遊牧民族，也可能是季節性的放牧（transhumance），亦即在固定的地點之間遷移，比如努爾人等。在中亞地區，有各式各樣的遊牧民族所搭建的華麗帳棚（*yurts*），世界各地也有許多民族誌誌博物館內，有這些帳棚的展示，證明「流動住所」（mobile home）也可能非常的堅固，而且也可以有繁複的裝飾。現在，有些這些地區的人，或許在城裡擁有自己的房子，但是他們還是習慣在一年當中的某些時期，居住在自己的帳棚裡，甚至爲此在住家的後院搭起帳棚。

有些畜牧民族從豢養的動物中滿足全部的生活需求，包括食物、棲身處、衣服、燃料，甚至可以從家畜身上找到值得欣賞的美學價值，例如：Coote 提及的尼羅特人（Nilotic）或第六章提到的努爾人和丁卡人等等。他們也可能和鄰居之間建立經常性的交換關係，比如以乳酪換取牧草。

John Campbell（1964）曾經對希臘的牧羊人薩拉卡沙尼人（Sarakatsani）寫過一篇精采的民族誌研究報告，薩拉卡沙尼人的世界觀顯示，他們的分類系統以各種不同程度的信賴感為基礎，這種關係和 Sahlins 所描述的互惠循環頗為類似（我們在第三章中曾經探討過）。對於家人的信賴感是最強的，而對於「顧客」（patron）的信賴感則較弱，這裡所說的顧客，指的就是能夠幫助薩拉卡沙尼人取得牧草的人。Campell 寫道：

> 薩拉卡沙尼人很關心三件事情：綿羊、孩子（特別是兒子）與榮譽。這是許多游牧民族共通的特色，這些牧民非常依賴週遭的物理環境，有著單純的物質文化，而且關注自己所畜養的動物、社群的結構以及社會價值觀，並且建構一個具有高度凝聚力的活動模式，很少有脫序的情況發生。薩拉卡沙尼人所關心的三件事情彼此相關。羊群是生活的支柱，也象徵著家庭的聲望。兒子則要照顧羊群，以及擔任保護父母及兄弟姊妹的責任。有時候牧羊人放逐羊群或保護動物的工作是很危險的，他們在這些工作上所具備的體能與智慧，就是榮譽概念的先決條件。（1964, p.19）

Campbell 接著以較廣泛的希臘社群，來描述這些牧羊人的社會與精神生活。牧羊人是以羊群為中心，而建立生活的經濟基礎。諸如此類的社會，榮譽與羞恥心也是社會控制的基礎，因此害怕被人議論或是成為笑柄，也是一股強而有力的約束力量，使人們的行為不得不中規中矩，誠如我們在第九章的論述。

(3)農業社會

早期的進化經濟論點認爲，農業與園藝的發展，使得生活的地點變得比較固定，對土地的投資期間也增長，並且可以養活更多的人口。這種生活方式，將會導致較爲細緻的勞力分工，專業化的可行性變高，而複雜的政治系統也得以延續，一部分的人不須爲求溫飽而忙碌，可以從事統治、戰鬥或審判等工作。性別與年齡可能還是差異性的基礎，不過，這樣的社會可能發展出更多獲取身分地位的可能性，也有更多方式可以發展個人性向，例如：辯論術或是占卜術等。

居所固定的人，較有能力累積剩餘的糧食，因此有利於交換制度的發展。當鄰近地區都有這樣的發展時，就是**市場經濟**（market economy）形成的起點。當一個社會變得愈來愈複雜，任何個體都不大可能達到完全的自給自足，而必須某種程度地涉入交換與分工。食物是最常被購買的項目，個體以其專精的工作來賺取購物的資金，則成爲必然的方式。從這種複雜性的觀點出發，我們可以進一步地推論出各式各樣的經濟理論，其中一個分支就是所謂的經濟人類學（Economic of Anthropology）（例如 Firth, 1967）。

事實上，從事耕種的人也可能因爲採取遊墾（shifting agriculture）方式而必須到處遷移，舉例來說：我們在第八章與第十章中提到，美洲南部的熱帶雨林所盛行的刀耕火種型態（slash and burn），以及多數努爾人的季節移牧生活型態，以栽種雜糧爲生等。在較單純的經濟環境中，比如狩獵採集與遊牧社會，擁有財產與進行交換行爲等也是生活的特點之一。雖然第九章中曾經提到，相較於可以自由進出的社會，在互助型態的農耕社群中，社會控制的約束力量較強，不過進化經濟論的論點卻非全然符合實際狀況。以下兩節，我們將探討民族誌研究對於我們在經濟概念上的了解，有什麼貢獻或助益。

財產與土地所有

經濟生活的重要面向，與財產和土地所有權有關，人類學家蒐集了許多關於這個主題的有趣素材。世界各地對於擁有土地一事持有不同的觀念，一些細微的差異，在鄰居和殖民地居民之間造成重大而長久的問題。狩獵者和採集者對土地有高度的依賴性，只要土地資源足夠，就不至於產生問題；遊牧者也亦然，他們必須從土地獲取飼養動物的牧草，如果牧草不足，他們就必須爭奪牧地的使用權。即使是農人，如刀耕火種的農業型態，必要時也必須從事遷徙，但是在現代社會中似乎已經罕有這樣的自由。

土地的稀少性，導致規則的產生。隨著壓力的增加，這些規則可能越來越複雜。在非洲與北美的部分地區，有一種人類學家稱之爲**用益權**（usufruct）的觀念，指的是對土地有使用土地的權力，但是卻未享有完全的所有權。土地可能被視爲某一個部落、家系或國王的資產，沒人使用的土地就回歸中央；只要有某個家庭使用某一塊土地，則可以世代地繼續使用，但是對該片土地仍無永久的所有權。這是歐洲人和北美印地安人之間最大的歧異與衝突之一，印地安人認爲他們賦予歐洲人的是土地的使用權，但是歐洲人卻認爲自己已經購得土地的所有權。

在整個殖民地世界裡，特別是在 1993 年舉行的聯合國原住民年（Year of Indigenous Peoples）喚起了本土自覺以後，這類問題已然成爲熱門的政治議題。人類學家協助原住民把他們的觀點，用世人能夠了解的方式傳播到外界。在第十章中，我們曾提及住在巴西申古村落的卡亞布印地安人，就是其中一個例子。在澳洲的土地權議題也是舉世皆知的，政府面對各種對立與矛盾的問題，甚至需要透過人類學家的協助才能加以解決。

我們在上一章的親屬關係時，曾大略談到土地繼承所發展出來的重要規則，以及婚姻的考量因素之一，跟家族所擁有的土地有關。如果家族把土地分配給子女，一代代下來，每個後代所分配到的土地面積，勢必會日益減少。因此，家族中通常會制定相關的規定，以避免這種情況產生。一妻多夫制的安德瑞族（Anderi），家族中的同輩兄弟，除了一同工作以外，並且共同擁有一個妻子，所以他們解決土地繼承問題的方式，顯得很不尋常。日本是直到戰後有不同的法律規定之後，家族才算是真正擁有土地。

不過，家族中只有一個人可以成爲房子的繼承者，其他子女則必須想辦法自行尋找居所，或跟已經擁有房子的人結婚。墨西哥人同時有兩種不同的土地制度，一種是由家族擁有土地的胡爾塔制度（huerta），另一種則是把土地租賃給其他人使用的耶基多制度（ejido）。倘若租賃的人沒有使用土地，則土地回歸由家族共同經營的狀態。

另一方面，動產是可以交換和傳遞的。我們在前述的親屬關係中提到，不同的繼嗣法則對於動產的處置方式，也會有所不同。誠如我們在第十章中所提及，動產也有可能是獻給領導人的貢品，以鞏固維持中央集權的政治制度。在若干社會中，沒有正式承認的錢幣或通貨，人們會以某些較易毀壞的動產，作爲未來所需的一種擔保。他們信任那些收到動產的人，在動產的量到一定程度時，就會有所回報。相同的道理，獻給首領的貢品可以視爲是一種投資，因此首領甚至可以說是最原始的銀行業者。從社會的層面來看，交換的某些形式跟經濟上的交易息息相關，兩者之間的界限是很不明顯而難以區分的。

市場經濟

我們曾在第三章中簡介若干市場經濟的社會現象。在墨西哥和瓜地馬拉的鄉下地方，每個村民從事不同的生產活動，如麵包、鍋碗瓢盆、毛織品、花卉和煙火炮竹等。這種類型的市集，可以作爲促進溝通交流的途徑，不僅提供生活所需的基本物品，而且可以舉行慶祝或娛樂活動。人們實行**內婚制**（endogamy），與自己社群內的人結婚，把專業技巧傳遞給自己的下一代。因此，我們對於市場的經濟面向，從社會背景和時間的觀點來觀察，可以有較深入的瞭解。

這些實行內婚制的村落，可以和非洲或其他地方的**外婚制**（exogamy）互相比較。外婚制的社會能夠促進不同區域間的文化交流。根據某些有關外婚制研究的詮釋，女人的價值似乎被當作交換的物品。不過，我們在此要提出聲明，外界（傳教士或殖民地的統治者等）對外婚制有所誤解。因爲事實上，外婚制包含其他重要的社會功能，例如：透過婚姻來建立聯盟關係，確認嫡系子孫的資格，以及促進族群之間的和平等。

有關市場和交換的人類學研究，通常會注意到經濟學家可能忽略的社會因素，以致於影響分析的結果。供給與需求的價值概念，是一個有趣的經濟學理論，和資源的匱乏或取得有關。舉例來說，黃金是公認最有交換價值的物質。雖然世界上的水比黃金還要多，但倘若有個人在沙漠中因缺水而口渴，此時黃金對他而言就沒有什麼作用。生命一旦獲得保障，食物也會有不同的價值。酪梨在英國的超級市場中，是個昂貴的奢侈品，但是在墨西哥卻因生產過剩而放著腐爛。而在英國很普遍的蘋果，在日本的價格卻很昂貴。此外，日本常見的茄子，在英國卻是很罕見的食物。

享用昂貴的食物，是一種身分地位的象徵。此外，現在有許多人喜歡到皇宮參觀遊覽。豪華宏偉的皇宮，是過去歐洲的王公貴族在探索新世界時建造和裝修完成，代表崇高的身分地位。王公貴族也會對於船隻和航海事業，投注大量的資金物力，以提昇自己的地位。前述有關黃金的實例使我們知道：黃金不僅具有美學上的價值，而且由黃金製成的首飾珠寶，也具有社會功能的象徵價值。結婚戒指作爲建立社會關係的媒介，可能具有許多的涵義。黃金或銀製品，通常是人生大事或重要慶典的禮物，一旦失去就有可能會傾家蕩產。

我們在第三章中提及的誇富宴（potlatch）是個很好的例子，可以說明財富的多寡代表地位高低的情形。在此，我們將以墨西哥的實例來說明另一種不同的狀況。墨西哥人認爲宗教節日慶典的舉行，都由一個稱作美亞多繆（mayordomo）的人全額資助，以在社群中取得受人尊敬的地位。如果有人獲得大量的財富，但卻沒有贊助慶典的舉行，爲了避免遭受眾人的排擠，就會假裝自己破產以掩人耳目。在 George Foster 的著作《利益有限的概念》（"Image of Limited Good"）（1965）中，認爲墨西哥人的習俗和共同體的觀念有關。如果某個家族獲得太多的財富，其他人就會認爲自己被剝奪了。資助慶典的舉行，不僅可以重新分配財富，而且提供一個避免忌妒和痛苦的方法。

我們在第三章中簡介有關金錢的社會概念，以實例說明現金如何轉換成禮物。無論是任何類型的貨幣，使用的雙方都要有共同認定的價值標準。雖然我們到國外旅遊時，可能帶回許多的外國貨幣。不過，這些外國貨幣只在當地具有象徵價值，一離開正式承認其價值的國家，有可能只是小卵石而已。同樣地，信用卡本身的材質只有一點點的價值，但是卻代表若干的象徵價值，可以在全世界通用。「金錢」在全世界通用的價值，取決於國際間的市場體系，就像是經濟學家所稱的原始社會中以物易物的現象。我們也在第三章中提及，以物易物的交易方式受到倫理道德的影響。倘若全世界沒有一套共通的道德規範，以物易物的方式可能會造成許多的困擾。

Sahlin 認爲在互惠一系列過程中的最後階段，從廣義的觀點來說，是最具有社會和道德意義的部分。西方經濟理論的另一個難題，就是人們會追求自身利潤的最大化。即使人們會在所得的物質以外，增添名聲、權力、地位等各種好處。但是在團體的個人關係中，人們也會以文化上的特殊方式，對彼此表達愛、友誼和忠誠度。在經濟的所有層面，社會關係都扮演一個重要的角色。外國人在日本做生意時，發現自己能夠很順利地融入日本的飲宴款待文化，原因之一就是日本人也認爲最大的利潤，就是把商業關係轉變成社會關係。

由於經濟學家所使用的術語，既直接又簡單，而且放之四海而皆準，所以人類學家也會在最近的論文著述中，使用某些經濟學上的專有名詞，如商品（commodity）和消費（consumption）等。書名為《有關物品的社會生活：商品的文化觀點》（“The Social Life of Things : Commodities in Cultural Perspective”）（Appadurai, 1986）是本很有影響力的著作，試圖把注意力從交換和互惠的形式（如贈禮、以物易物、貿易），轉移到物品本身，以及如何用不同的方式來了解與使用物品，探討不同的狀況下物品具有的價值和意義。我們曾在第三章的最後一節中，以實例說明這種類型的研究途徑。

《物品的世界：關於人類學的消費》（“The World of Goods: towards an Anthropology of Consumption”）（Douglas and Isherwood, 1979）是早期很有影響力的著作。一個人類學家和一個經濟學者攜手合作，探討購買和取得物品背後的動機。把消費視為瞭解社會行為的方法，最近成為人類學研究很熱門的主題，不僅包括在超市或其他零售商店的購物行為，而且還有具宗教和象徵意義的議題，如結婚典禮等。在日本，結婚典禮的舉行，涉及消費行為的包括有：服飾、新娘的髮型、結婚儀式、筵席、以及安排度蜜月的適當地點等各種細節。Ofra Goldstein-Gidoni 認為日本有關婚姻的消費行為，在全世界的商業市場中是獨樹一格的（1997）。

環境的社會觀點

在本書的最後部分，我們終於可以重新思考有關分類

（classification）的議題。在先前的章節中，我們知道人類學家對於環境發展的問題，十分關切。在撰寫本書的過程中，我們的環境正處於過度開發的威脅下。而被我們的祖先視爲原始的那些人，不遺餘力地保存環境的原貌，則不禁使我們感到欽佩。事實上，環境的難題之所以發生，顯然是因爲不同的觀點無法和諧共處。而人類學的研究途徑，不僅有助於規劃另類的選擇，不致於遭受太大的阻力，而且可以幫助個人或組織在決策時，把所有人的不同觀點列入考慮，以順利地推動計劃，並在經濟上有長足進步的發展。

Kay Milton 在著作《環境主義：人類學的觀點》（"Environmentalism: The View from Anthropology"）（1993）中，蒐集一系列的論文，提供各式各樣議題的探討。她在前言中提及，對於環境保護的關懷，在小規模（small-scale）的社會中並非始於今日：

> 澳洲的原住民禁止在神聖的場所獵殺動物，而且會舉行宗教儀式，以確保那些可以食用的動物可以繼續生存繁衍。他們就像綠色和平組織的人一樣，承擔保護環境的責任。亞馬遜河收集橡膠的原住民、婆羅洲的怕南族人（Penan）、在印度北方的農夫，以及許多其他的社群，都試著保護自己使用資源的傳統方式，以抵禦大規模工業開發所造成的破壞（1993, p. 3）。

Milton 認爲，政府或國際性非政府組織（NGO）在規劃有關環境的政策時，把某些當地的觀點或意見列入考慮，對於計劃的推行是十分有利的。瞭解彼此的動機和期待，有助於排除障礙。而倘若對於當地的觀點有更深入的瞭解，甚至於會有更好的機會和方法，可以在推行計劃的同時，順利地保存環境的原貌。誠如 Milton 所言，環境保護的觀念，必須藉由不同的觀點和主張，不斷地溝通和討論而形成。原住民對於環境的關懷和習俗，如果符合某些論點而受到讚揚，就會被視為是正確的。但在不同的狀況下，也有可能被認為是負面的觀點。因此在我們繼續進行討論之前，試著瞭解環境議題錯綜複雜的來龍去脈，是很重要的。

在工業化的英國，人們在許多方面都可以超越環境的限制。但他們對於極端惡劣的天氣，比如下雪、水災、颶風，或是氣象預測未能及時提出警告，鐵路列車無法正常行駛等，都會感到很困擾。由於氣候的變化無法準確地預測，瞬間的變化就會影響自己原先安排的計劃，所以英國人非常關心天氣的狀況。一般說來，自然界的環境倘若有任何的變化，都會令人感到不快。除非是很劇烈的狀況，否則很少有人會改變自己日常例行的習慣，以適應環境的變化。

在世界其他地方發生環境變化等自然災害時，人們通常只是看電視而知道這些消息。1998 年上半年時，龍捲風在美國佛羅里達州造成相當大的破壞。由於在地球彼端的英國人，認為自己居住的環境是自然恬靜、適合渡假的，所以在電視上見到可怕的龍捲風，受到很大的震撼。在其他地方，地震和火山爆發也會造成嚴重的災害。蒙塞瑞特島（Monserrat）發生火山爆發，英國政府對此事件的回應是很不適當的，顯然對於天然災害欠缺基本的認識。1995年一月時，日本發生神戶大地震，造成很多人傷亡。科學技術的成就，面對大自然的力量時是不堪一擊的，但英國人對此卻仍渾然不覺。

未開發的地區的人，居住在和大自然環境很接近的地方，因此他們的世界觀，也反映出人與大自然融合的親密感。愛斯基摩人（Eskimo）族群中的伊努伊特人（Inuit）由於他們經年累月和大自然在一起，所以對於雪和冰的認識，就反映在所使用的文字上——他們以許多不同的字彙來形容雪和冰。撒哈拉沙漠的貝多因人（Bedouin）對於沙子也有很深入的瞭解。倘若人類學家以原住民作爲研究對象，就必須把環境的因素列入考慮，並作爲主要的研究主題之一。而小說家或拍電影的人，有時應該盡力把原住民的生活留存或紀錄下來，讓長年居住在都市的人能夠有所了解。舉例來說，丹麥作家 Peter Hφeg 的小說《情繫冰雪》（"Miss Smilla's Feeling for Snow"）描述格陵蘭島居民對於雪的看法。Michael Ondaatje 的小說《英倫情人》（"The English Patient"）提及，在沙漠中瞭解不同類型的風是很重要的事。這兩本小說都已經被拍成電影，表現出在極惡劣環境下的生活方式。《北方的南努克》（Nanook of the North）是部年代久遠而經典的人類學紀錄片，呈現一個愛斯基摩人家庭日常生活的真實情形。

人類學家無論是在哪裡從事研究，都必須注意到環境的狀態、研究對象的世界觀和他們對於所謂「環境」的認知。這些觀點都和我們截然不同。人類學家必須殫精竭力來揭露這些觀點。在第六章中，我們探討西方或是東方藝術對於地景（landscape）的觀點，以及其他一些迥然不同的看法，我們已經逐漸接近這些難題錯綜複雜的一面。有關這個議題的另一層面，就是人們和自己周遭的環境背景結合在一起。在環保意識高漲的現代世界中，人們對於環境的意識型態，將會反映在實際生活中。

在《日本人的自然界概念》（"Japanese Images of Nature"）這本書的開頭，作者寫道：

> 日本人對於自然界（nature）的喜愛十分特別，這份愛經常反映在他們的藝術和物質文化上。然而，無論是在國內還是在國外，日本人對環境都造成很大的破壞，因此到了今日，日本人對於自然界的這份愛，必須開始轉移到環境的議題上。這些現象要如何協調一致呢？本書的目的在於提出這個問題，並對人與自然界之間的關係，作一徹底而深入的分析（Asquith and Kalland, 1997, p. 1）。

這本書的內容，有許多篇幅說明日本人有關「自然界」（nature）的概念，也再次證明有關環境的精確定義，是個不易解決的難題，世界各地不同的人對於環境的概念，都會有所差異。

Milton 在一篇論文（1993）中認爲 Tim Ingold 有關環境的觀點十分恰當。Ingold 把環境的概念視爲整個全球性

（global）的現象，亦即從最高的觀點來看，我們所居住的世界是一個球狀的地球。這和早期（歐洲）的觀點截然不同。以往我們認爲人類的環境和活動，都只侷限在生活周遭的一小部分領域內而已。雖然我們在學校接受教育，以全球性的觀點來認識世界，但大多數人是透過相片或影像來認識我們的環境，只有少數人可以親身見聞。除此之外，儘管我們也從地圖上瞭解世界的面貌，不過卻只知道哪些國家曾是我們的殖民地，或哪些地方是我們過去在航海探險時所發現的。

Ingold 提及有關工業技術在宇宙論之上的觀念。他所謂的宇宙論就是：

> 人類在井然有序的宇宙中處於中心位置，並和天地萬物建立有意義的關係……人類必須瞭解這些關係並以此為基礎，對環境作出適當的行為（1993, p.41）。

我們所居住的環境就是整個地球，這個觀念使得人類社會和物質世界有所區隔，而且人類能夠對環境加以管理和控制。然而，Ingold 勉爲其難地承認，每個觀點的提出，難免都會和其他觀點相互牴觸。由前述 Asquith 和 Kalland（1997）的研究可以得知，雖然日本人經常認爲自己和自然界融爲一體，反對西方支配和控制環境的觀念。但實際上，日本人顯然也處心積慮地控制和支配環境。

印度原住民的思想體系，也認爲人和宇宙的關係十分密切，融爲一體。根據 Tambiah 的著述：

> 愛尤菲蒂（Ayurvedic）體系認為，自然界和人的組成

成分是一樣的，而攝取食物和藥物，以及排除體內的廢物等過程，都是能量和潛力在人與自然界之間的交流。身體上的疾病是能量不平衡的結果，可以藉由各種形式的交流而痊癒，例如：食用適當的物質或斷食、可以或避免處於某種天氣狀態下，或是和其他人（家人、親屬或神祇等）維繫良好的關係。

避免掉入誘惑的陷阱，而以環境的角度來解釋社會和政治生活，這是我們要特別注意的。舉例來說，某些解釋認為日本崎嶇不平的地勢，或生產大量的稻米等環境，是形成日本特殊風格與文化的原因。畢竟世界上其他地方，也有崎嶇不平的地勢和種植稻米，但卻和日本沒有相同的現象。因此，我們要避免成為**決定論者**（determinist），而以少數的例證或特殊的情形，強行概括整體。物質環境無疑地會限制人們的生活方式，但不是唯一的決定因素。即使在相同的環境下，有相同的社會制度，環境因素也不一定是主要的原因。墨西哥民族誌的多樣性，可以證實這個觀點。許多在藝術和技術上表現優異的人，集中居住在墨西哥的某些地區。自然環境的狀況沒有發生變化，但如今聚居在這些地方的政治團體日益增加，而從事工藝技術的人反而愈來愈少。

只要有一個環境因素發生改變，就會多出一個「難題」（problem）需要解決，而文化差異也會使得解決方案因而有所不同。每個人都需要水以維持生命，因此缺水是個很嚴重的問題。前述有關狩獵採集者和畜牧者，通常會立刻以到處遷徙和尋找水源的方式，解決缺水的難題。他們對於難題的回應，是以流浪遷徙的方式來解決。至於隨著季節性而移動的放牧者(transhumance)，例如努爾人(Nuer)，相對而言生活較為穩定，因此較有可能解決問題。其他地方的人，面對缺水的問題時，會建立長期的灌溉系統和共用水源，並由不同的社會組織輪流管理和維護。土地所有權的制度，可以控制水源的存取，因而具有經濟上的價值。在 Edmund Leach 在著作中（1961），普伊利亞（Pul Eliya）是斯里蘭卡的一個社群，實行土地所有權制。這本書詳細介紹土地所有權制對社會所造成的影響（請參閱延伸閱讀）。

由於環境不是客觀的真實（objective reality），所以環境無法決定社會制度的形式。居住和生活在某個環境的人，根據自己的世界觀，來界定自身環境的範疇。最近有個實例，可以說明不同的環境觀點，如何成為國際上頗受爭議的事件。這起事件的起因，主要是因為日本人和西方國家，對於鯨魚保育問題的認知有所不同。根據日本人的觀點，捕鯨是為了科學研究的需要。至於挪威和冰島的觀點，認為鯨魚的漁獲量，可以供給市場上的消費需求，倘若他們不能捕鯨，就會坐吃山空而沒有食物來源。此外，就算他們不捕鯨，這些鯨魚也會進到日本人的肚子裡。對於挪威人和冰島人來說，鯨魚肉是食物中蛋白質的來源，而且捕鯨是他們代代相傳的職業。

然而，處於主導地位的西方觀點，認為鯨魚的數量已經瀕臨絕種的地步。倘若日本和其他國家繼續捕鯨，將會加快鯨魚絕種的速度。許多認同此觀點的人，已經開始提及有關鯨魚的故事，例如：白鯨記（Moby Dick）和約拿書（Jonah）等，也有少數人絕對不吃鯨魚肉。一位日本的時事評論者說，如果鯨魚被稱作「牛」（cow），那麼就什麼問題也沒有。他還批評西方世界太過於感情用事了。Niels Einarsson（1993）從冰島漁民失去賴以維生的工作著手，提出一個相似但較爲愼重的人類學觀點。他認爲西方的觀點，對於冰島漁民來說，根本就站不住腳。挪威的人類學家 Arne Kalland 甚至站在國際捕鯨委員會（International Whaling Commission）的立場，向西方世界表達更多的反對意見。

我不知道誰的科學數據較爲精確，何況這裡也不是談論此議題的恰當時機。著眼點不同，就會有不同的認知。贊成捕鯨的人，強調的重點是當地居民對環境如何**分類**（classify），以及有關環境的觀點是如何產生的。綠色和平組織在許多重要議題上的貢獻，非常值得肯定和讚揚，但對於鯨魚聰明、會唱歌等特質，卻加以利用（甚至剝削），並以充滿浪漫主義的色彩而大力支持，這些都是無法否認的事實。如果這些話使得讀者感到憤怒，那麼想想世界各地那些身陷困境的人一他們必須倚賴鯨魚或其他海底動物來維持生計（例如：見 Barnes, 1996, 和圖 12.1）。

照片 12.1

環境對社會生活的影響

雖然在工業化的社會中，特別是從互惠的觀點來看，環境所造成的影響經常被忽略。但是在世界的許多地方，環境對經濟、政治和宗教生活，理所當然仍會有影響。如前所述有關鯨魚的例子，所有的經濟資源，顯然不能再以和過去相同的方式對待。從客觀的角度來說，牛肉是可以食用的。然而，印度教徒卻認爲牛是一種神聖的動物，因此當地有禁止食用牛肉的風俗習慣。牛在印度的某些地區相當自由，可以隨意四處閒逛、破壞作物、阻礙交通，甚至於和人類爲有限的資源而相互爭取。1995 年發生的火車意外事件，就是因為牛隻誤闖鐵路而釀成大禍。

在本書先前的章節中，我們已經探討環境和政治制度之間的關係。而在本章的開頭，我們提及經濟活動的選擇，很可能對政治發展造成影響。狩獵採集者和畜牧者的族群大小，取決於他們能夠為自己取得多少食物。而畜牧者甚至發現豢養牲畜的生活方式，不僅可以增加人口，還能發展複雜的政治制度。努爾人（Nuer）的政治活動，有時稱作「分裂／融合政治」（fission/fusion politics），顯然是受到隨季節性而移動放牧（transhumance）的生活方式影響，一年要調整兩次忠誠的對象。

在 Andrew P. Vayda 編輯的《環境和文化行為》（“Environment and Cultural Behaviour”）（1969）收錄有 Anthony Leeds 的論文，探討委內瑞拉印地安人（Yaruro）酋長和生態之間的關係，並且說明南美洲熱帶雨林中有關領導人的觀點，我們在政治一章中已經探討過這些議題。在前述《環境和文化行為》這本書中，Stuart Piddocke 以生態的觀點來看待「誇富宴」的習俗，我們也曾在第三章中討論過這方面的議題。此外，《環境和文化行為》這本書還收錄許多其他作者的論文，探討在各式各樣的社會中，環境對政治制度所造成的影響。

環境當然也會對祭典和宗教活動造成影響。節日經常和季節的變換有關－春耕、夏長、秋收、冬藏。雖然農業的生產過程，如今已採用機械工具來取代人力，以提高產量，並運送到超級市場內販賣。但季節性的食品，如南瓜、草莓和甘藍等，某些地方仍會配合產季而舉行慶祝活動。日本有百分之九十的面積是山脈，日本人認爲山脈是宗教神龕或神聖的場所，十分神秘。某些地方經常缺水，需要建立灌溉系統，因此有關水的節日就應運而生。如果久旱不雨，就必須跳求雨舞，以祈求神明降雨。

環境對人會有什麼影響和限制，或使人聯想到什麼相關事物，除非我們先釐清這些問題，否則難以瞭解某人的宇宙觀（cosmology）爲何。舉例來說，歐洲和北美洲的聖誕節，都會和雪扯上關係。然而澳洲的聖誕節，卻是在炎熱的夏天。不管天氣狀況是否配合，爲了營造過節的氣氛，人們都堅持要有某些和節日相關的事物，這是個很有趣的現象。因此，澳洲的某些地方都會舉行「季節性的聖誕節」（seasonal Christmas festival）。雖然這很有可能只是商人的噱頭，不過卻營造出與北半球聖誕節相同的氣氛，例如：溫暖的火光和雪人。

到地球的彼端觀光，或是在氣候截然不同的地區旅遊，是個不錯的方式，可以瞭解環境和當地語言的關係。有些歐裔人士，從小就生長在澳洲、紐西蘭或其他南半球地區。他們的日常用語，由於來自不同的生態環境，所以會顯得有點怪異。澳洲早期的墾荒者所栽種的落葉樹，以及農夫的農業生產過程，有時可以說明澳洲對於四季的看法。澳洲當地的植物會在冬天時開花，而且氣候通常都很溫暖，尤其是澳洲的北部地區。地圖 12.1 是以澳洲人的觀點來看待世界。

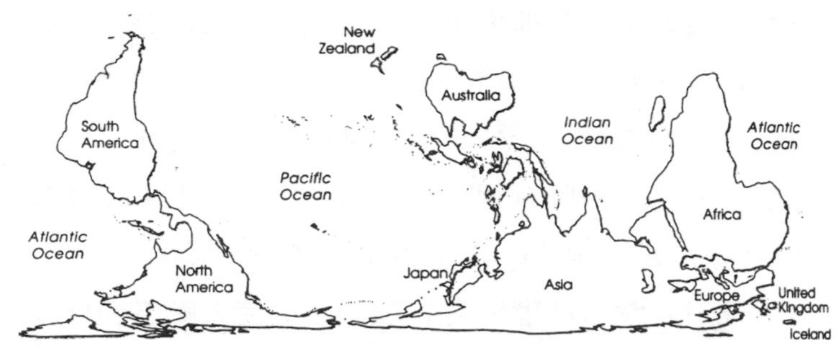

地圖 12.1

從全球性的角度來看，以往我們對於方位所使用的某些字詞，如今看來是很不適當的。例如：「遠東」和「中東」的定位，是以歐洲的觀點來界定的，實際上是位於美洲的西方，以及澳洲和紐西蘭的北方。至於「西方」的定位，則泛指遠東和中東國家以外的大雜燴。如今，雖然東方和西方彼此的觀點有所不同，但卻都使用相同的語言，沿用過去有關方位的表達方式。雖然本書的內容，也有這些不適當的方位用法，不過我希望本書在東方和西方以外，對「其他」（the other）方位有更為精確的審視。

結論

我們在這最後一章中，回顧了本書先前章節的部分內容，並引領讀者進入包羅萬象的浩瀚領域。經濟與環境因素，不僅是社會和文化體系的一部分，而且對社會和文化造成影響。此外，社會和文化對於經濟與環境，則加以形塑和下定義。的確，本書內容的安排和主題的選擇，都是爲了分析的目的，因此書中所有的議題，都會互相影響和發生作用。

倘若讀者對於社會人類學的某些主題有興趣，可以參考每一章最後的延伸閱讀。溫故而知新，反覆地研讀民族誌是最好的辦法，而對某些議題也將會有更深入的瞭解。我們已經概述有關人類學研究的一般原理。讀者也可能注意到相同的主題，有的人類學家使用不同的研究途徑，有的則從社會生活的不同層面著手。想像你自己來到某處，那是一個民族誌已經收集完成的地方，接著看看有什麼問題是你還想要發問的……。

References

Appadurai, Arjun (1986) *The Social Life of Things: Commodities in Cultural Perspective* (Cambridge University Press).

Asquith Pamela and Arne Kalland (1997) *Japanese Images of Nature: Cultural Perspectives* (London: Curzon).

Barnard, Alan and James Woodburn (1988) 'Property, power and ideology in hunter-gathering societies: an introduction', in Ingold *et al.*, *Hunter-Gatherers* (Oxford: Berg) pp. 4–31.

Barnes, R.H. (1996) *Sea Hunters of Indonesia: Fishers and Weavers of Lamalera* (Oxford: Clarendon).

Campbell, J.K. (1964) *Honour, Family and Patronage* (Oxford: Clarendon).

Douglas, Mary and Baron Isherwood (1979) *The World of Goods: towards an Anthropology of Consumption* (London and New York: Routledge).

Einarrson, Niels (1993) 'All animals are equal, but some are cetaceans: conservation and culture conflict', in Kay Milton (ed.), *Environmentalism: The View from Anthropology* (London: Routledge) pp. 73–84.

Foster, George (1965) 'Peasant Society and the Image of Limited Good', *American Anthropologist*, **67**: 293–315.

Goldstein-Gidoni, Ofra (1997) *Packaged Japaneseness: Weddings, Business and Brides* (London: Curzon).

Ingold, Tim (1993) 'Globes and Spheres: the Topology of Environmentalism', in Kay Milton (ed.), *Environmentalism: The View from Anthropology* (London: Routledge) pp. 31–42.

Ingold, Tim, David Riches and James Woodburn (eds) (1988) *Hunter-Gatherers* (Oxford: Berg).

Leeds, Anthony (1969) 'Ecological Determinants of Chieftanship Among the Yaruro Indians of Venezuela', in Andrew P. Vayda, *Environment and Cultural Behaviour* (Austin and London: Universiy of Texas Press) pp. 377–94.

Milton, Kay (ed.) (1993) *Environmentalism: The View from Anthropology* (London: Routledge).

Sahlins, Marshall (1974) *Stone Age Economics* (London: Tavistock).

Tambiah, Stanley Jeyaraja (1990) *Magic, science, religion, and the scope of rationality* (Cambridge University Press).

Further Reading

Firth, Raymond (ed.) (1967) *Themes in Economic Anthropology* (London: Tavistock).

Forde, Daryll (1934) *Habitat, Economy and Society* (London: Methuen).

Humphrey, Caroline and Stephen Hugh-Jones (1992) *Barter, Exchange and Value: An Anthropological Approach* (Cambridge University Press).

Leach, Edmund (1961) *Pul Eliya* (Cambridge University Press).

Mauss, Marcel (1979) *Seasonal Variations of the Eskimo* (London: Routledge & Kegan Paul).

Piddocke, Stuart (1969) 'The Potlatch System of the Southern Kwakiutl: A New Perspective', in Andrew P. Vayda (ed.), pp. 130–56.

Vayda, Andrew P. (1969) *Environment and Cultural Behaviour* (Austin and London: University of Texas Press).

Novels

Høeg, Peter, *Miss Smilla's Feeling for Snow* (London: Fontana, 1994).

Ondaatje, Michael, *The English Patient* (London: Picador, 1992).

Films

Bushmen of the Kalahari (John Marshall and Robert Young, 1974), a National Geographic film, is the personal account of film-maker John Marshall, son of the anthropologist Lorna Marshall, when he returns to find the people of the Kalahari among whom he lived 20 years earlier. He has since made several other films about these people.

The Emerald Forest (John Boorman, 1986) is another feature film about industrial threats to the life of an imaginary indigenous people of the Amazonian tropical rain forest in which the young son of the chief engineer is captured and reared by the Indians.

The Gods must be Crazy is a somewhat overly dramatic feature film about the same Bushmen of the Kalahari and the encounter of one of them with life in a neighbouring African war.

Nanook of the North (Robert Flaherty), one of the earliest ethnographic films, depicts the life of an Inuit man and his family.

弘智文化價目表

弘智文化出版品進一步資訊歡迎至網站瀏覽：honz-book.com.tw

書　名	定價		書　名	定價
社會心理學（第三版）	700		生涯規劃：掙脫人生的三大桎梏	250
教學心理學	600		心靈塑身	200
生涯諮商理論與實務	658		享受退休	150
健康心理學	500		婚姻的轉捩點	150
金錢心理學	500		協助過動兒	150
平衡演出	500		經營第二春	120
追求未來與過去	550		積極人生十撇步	120
夢想的殿堂	400		賭徒的救生圈	150
心理學：適應環境的心靈	700			
兒童發展	出版中		生產與作業管理（精簡版）	600
為孩子做正確的決定	300		生產與作業管理(上)	500
認知心理學	出版中		生產與作業管理(下)	600
照護心理學	390		管理概論：全面品質管理取向	650
老化與心理健康	390		組織行為管理學	800
身體意象	250		國際財務管理	650
人際關係	250		新金融工具	出版中
照護年老的雙親	200		新白領階級	350
諮商概論	600		如何創造影響力	350
兒童遊戲治療法	500		財務管理	出版中
認知治療法概論	500		財務資產評價的數量方法一百問	290
家族治療法概論	出版中		策略管理	390
婚姻治療法	350		策略管理個案集	390
教師的諮商技巧	200		服務管理	400
醫師的諮商技巧	出版中		全球化與企業實務	900
社工實務的諮商技巧	200		國際管理	700
安寧照護的諮商技巧	200		策略性人力資源管理	出版中
			人力資源策略	390

弘智文化出版品進一步資訊歡迎至網站瀏覽：honz-book.com.tw

書　名	定價		書　名	定價
管理品質與人力資源	290		社會學：全球性的觀點	650
行動學習法	350		紀登斯的社會學	出版中
全球的金融市場	500		全球化	300
公司治理	350		五種身體	250
人因工程的應用	出版中		認識迪士尼	320
策略性行銷（行銷策略）	400		社會的麥當勞化	350
行銷管理全球觀	600		網際網路與社會	320
服務業的行銷與管理	650		立法者與詮釋者	290
餐旅服務業與觀光行銷	690		國際企業與社會	250
餐飲服務	590		恐怖主義文化	300
旅遊與觀光概論	600		文化人類學	650
休閒與遊憩概論	600		文化基因論	出版中
不確定情況下的決策	390		社會人類學	390
資料分析、迴歸、與預測	350		血拼經驗	350
確定情況下的下決策	390		消費文化與現代性	350
風險管理	400		肥皂劇	350
專案管理師	350		全球化與反全球化	250
顧客調查的觀念與技術	450		身體權力學	320
品質的最新思潮	450			
全球化物流管理	出版中		教育哲學	400
製造策略	出版中		特殊兒童教學法	300
國際通用的行銷量表	出版中		如何拿博士學位	220
組織行為管理學	800		如何寫評論文章	250
許長田著「行銷超限戰」	300		實務社群	出版中
許長田著「企業應變力」	300		現實主義與國際關係	300
許長田著「不做總統，就做廣告企劃」	300		人權與國際關係	300
許長田著「全民拼經濟」	450		國家與國際關係	300
許長田著「國際行銷」	580			
許長田著「策略行銷管理」	680		統計學	400

弘智文化出版品進一步資訊歡迎至網站瀏覽：honz-book.com.tw

書　名	定價		書　名	定價
類別與受限依變項的迴歸統計模式	400		政策研究方法論	200
機率的樂趣	300		焦點團體	250
			個案研究	300
策略的賽局	550		醫療保健研究法	250
計量經濟學	出版中		解釋性互動論	250
經濟學的伊索寓言	出版中		事件史分析	250
			次級資料研究法	220
電路學（上）	400		企業研究法	出版中
新興的資訊科技	450		抽樣實務	出版中
電路學（下）	350		十年健保回顧	250
電腦網路與網際網路	290			
應用性社會研究的倫理與價值	220		書僮文化價目表	
社會研究的後設分析程序	250			
量表的發展	200		台灣五十年來的五十本好書	220
改進調查問題：設計與評估	300		２００２年好書推薦	250
標準化的調查訪問	220		書海拾貝	220
研究文獻之回顧與整合	250		替你讀經典：社會人文篇	250
參與觀察法	200		替你讀經典：讀書心得與寫作範例篇	230
調查研究方法	250			
電話調查方法	320		生命魔法書	220
郵寄問卷調查	250		賽加的魔幻世界	250
生產力之衡量	200			
民族誌學	250			

社會人類學

(An Introduction to Social Anthropology)

原　著 / Joy Hendry
譯　者 / 戴靖惠、張日輝
出版者 / 弘智文化事業有限公司
登記證 / 局版台業字第 6263 號
地　址 / 台北市大同區民權西路 118 巷 15 弄 3 號 7 樓
電　話 / (02) 2557-5685 · 0932321711 · 0921121621
傳　真 / (02) 2557-5383
郵政劃撥 / 19467647　戶名：馮玉蘭
發行人 / 邱一文
書店經銷 / 旭昇圖書有限公司
地　址 / 台北縣中和市中山路 2 段 352 號 2 樓
電　話 / (02) 22451480
傳　真 / (02) 22451479
製　版 / 信利印製有限公司
版　次 / 93 年 2 月初版一刷
定　價 / 新台幣 390 元
弘智文化出版品進一步資訊歡迎至網站瀏覽：
http://www.honz-book.com.tw

ISBN 957-0453-95-8

國家圖書館出版品預行編目資料

社會人類學 / Joy Hendry 著 ; 戴靖惠, 張日輝 譯. -- 初版. -- 臺北市 : 弘智文化, 民 93

面 ; 公分

譯自 : An introduction to social anhropology : other people's worlds

ISBN 957-0453-95-8(平裝)

1. 文化人類學

541.3 92023555